老科学家学术成长资料采集工程
中国工程院院士传记丛书

趣信科教 乐在其中
李乐民 传

张 娜　王晓刚 ◎ 著

1932年	1949年	1956年	1970年	1980年	1984年	1987年	1990年	1997年	2001年
出生于浙江湖州	考入上海交通大学	西迁成都电讯工程学院	担任"载波话路用9600bit/s数传机"课题组技术负责人	赴美国加利福尼亚大学圣选戈分校访学	担任成电信息系统研究所首任所长	成为六届全国人大代表，并连续担任第七八九十届全国人大代表	担任宽带光纤传输与通信系统技术国家重点实验室首任主任	当选中国工程院院士	受聘为四川省人民政府参事

老科学家学术成长资料采集工程
中国工程院院士传记丛书

通信科教 乐在其中

李乐民 传

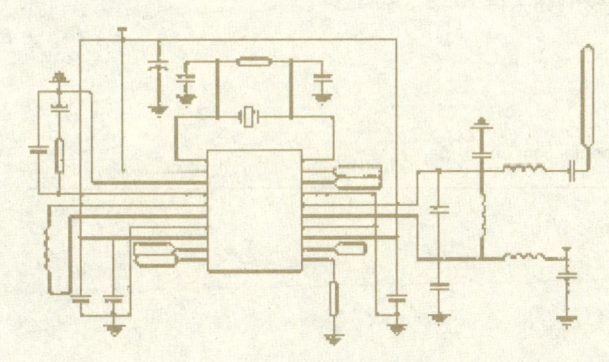

张 娜 王晓刚 ◎ 著

中国科学技术出版社
上海交通大学出版社

图书在版编目（CIP）数据

通信科教 乐在其中：李乐民传／张娜，王晓刚著 .—北京：中国科学技术出版社，2020.7

（老科学家学术成长资料采集工程丛书.中国工程院院士传记丛书）

ISBN 978-7-5046-8660-2

I.①通… II.①张… ②王… III.①李乐民－传记 IV.① K826.16

中国版本图书馆 CIP 数据核字（2020）第 078641 号

责任编辑	余　君　彭慧元
责任校对	焦　宁
责任印制	李晓霖
版式设计	中文天地

出　　版	中国科学技术出版社　上海交通大学出版社
发　　行	中国科学技术出版社有限公司发行部
地　　址	北京市海淀区中关村南大街 16 号
邮　　编	100081
发行电话	010-62173865
传　　真	010-62173081
网　　址	http://www.cspbooks.com.cn

开　　本	787mm×1092mm　1/16
字　　数	360 千字
印　　张	22.25
彩　　插	2
版　　次	2020 年 7 月第 1 版
印　　次	2020 年 7 月第 1 次印刷
印　　刷	北京华联印刷有限公司
书　　号	ISBN 978-7-5046-8660-2 / K·276
定　　价	108.00 元

（凡购买本社图书，如有缺页、倒页、脱页者，本社发行部负责调换）

老科学家学术成长资料采集工程
领导小组专家委员会

主　任：韩启德

委　员：（以姓氏拼音为序）

　　　　陈佳洱　　方　新　　傅志寰　　李静海　　刘　旭
　　　　齐　让　　王礼恒　　徐延豪　　赵沁平

老科学家学术成长资料采集工程
丛书组织机构

特邀顾问（以姓氏拼音为序）

　　　　樊洪业　　方　新　　谢克昌

编委会

主　编：老科学家学术成长资料采集工程领导小组办公室

编　委：（以姓氏拼音为序）

　　　　定宜庄　　董庆九　　郭　哲　　胡宗刚　　胡化凯
　　　　刘晓堪　　吕瑞花　　秦德继　　任福君　　王扬宗
　　　　熊卫民　　姚　力　　张大庆　　张　藜　　张　剑
　　　　周大亚　　周德进

编委会办公室

主　任：孟令耘　　杨志宏

副主任：许　慧　　刘佩英

成　员：（以姓氏拼音为序）

　　　　冯　勤　　高文静　　韩　颖　　李　梅　　刘如溪
　　　　罗兴波　　王传超　　余　君　　张佳静

老科学家学术成长资料采集工程简介

老科学家学术成长资料采集工程（以下简称"采集工程"）是根据国务院领导同志的指示精神，由国家科教领导小组于2010年正式启动，中国科协牵头，联合中组部、教育部、科技部、工信部、财政部、文化部、国资委、解放军总政治部、中国科学院、中国工程院、国家自然科学基金委员会等11部委共同实施的一项抢救性工程，旨在通过实物采集、口述访谈、录音录像等方法，把反映老科学家学术成长历程的关键事件、重要节点、师承关系等各方面的资料保存下来，为深入研究科技人才成长规律，宣传优秀科技人物提供第一手资料和原始素材。

采集工程是一项开创性工作。为确保采集工作规范科学，启动之初即成立了由中国科协主要领导任组长、12个部委分管领导任成员的领导小组，负责采集工程的宏观指导和重要政策措施制定，同时成立领导小组专家委员会负责采集原则确定、采集名单审定和学术咨询，委托科学史学者承担学术指导与组织工作，建立专门的馆藏基地确保采集资料的永久性收藏和提供使用，并研究制定了《采集工作流程》《采集工作规范》等一系列基础文件，作为采集人员的工作指南。截至2016年6月，已启动400多位老科学家的学术成长资料采集工作，获得手稿、书信等实物原件资料73968件，数字化资料178326件，视频资料4037小时，音频资料4963小时，具有重要的史料价值。

采集工程的成果目前主要有三种体现形式，一是建设"中国科学家博物馆网络版"，提供学术研究和弘扬科学精神、宣传科学家之用；二是编辑制作科学家专题资料片系列，以视频形式播出；三是研究撰写客观反映老科学家学术成长经历的研究报告，以学术传记的形式，与中国科学院、中国工程院联合出版。随着采集工程的不断拓展和深入，将有更多形式的采集成果问世，为社会公众了解老科学家的感人事迹，探索科技人才成长规律，研究中国科技事业的发展历程提供客观翔实的史料支撑。

总序一

中国科学技术协会主席 韩启德

老科学家是共和国建设的重要参与者，也是新中国科技发展历史的亲历者和见证者，他们的学术成长历程生动反映了近现代中国科技事业与科技教育的进展，本身就是新中国科技发展历史的重要组成部分。针对近年来老科学家相继辞世、学术成长资料大量散失的突出问题，中国科协于2009年向国务院提出抢救老科学家学术成长资料的建议，受到国务院领导同志的高度重视和充分肯定，并明确责成中国科协牵头，联合相关部门共同组织实施。根据国务院批复的《老科学家学术成长资料采集工程实施方案》，中国科协联合中组部、教育部、科技部、工业和信息化部、财政部、文化部、国资委、解放军总政治部、中国科学院、中国工程院、国家自然科学基金委员会等11部委共同组成领导小组，从2010年开始组织实施老科学家学术成长资料采集工程。

老科学家学术成长资料采集是一项系统工程，通过文献与口述资料的搜集和整理、录音录像、实物采集等形式，把反映老科学家求学历程、师承关系、科研活动、学术成就等学术成长中关键节点和重要事件的口述资料、实物资料和音像资料完整系统地保存下来，对于充实新中国科技发展的历史文献，理清我国科技界学术传承脉络，探索我国科技发展规律和科技人才成长规律，弘扬我国科技工作者求真务实、无私奉献的精神，在全社会营造爱科学、学科学、用科学的良好氛围，是一件很有意义的事情。采集工程把重点放在年龄在 80 岁以上、学术成长经历丰富的两院院士，以及虽然不是两院院士、但在我国科技事业发展中作出突出贡献的老科技工作者，充分体现了党和国家对老科学家的关心和爱护。

自 2010 年启动实施以来，采集工程以对历史负责、对国家负责、对科技事业负责的精神，开展了一系列工作，获得大量反映老科学家学术成长历程的文字资料、实物资料和音视频资料，其中有一些资料具有很高的史料价值和学术价值，弥足珍贵。

以传记丛书的形式把采集工程的成果展现给社会公众，是采集工程的目标之一，也是社会各界的共同期待。在我看来，这些传记丛书大都是在充分挖掘档案和书信等各种文献资料、与口述访谈相互印证校核、严密考证的基础之上形成的，内中还有许多很有价值的照片、手稿影印件等珍贵图片，基本做到了图文并茂，语言生动，既体现了历史的鲜活，又立体化地刻画了人物，较好地实现了真实性、专业性、可读性的有机统一。通过这套传记丛书，学者能够获得更加丰富扎实的文献依据，公众能够更加系统深入地了解老一辈科学家的成就、贡献、经历和品格，青少年可以更真实地了解科学家、了解科技活动，进而充分激发对科学家职业的浓厚兴趣。

借此机会，向所有接受采集的老科学家及其亲属朋友，向参与采集工程的工作人员和单位，表示衷心感谢。真诚希望这套丛书能够得到学术界的认可和读者的喜爱，希望采集工程能够得到更广泛的关注和支持。我期待并相信，随着时间的流逝，采集工程的成果将以更加丰富多样的形式呈现给社会公众，采集工程的意义也将越来越彰显于天下。

是为序。

总序二

中国科学院院长　白春礼

　　由国家科教领导小组直接启动，中国科学技术协会和中国科学院等12个部门和单位共同组织实施的老科学家学术成长资料采集工程，是国务院交办的一项重要任务，也是中国科技界的一件大事。值此采集工程传记丛书出版之际，我向采集工程的顺利实施表示热烈祝贺，向参与采集工程的老科学家和工作人员表示衷心感谢！

　　按照国务院批准实施的《老科学家学术成长资料采集工程实施方案》，开展这一工作的主要目的就是要通过录音录像、实物采集等多种方式，把反映老科学家学术成长历史的重要资料保存下来，丰富新中国科技发展的历史资料，推动形成新中国的学术传统，激发科技工作者的创新热情和创造活力，在全社会营造爱科学、学科学、用科学的良好氛围。通过实施采集工程，系统搜集、整理反映这些老科学家学术成长历程的关键事件、重要节点、学术传承关系等的各类文献、实物和音视频资料，并结合不同时期的社会发展和国际相关学科领域的发展背景加以梳理和研究，不仅有利于深入了解新中国科学发展的进程特别是老科学家所在学科的发展脉络，而且有利于发现老科学家成长成才中的关键人物、关键事件、关键因素，探索和把握高层次人才培养规律和创新人才成长规律，更有利于理清我国科技界学术传承脉络，深入了解我国科学传统的形成过程，在全社会范围内宣传弘扬老科学家的科学思想、卓越贡献和高尚品质，推动社会主义科学文化和创新文化建设。从这个意义上说，采集工程不仅是一项文化工程，更是一项严肃认真的学术建设工作。

中国科学院是科技事业的国家队，也是凝聚和团结广大院士的大家庭。早在1955年，中国科学院选举产生了第一批学部委员，1993年国务院决定中国科学院学部委员改称中国科学院院士。半个多世纪以来，从学部委员到院士，经历了一个艰难的制度化进程，在我国科学事业发展史上书写了浓墨重彩的一笔。在目前已接受采集的老科学家中，有很大一部分即是上个世纪80、90年代当选的中国科学院学部委员、院士，其中既有学科领域的奠基人和开拓者，也有作出过重大科学成就的著名科学家，更有毕生在专门学科领域默默耕耘的一流学者。作为声誉卓著的学术带头人，他们以发展科技、服务国家、造福人民为己任，求真务实、开拓创新，为我国经济建设、社会发展、科技进步和国家安全作出了重要贡献；作为杰出的科学教育家，他们着力培养、大力提携青年人才，在弘扬科学精神、倡树科学理念方面书写了可歌可泣的光辉篇章。他们的学术成就和成长经历既是新中国科技发展的一个缩影，也是国家和社会的宝贵财富。通过采集工程为老科学家树碑立传，不仅对老科学家们的成就和贡献是一份肯定和安慰，也使我们多年的夙愿得偿！

鲁迅说过，"跨过那站着的前人"。过去的辉煌历史是老一辈科学家铸就的，新的历史篇章需要我们来谱写。衷心希望广大科技工作者能够通过"采集工程"的这套老科学家传记丛书和院士丛书等类似著作，深入具体地了解和学习老一辈科学家学术成长历程中的感人事迹和优秀品质；继承和弘扬老一辈科学家求真务实、勇于创新的科学精神，不畏艰险、勇攀高峰的探索精神，团结协作、淡泊名利的团队精神，报效祖国、服务社会的奉献精神，在推动科技发展和创新型国家建设的广阔道路上取得更辉煌的成绩。

总序三

中国工程院院长　周　济

由中国科协联合相关部门共同组织实施的老科学家学术成长资料采集工程，是一项经国务院批准开展的弘扬老一辈科技专家崇高精神、加强科学道德建设的重要工作，也是我国科技界的共同责任。中国工程院作为采集工程领导小组的成员单位，能够直接参与此项工作，深感责任重大、意义非凡。

在新的历史时期，科学技术作为第一生产力，已经日益成为经济社会发展的主要驱动力。科技工作者作为先进生产力的开拓者和先进文化的传播者，在推动科学技术进步和科技事业发展方面发挥着关键的决定的作用。

新中国成立以来，特别是改革开放30多年来，我们国家的工程科技取得了伟大的历史性成就，为祖国的现代化事业作出了巨大的历史性贡献。两弹一星、三峡工程、高速铁路、载人航天、杂交水稻、载人深潜、超级计算机……一项项重大工程为社会主义事业的蓬勃发展和祖国富强书写了浓墨重彩的篇章。

这些伟大的重大工程成就，凝聚和倾注了以钱学森、朱光亚、周光召、侯祥麟、袁隆平等为代表的一代又一代科技专家们的心血和智慧。他们克服重重困难，攻克无数技术难关，潜心开展科技研究，致力推动创新发展，为实现我国工程科技水平大幅提升和国家综合实力显著增强作出了杰出贡献。他们热爱祖国，忠于人民，自觉把个人事业融入到国家建设大局之中，为实现国家富强而不断奋斗；他们求真务实，勇于创新，用科技为中华民族的伟大复兴铸就了辉煌；他们治学严谨，鞠躬尽瘁，具有崇高的科学精神和科学道德，是我们后代学习的楷模。科学家们的一生是一本珍贵的教科书，他们坚定的理想信念和淡泊名利的崇高品格是中华民族自强不息精神的宝贵财富，永远值得后人铭记和敬仰。

通过实施采集工程，把反映老科学家学术成长经历的重要文字资料、实物资料和音像资料保存下来，把他们卓越的技术成就和可贵的精神品质记录下来，并编辑出版他们的学术传记，对于进一步宣传他们为我国科技发展和民族进步作出的不朽功勋，引导青年科技工作者学习继承他们的可贵精神和优秀品质，不断攀登世界科技高峰，推动在全社会弘扬科学精神，营造爱科学、讲科学、学科学、用科学的良好氛围，无疑有着十分重要的意义。

中国工程院是我国工程科技界的最高荣誉性、咨询性学术机构，集中了一大批成就卓著、德高望重的老科技专家。以各种形式把他们的学术成长经历留存下来，为后人提供启迪，为社会提供借鉴，为共和国的科技发展留下一份珍贵资料。这是我们的愿望和责任，也是科技界和全社会的共同期待。

周济

李乐民

李乐民院士与采集小组成员(一)

李乐民院士与采集小组成员(二)

序

  1932年5月28日，我生于浙江吴兴的南浔镇。我父亲是苏州东吴大学物理系教授。1937年，由于日军入侵，父母亲带我和弟妹跟随外祖父全家逃难到安徽黟县农村。1938年，我们全家转到了上海。为了节省学费，我在位育小学读完五年级就考到有奖学金的正养中学。在日军统治下，吃的是配给米和苞谷粉，米又碎又有沙子，我经常帮母亲把沙粒一粒一粒地拣出来。在我幼小的心灵中，已经感受到弱国受欺负的滋味。

  抗战胜利后的1946年，我随父亲迁回苏州东吴大学，在附中读了三年高中。1949年后不久，我高中毕业考入了交通大学。1952年，因国家需要，我们提前毕业。毕业后我留在电讯系做助教。

  1954年12月，我到天津大学随苏联专家进修长途通信。1955年9月，转到北京邮电学院（现北京邮电大学），完成了进修论文，有关内容后来发表在《电信科学》1957年第2期。

  1956年9月，我随交通大学电讯系西迁成都电讯工程学院（现电子科技大学），一直从事通信的教学和科研至今。20世纪70年代初，负责研制我国第一台载波话路用9600bit/s高速数传机，在自适应均衡技术方面有创新。后又研制了多种数字传输设备。

  1980年8月，我到美国加州大学圣迭戈分校做访问学者。两年内，完成了 3 篇期刊论文、2 篇国际会议论文。对扩频通信中抗窄带干扰研究有创新，并推动了后继研究。

1986 年，我被批准为博士生导师。至今，已培养毕业博士 87 位。博士生们在宽带通信网络、信号处理等方面有创新。看到青年人成长，真是高兴。

我从事通信传输与网络技术的科研与教学 60 余年了。回忆起来。觉得通信技术的发展真是太快了。我读大学时，长途电话局机房里的载波机都是采用电子管，一条长途架空明线上最多通 16 路电话，而且当时我国还不能生产载波机。如今，一条光纤可通上万路电话，还可通数据；采用大规模集成电路和软件技术使通信设备日新月异；手机广泛应用，万物可以互联。

我校宣传部承担了"老科学家学术成长资料采集工程"关于我的项目任务。他们做了大量的工作，在历史资料搜集方面有特色，也引起了我的回忆。希望此项目能为后人留下可参考的历史资料。

李乐民

2018 年 3 月 4 日

目 录

老科学家学术成长资料采集工程简介

总序一 ·· 韩启德

总序二 ·· 白春礼

总序三 ·· 周　济

序 ·· 李乐民

导　言 ·· 1

| 第一章 | 生于蚕桑名镇 ······································· 9

　　蚕桑名镇崇文重教 ·· 10
　　博士父亲的无形影响 ·· 12
　　抗战烽烟笼罩童年 ·· 14
　　选择知名学校，接受良好教育 ·· 20
　　跟许安之提升英语能力 ·· 25

| 第二章 | 走进通信领域 | 28 |

大二转系开启通信人生 ………………………………… 29
提前毕业留校，任两门课程的助教 ……………………… 34
学习俄文，北上进修提升专业能力 ……………………… 39
带队实习邂逅人生伴侣 …………………………………… 47

| 第三章 | 随校西迁成电 | 51 |

国家院系调整，随校西迁成电 …………………………… 51
甘于艰苦生活，直面人生曲折 …………………………… 56
走上三尺讲台，正式传道授业 …………………………… 58
尽力排除干扰，一心教书育人 …………………………… 61
劳动锻炼下干校 …………………………………………… 66

| 第四章 | 首战成名攻克"自适应均衡" | 68 |

成电通信学科群星闪耀 …………………………………… 69
成功研制国内第一台"载波话路用 9600bit/s 高速数传机" …… 72
参加中国自主彩色电视制式和设备研制 ………………… 81
参与中国第一个地铁信息传输系统研制 ………………… 83
解决微波数字信道通数据的技术 ………………………… 84

| 第五章 | 访美突破"抗窄带干扰" | 90 |

抗窄带干扰 3 篇论文达到国际先进水平 ………………… 91
心系家国回成电 …………………………………………… 98
担纲信息系统研究所 ……………………………………… 100
将光纤技术和数字技术结合传输彩色电视信号 ………… 104
研制光纤通信设备和局域网，解决通信"卡脖子"问题 …… 109
中国卫星传输体制研究 …………………………………… 114

| 第六章 | 培养研究生和编写教材 | 119 |

  访美期间留心学习美国的教学经验 119
  指导研究生工作全面步入正轨 122
  编写教材和著作 128
  为国家培养200余名研究生 134

| 第七章 | 注意教学方法 | 167 |

  帮助青年教师快速成长 168
  讲课力求让学生一听就懂 170
  时刻关注国际科技前沿 172
  引领学生但从不给学生强加观点 173
  决不错放一个标点符号 178
  方方面面总是为学生考虑 179
  淡泊名利对学生影响深远 182

| 第八章 | 致力通信学科建设 | 185 |

  通信学科建设 186
  成功申报宽带光纤传输与通信系统国家重点实验室 187
  大力支持通信抗干扰技术国家级重点实验室的申报 203
  应对通信网络"人才荒" 206

| 第九章 | 连任五届全国人大代表 | 209 |

  传达"两会"精神 212
  反映民心民声 217
  倡导素质教育 221
  推动"三网融合",呼吁电信法 224
  关注社会民生 229
  助力中国智造 237

| 第十章 | 开展通信网络研究 | 247 |

　　宽带骨干通信网蓬勃发展 ········· 248
　　光网络研究：走上另一个高峰 ········· 250
　　探索软件定义网络和网络虚拟化、智能化 ········· 254
　　构建未来网络，助力通信领域"973"项目 ········· 258
　　李乐民的研究哲学 ········· 261
　　永无止境的探索之路 ········· 263

结　语　奔跑在信息时代 ········· 266

附录一　李乐民年表 ········· 272

附录二　李乐民主要论著目录 ········· 300

参考文献 ········· 326

后　记 ········· 327

图片目录

图 1-1　2014 年，李乐民与妻子彭水贞在南浔古镇留影 ⋯⋯⋯⋯⋯⋯⋯9
图 1-2　李乐民亲属关系图 ⋯⋯⋯⋯⋯⋯⋯⋯⋯⋯⋯⋯10
图 1-3　1960 年，李乐民在南京摄全家福 ⋯⋯⋯⋯⋯⋯⋯⋯⋯12
图 1-4　1945 年，李乐民随父亲李庆贤参加东吴大学毕业典礼 ⋯⋯⋯⋯13
图 1-5　1934 年，李乐民在东吴大学留影 ⋯⋯⋯⋯⋯⋯⋯⋯⋯15
图 1-6　1936 年，李乐民和弟弟李悦民在东吴大学宿舍旁留影 ⋯⋯⋯⋯16
图 1-7　2017 年，李乐民在上海复兴中路 636 号前门留影 ⋯⋯⋯⋯⋯18
图 1-8　1940 年，李乐民获位育小学演讲比赛优胜奖 ⋯⋯⋯⋯⋯⋯21
图 1-9　2017 年，上海市复兴中路 ⋯⋯⋯⋯⋯⋯⋯⋯⋯⋯22
图 1-10　2017 年，苏州东吴大学旧址 ⋯⋯⋯⋯⋯⋯⋯⋯⋯⋯23
图 1-11　2017 年，东吴大学附中教学楼旧址 ⋯⋯⋯⋯⋯⋯⋯⋯24
图 2-1　2017 年，交通大学校门 ⋯⋯⋯⋯⋯⋯⋯⋯⋯⋯⋯28
图 2-2　1952 年，李乐民大学毕业班级在交通大学图书馆前合影 ⋯⋯⋯35
图 2-3　1952 年，交通大学电机系（电讯组）毕业生统一分配名单 ⋯⋯36
图 2-4　1953 年，李乐民选拔留苏预备生报考登记表 ⋯⋯⋯⋯⋯⋯40
图 2-5　1953 年，李乐民在俄文专业书籍速成阅读实验班的成绩单 ⋯⋯41
图 2-6　1957 年，李乐民和彭水贞结婚纪念照 ⋯⋯⋯⋯⋯⋯⋯⋯49
图 3-1　1956 年，部分学生乘火车到达成都车站 ⋯⋯⋯⋯⋯⋯⋯53
图 3-2　1956 年，成电举行首届开学典礼 ⋯⋯⋯⋯⋯⋯⋯⋯⋯54
图 3-3　1956 年，正在修建中的成电沙河校区主楼 ⋯⋯⋯⋯⋯⋯55
图 3-4　1956 年 8 月底，成电沙河校区主楼的主体工程基本竣工 ⋯⋯⋯56
图 3-5　成电沙河校区职工食堂 ⋯⋯⋯⋯⋯⋯⋯⋯⋯⋯57
图 3-6　1956 年，苏联专家和院领导视察主楼建设进度 ⋯⋯⋯⋯⋯59
图 3-7　1957 年，学生正在使用苏联援助的实验设备做实验 ⋯⋯⋯⋯60
图 3-8　1962 年 2 月，李乐民带领学生去南京实习 ⋯⋯⋯⋯⋯⋯64

图 4-1　1970 年，李乐民在成电做数传机实验 …………………………… 75
图 4-2　1972 年，李乐民在阅读"数传机"相关学术文献 ………………… 78
图 4-3　1975 年的《地铁简报》（局部）………………………………… 83
图 5-1　1980—1982 年，李乐民访美期间发表了 3 篇国际领先的文章 …… 91
图 5-2　1982 年 10 月 26 日，*IEEE Transactions on Communications* 期刊编辑 Charles E.Cook 给李乐民和 Milstein 教授的稿件录用回信 …… 93
图 5-3　1983 年，李乐民在 *IEEE Transactions on Communications* 上发表论文 …………………………………………………………………… 96
图 5-4　1985 年 12 月，获电子工业部科技进步一等奖的国内第一台"140Mbit/s 数字彩色电视光纤传输系统" ……………………………………… 102
图 5-5　1986 年，李乐民在研制光纤以太网设备 ………………………… 110
图 5-6　1989 年，"卫星直播电视与伴音体质研究"荣获电子工业部科技进步三等奖 ……………………………………………………………… 116
图 5-7　1992 年，"非线性卫星链路的均衡与补偿研究"荣获机械电子工业部三等奖 ……………………………………………………………… 118
图 6-1　1985 年 9 月，电子科技大学庆祝第一个教师节 ………………… 122
图 6-2　1990 年，樊丰与李乐民在 *IEEE Transactions on Communications* 发表论文 ………………………………………………………………… 124
图 6-3　1991 年，《数字通信系统中传输性能与抑制窄带干扰的研究》荣获国家自然科学奖四等奖 ……………………………………………… 125
图 6-4　1996 年，李乐民访问美国密苏里大学堪萨斯分校时与龚光合影 … 126
图 6-5　1990 年，李乐民对龚光的博士学位论文的评价 ………………… 127
图 6-6　1980 年，李乐民与叶佳祥合著的《数字传输设备中的均衡器》书影 …………………………………………………………………… 129
图 6-7　1986 年，李乐民等编著的《数字通信传输系统》书影 ………… 131
图 6-8　1995 年，孙海荣与李乐民合著的《ATM 技术——概念、原理和应用》书影 ………………………………………………………… 132
图 6-9　1996 年，李乐民、吴诗其、冯钢等合著的《数字通信系统中的网络优化技术》书影 …………………………………………………… 133
图 6-10　2002 年，李乐民 70 岁生日时在成都朝阳湖与研究生合影 …… 135
图 6-11　2017 年 11 月 2 日，李乐民在上海南京路与刘飞合影 ………… 141
图 6-12　2010 年 11 月 6 日，李乐民作为评估专家，参加由张宏科教授

	主持的"973"项目"一体化可信网络与普适服务体系基础研究"项目结题预评估会议	146
图6-13	2006年,李乐民在大连海事大学与已毕业博士何荣希合影	148
图6-14	2002年,李乐民在成都朝阳湖与研究生合影	150
图7-1	2014年,李乐民与学生在电子科技大学清水河校区宾诺咖啡厅交流	167
图7-2	2014年,李乐民院士与学生在电子科技大学沙河校区交流	174
图7-3	2002年,李乐民在家研读国内外学术资料	175
图7-4	李乐民常去查阅资料的地方——电子科技大学沙河校区图书馆	177
图7-5	1997年,李乐民当选为中国工程院院士	183
图8-1	1990年,学校任命李乐民任宽带光纤传输与通信网技术国家重点实验室主任	190
图8-2	2011年10月,李乐民出席光纤传感与通信教育部重点实验室评估会议	191
图8-3	1999年,李乐民在研制的ATM接入设备前留影	197
图8-4	1994年,李乐民在B-ISDN项目鉴定会上作报告	198
图8-5	1992年,宽带综合业务局域网关键技术及试验系统项目荣获机电部科学技术进步一等奖	200
图8-6	1993年,李乐民在讲解光纤网络设备	201
图8-7	2000年,李乐民访问香港联通公司时与李正茂合影	204
图8-8	2018年,通信抗干扰技术国家级重点实验室掠影	205
图9-1	2000年,李乐民在北京参加第九届全国人民代表人会第三次会议时留影	210
图9-2	2000年,李乐民在北京参加第九届全国人民代表大会第三次会议时投票	214
图9-3	2006年3月,人大代表李乐民院士与电子科大师生共话"两会"	216
图9-4	2004年,人民网报道"国办9号文件"出台背后的故事	219
图9-5	2001年,李乐民受聘为四川省人民政府参事	236
图9-6	2016年,李乐民受聘为四川军民融合高技术产业联盟专家委员会主任	240
图9-7	2015年,李乐民出席塑料光纤制备与应用国家地方联合工程实验室年度工作总结与学术研讨会	244

图 9-8　2012 年，李乐民给《光纤通信信息集锦（2012）》的祝贺题词……245
图 10-1　2013 年，李乐民在电子科技大学沙河校区通信楼办公室工作……247
图 10-2　1999 年，李乐民撰文预测全球信息高速公路的发展趋势………249
图 10-3　2013 年，李乐民《未来网络的体系结构研究》中论述有关未来
　　　　　网络体系结构的两个重要的技术策略…………………………256

导 言

李乐民院士于 1932 年 5 月 28 日出生在浙江省湖州市南浔镇（今南浔区），1997 年当选为中国工程院院士，从事通信工程科研与教学 68 年，培养研究生 209 名（至 2020 年，博士生 89 名）。

20 世纪他率先提出采用双边横向滤波、判决反馈滤波等多种结构抑制干扰的方法，解决了抗窄带干扰的核心问题；主持研制出了我国第一台"载波话路用 9600bit/s 高速数传机"，解决了高精度自适应均衡问题；研制出"数据转接终端机"，解决了高可靠数字传输问题；在"抗毁光纤以太局域网"和"电视与数据综合光纤传输网"的研究和器件研制方面取得系列成果，助力解决我国通信产业的发展受国外技术壁垒制约的问题。21 世纪他带领团队再攀光通信网络研究高峰，全力助推未来网络研究，至今在通信理论研究和产业发展的广阔领域不断探索。

他对我国数字通信传输和通信工程作出了重要贡献，曾获国家、省部级科技奖 21 项，曾被授予"全国先进工作者""国家级有突出贡献中青年专家"等荣誉称号。他还曾担任第六、七、八、九、十届全国人大代表，积极为国家发展和人民幸福建言献策，并通过提案等多种方式推动了我国"三网融合"以及电子信息相关产业的发展。

李乐民院士今年已经 88 岁了。在中国信息化的进程中，他既是重要的见证者，也是直接的参与者、推动者，尤其是在通信技术从"模拟"向"数字"转换的关键阶段作出了重要贡献。能有机会零距离了解这位德高望重的老科学家，是我们采集小组的荣幸！

用"抢救"来形容"老科学家学术成长资料采集工程"的重要意义和实际过程并不为过。自2015年深入参与到李乐民院士学术成长资料采集工作中，我们对这两个字更是深有体会。

十分感谢中国科学技术协会和四川省科学技术协会的信任，在专家组和科协相关领导的指导下，采集小组以修史的标准开展采集工作，为回望李乐民院士的一生并深入了解中国通信事业发展进程提供可信的参考。做采集工程面临的一个共性挑战是，越是时隔久远，越是难以真实地"还原"历史的本来面貌：直接的记忆越来越模糊，相关的人和物越来越难找，档案更是分散在各处，需要一点点地搜寻、拼接。但越是如此，就越是增加了我们的使命感和紧迫感。

在此过程中，我们遇到了很多困难，也有幸得到了很多人的帮助。李乐民院士无疑是我们要表达诚挚谢意的第一人。他以对历史和未来负责的态度，给予我们大力支持，这是我们做好采集工作的前提和基础。

虽然我们不忍心挤占一位88岁高龄的老人的学习和研究时间，也怕影响了他的身体健康，但每次看到他和蔼可亲的笑容，接到他修改的工工整整的研究文稿，我们又鼓足干劲，鞭策自己做出更好的研究成果。

在采集工作中，我们克服了许多困难，这也许是所有采集工作常见的共性问题。其中，最主要的困难有三个：第一是实物收集的困难，第二是历史梳理的困难，第三是档案查阅的困难。针对这三个困难，我们分别作了如下努力：

第一，寻求李乐民院士本人对实物搜集的支持，并向与他相关的更多同事、学生广泛征集。实物少主要表现在两个方面：一方面，科研实物很少。李乐民院士所做的研究实物没有注意保存，而理论计算，往往是一支笔、一沓稿纸就可以推演计算，有了计算机以后，连稿纸也省去了，因此，以实物形式保存至今的只有一台旧的打印机，以及发表了他的论文的期刊。研究过程中所用的稿纸、手稿，因时隔太久，已无保存。部分研究成果曾应用于通信设备制造，但因通信领域的设备更新换代十分迅速，且早期的合作单位业务几经转型，相关的通信设备难以寻觅。另一方面照片实物很少。1930—1980年的实物照片因历次搬家等原因大量遗失，现存的照片数量有限，1980年以后的照片以数码照片居多。

通过研究和分析，我们最终将实物采集类别锁定在证件、证书、聘书、论文期刊、学生学位论文、学术札记等方面。李乐民院士是一个心细的人，对这些类别的实物收藏比较系统。其中，证件类几乎完整地收藏了担任全国人大代表期间的所有代表证；证书、聘书有部分遗失，但大部分都保存下来了；指导的博士研究生的学位论文收藏得最为完整，硕士研究生的论文没有收藏；收藏的学术期刊较多，尤其珍贵的是20世纪80年代访美期间发表的3篇IEEE论文期刊；学术札记方面，从2002年至今的6本学术摘录笔记，连续性很强，从中可以解读判断出在这16年间他的学术关注点的变化过程。

在李乐民院士的大力支持下，这几类实物中由他本人直接保存的，都全部捐赠给采集小组，并移交给了馆藏基地。作为补充，李乐民院士还与采集小组一起积极查找相关人员和单位的联系方式，争取搜寻更多实物：①对过去与李乐民院士有过科研合作的单位进行梳理列表，一起查找联系方式，由李乐民院士或采集小组成员打电话、发邮件，征集相关的通信设备，最终从四川曙光集团公司获捐一件通信设备实物；②联系李乐民院士参加过学术会议或活动的主办单位或承办单位，征集活动的照片、题词、论文集等；③向李乐民的博士、硕士研究生一一发布征集请求，搜寻当年的毕业论文、照片实物；向当年的同事求助，寻找照片实物以及通信设备等线索。

第二，以李乐民院士本人讲述的学术发展脉络为主线，邀请不同时期的专家学者补充解读通信发展史。梳理通信技术的发展脉络，有助于我们在撰写研究报告时全面认识李乐民院士个人的经历和成绩在大时代背景或学科背景中的坐标和意义。由于我们所能搜集到的史料是断断续续的，甚至是碎片化的，因此，如果仅仅局限于有限的史料，研究报告将十分狭促，且史料之间显得孤立，很容易导致"只见树木，不见森林"。因此，我们既要以"信史"来要求自己，也要以"通史"来要求自己。

但在梳理通信技术的发展脉络时，我们遇到了巨大的挑战。一方面，通信学科本身博大精深，分支很多、更新很快，并非完全的"线性历史"，而是一个复杂的网状结构，因此，要清晰地梳理一个脉络，十分不易。另一方面，采集小组成员都是文科出身，对通信历史来说是"门外汉"，在这种情况下，求教于通信专家是十分必要的。

为此，采集小组针对具体情况，分别咨询了不同年龄段的专家学者。①采集小组首先邀请李乐民院士以自己的学术研究经历为线索，从总体上讲解自己在不同时期研究或关注的学术领域及其发展脉络；②作为补充，我们分别咨询了20世纪50—70年代和80—90年代的学者（包括李乐民的同事和早期的学生），以及2000年及以后的青年学者（主要是李乐民在80年代之后培养的博士研究生），分段讲述各个阶段通信学科相关分支的发展脉络并对李乐民院士的学术研究进行定位和评价。

第三，结合人事档案、科技档案，以及不同人物和不同档案馆的资料，相互补充、相互印证。档案是最可靠的史料证据，但查找档案存在几个方面的困难。首先是档案线索的梳理，其次是档案查阅和利用的权限限制。

查阅李乐民院士的相关档案时，主要涉及他本人的人事档案、科技档案，以及相关的同事和学生的人事档案、科技档案或学籍档案，以及李乐民担任全国人大代表相关的行政档案。

人事档案的整理归类一般比较集中、规范，因此查阅比较方便，但人事档案的利用存在较多的权限限制，因此，可参考的内容比较有限，但可作为对访谈信息的校正"标尺"，同时也可以从人事档案（如职称评定表）中发掘科技档案的查找线索。科技档案较多，但比较分散，检索不便，因此，需要先梳理出李乐民院士参与的所有科研项目的名称，然后检索查找。

但仅靠访谈回忆梳理科研项目信息，难以做到系统全面。由于档案之间其实是可以相互补充、相互印证的，因此，必须把人事档案中的科研履历、科研档案、同事和学生的档案结合起来，一边相互印证查找梳理线索,一边用这些线索查找搜寻更多的档案,进而梳理出更全面的线索、查找到更多的档案,如此形成良性循环。

对李乐民的成长脉络有了较为清晰完整的把握之后,从2016年9月开始,我们先后赴南浔、苏州、杭州、上海、北京等地,开展了大量的、集中的采集工作,取得了重要的进展。南浔是李乐民的故乡,留下了他的很多童年记忆。苏州、上海、北京,都曾是他生活、学习或进修的地方,也是他的亲戚、朋友、同事、学生分布较多的地方。趁李乐民赴杭州电子科技大学参加学术会议的机会,我们到杭州的会议现场录制了李乐民院士的学术报告。

在南浔和苏州,我们寻访了李乐民的故居、拜访了亲友,获得了李乐民童年时期的相关资料;在杭州,我们录制了李乐民作学术报告的珍贵镜头;在上海,我们采集到了19件档案、10件光盘,录制了76分钟的音视频资料;在北京,我们采访到了李乐民院士的两位优秀的学生,他们至今与李乐民院士在"973"等重大通信工程项目上保持着紧密的学术交往和联系。有效的口述访谈、实物采集和档案查找,为我们撰写研究报告提供了有力的支撑。

在采集小组做这项工作之前,电子科技大学党委宣传部已经在宣传李乐民院士方面作出了一定的成果,出版了《李乐民传》(陈伟著,人民出版社、航空工业出版社,2015年1月版)、《通信人生——中国工程院院士李乐民传略》(电子科大党委宣传部著,电子科技大学出版社,2011年6月版)等著作,由科学出版社出版的《20世纪中国知名科学家学术成就概览·信息科学技术卷》第一分册(2014年版)中也收录了由陈伟编著的李乐民院士介绍。这些研究成果为我们撰写研究报告提供了十分有益的帮助。但这些作品与采集工程的要求相比,仍然存在较大差别。因此,在本次研究报告撰写中,我们依据最新的口述访谈、实物资料以及档案资料等,对李乐民院士的个人成长和学术发展脉络进行了大幅度补充,有特色的工作包括以下几个方面:

(1)首次展现了李乐民院士的家族谱系。这是我们首次查找到李乐民的家谱信息,为阐释南浔镇的"崇文重教"风尚、了解李乐民成长的家庭

（2）首次对李乐民院士的科研脉络进行了系统梳理。以翔实的科技档案为支撑，详述了李乐民院士在各个阶段的代表性成果，以及从一个阶段向另一个阶段转型的背景和过程，从而形成了比较完整的科研嬗变"路线图谱"。

（3）首次对李乐民院士的人才培养成果进行了全面总结。此前我们只知道李乐民院士培养了87位博士生和100多位硕士生，但具体的数量和姓名并不清楚，而且这些毕业生的去向、成绩和对社会、行业的贡献也不明了。在这次采集中，我们通过走访访谈、数据库梳理，拟定了初步的详细名单，并请李乐民院士亲自补充和审定，最终完全理清了近200位毕业研究生的发展情况。

（4）首次对李乐民院士担任全国人大代表期间的提案做了系统整理。李乐民院士自1987年起连续担任了五届全国人大代表，为国家发展建言献策，提出了许多宝贵建议。但在此前的传记中，由于掌握的档案较少，主要依靠少量新闻报道，没有深入展示。在这次采集工程中，我们有幸得到了四川省人大的支持，查阅到了重要的档案线索，并通过他们的协助，得到了全国人大和中央档案馆的支持，最终获得了由李乐民院士领衔提出的9份提案的名录以及基本内容。这些信息为我们撰写李乐民院士连任五届全国人大代表的相关章节构建出了一个完整清晰的脉络。

最终的研究报告，共分为十章。其中，第一章至第三章属于人生起始阶段。第一章"生于蚕桑名镇"回顾了李乐民幼年时期所处的社会背景、家庭背景、亲属关系、基础教育等；第二章"走进通信领域"介绍了他的大学阶段，尤其是大二转系、开启"通信人生"的详细过程；第三章"随校西迁成电"讲述他随着国家院系调整、随交通大学西迁"成电"，从此扎根西南沃土，一边传道授业解惑，一边走进科研殿堂的过程。

第四章"首战成名攻克'自适应均衡'"着重介绍李乐民在第一个科研高峰期取得的标志性成果，包括成功研制国内第一台"载波话路用9600bit/s高速数传机"、参加中国自主彩色电视制式和设备研制、参与中国第一个地铁信息传输系统研制、解决微波数字信道通数据的技术等。

第五章"访美突破'抗窄带干扰'"介绍改革开放后他赴美学习中取得的标志性学术成果，以及回国后在人生的第二个科研高峰期担纲成电信息系统研究所、将光纤技术和数字技术结合传输彩色电视信号，研制光纤通信设备和局域网，研制出光通信网络关键器件的突出成果。

第六章和第七章主要介绍李乐民院士哺育英才的成果和经验。其中，第六章"培养研究生和编写教材"介绍他在教学经验方面的积累，以及在编写教材和著作、培养研究生方面的成果。第七章"注意教学方法"梳理归纳了他的师德师风和教学经验。

第八章和第十章介绍了李乐民的第三个科研高峰期。这一时期，他推动成电的通信学科建设，并不断超越自己，向宽带光纤传输与通信系统进军，开展通信网络研究，探索软件定义网络和网络虚拟化、智能化，构建未来网络，助力通信领域"973"项目，实现了"通信人生"的与时俱进和不断升华。

第九章"连任五届全国人大代表"在时间线索上与第八章基本重合，但在内容方面，集中介绍李乐民作为全国人大代表为国家发展、人民幸福和产业发展等所作的贡献。包括传达"两会"精神、反映民心民声、倡导素质教育、推动"三网融合"、呼吁电信立法、关注社会民生、助力中国"智"造等。

感谢电子科技大学党委领导的高度重视和大力支持，在采集小组组长、电子科技大学党委宣传部部长杨敏的带领下，采集小组成员克服日常工作责任重、工作多的困难，将采集工作细分到了多个科室的多位同志，而且在采集工程后期特别为负责研究报告撰写的两位同志留出了相对自由且比较充分的写作时间。这是我们能够静下心来通读采集到的各种资料、思考资料与资料之间的关系、梳理李乐民院士学术成长过程的重要条件。如果没有这份支持，我们只能扼腕慨叹"分身乏术"了。

在采集工作中，我们也深感组建一个多元化的工作队伍的必要性。十分感谢电子科技大学档案馆、图书馆相关同志的协助和奉献，他们提供的十分专业的信息检索和查询服务，让我们在梳理档案资料、整理论著信息和人才培养成果时少走了许多弯路，取得了"事半功倍"的效果。如果没有他们，采集工作还要在信息的汪洋大海里奋楫前行。

在采集过程中，还要感谢李乐民院士的多位同事、学生，他们中有的年事已高，有的工作繁重，但对采集工程的邀请，他们不但积极协助收集资料，欣然接受访谈回顾历史，还多次向采集小组讲解通信学科的发展历程，为研究报告的学术脉络把关。

采集工作终于趋近尾声，研究报告也即将与读者见面。回望采集过程中的酸甜苦辣，可谓百感交集。用心留住一段历史，并让历史告诉未来，这是激励我们坚持做完这项工作的精神动力。由于条件限制，这部研究报告肯定仍有很多缺憾。但我们依然衷心希望本研究成果，能够让读者从中一睹老科学家的风采，并汲取成长和奋进的力量。

第一章
生于蚕桑名镇

李乐民出生于江南的一个小镇——南浔镇。南浔镇曾属浙江省吴兴县，现属浙江省湖州市南浔区。清代汪曰桢撰《南浔镇志》载："南浔镇本名浔溪，又名南林。宋理宗淳祐末立为南浔镇，迄今不改。"①南浔气候湿润，水源充足，有东苕溪支流贯穿，又有荻塘（运河），长湖申航道与市河相接，镇村港汊密如蛛网，水上交通和灌溉十分便利。

诗云："野花临水发，江鸟破烟飞""港汊纵横入水乡，菱歌隐隐起廻塘""浔溪溪畔遍桑麻，溪上人家傍水涯。"童年时期生活过的山水田园，让李乐民至今难忘。在他的印象中，"南浔河虾很多，拿一个脸盆到河里，一舀就舀到虾"。②

图1-1 2014年，李乐民与妻子彭水贞在南浔古镇留影（李乐民供图）

---

① ［清］汪曰桢：《南浔镇志》（卷一），影印版。
② 李乐民访谈，2015年7月22日，成都。资料存于采集工程数据库。

南浔商品经济十分发达，尤以蚕桑和家庭手工缫丝闻名于世，诗云："水市千家聚，商渔自结邻。"史书记载，南浔"耕桑之富甲于浙右，土润而物丰，民信而俗朴，行商坐贾之所萃"。

蚕桑名镇崇文重教

李乐民的祖母和母亲，都出生在以丝为业的富裕家庭。祖母庞李氏是南浔"四象"之一、民族实业家庞赞臣的亲姐姐（1937年病故）。所谓"四象"是民间对南浔的刘、张、庞、顾四大富商家族的一种形象称呼，"财产达百万以上者称之为'象'"。丝业正是"四象"的主要产业。李乐

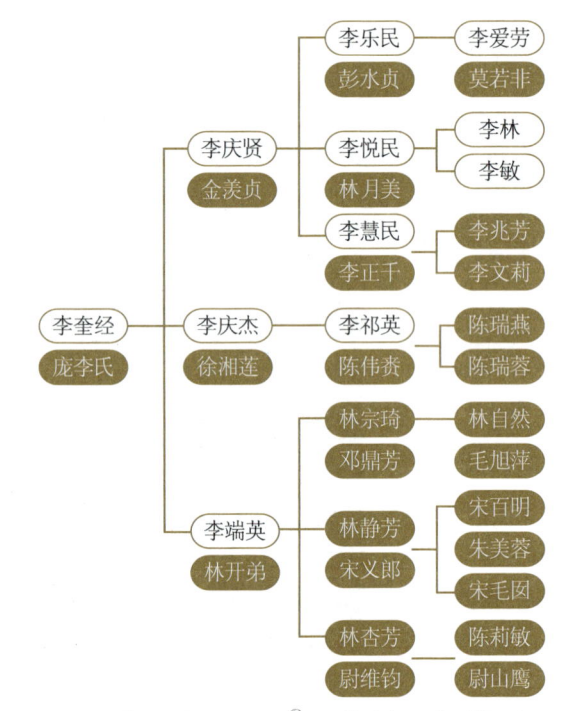

图1-2 李乐民亲属关系图[①]（采集小组王晓刚供图）

---

① 李乐民家谱资料，由李乐民提供。

民的母亲金羡贞出生在一个商人家庭，李乐民的外祖父金兴烜，字延阁，在一个绸缎店内有股份，在南浔有八亩田①，算得上是富庶的商贾人家。

南浔素有崇文重教传统，李家亦然。李乐民的祖父李奎经，字诵先，是前清的秀才②，1937年之前在无锡盐公堂做事，也做过小学教师，1947年病故。李乐民回忆，1938年李乐民随父亲搬迁到上海，避难法国租界，直至1946年又随父亲迁回苏州。期间，祖父曾来上海小住，并过了66岁大寿：

> 我对他（祖父）还是有点印象，因为抗战的时候我们在上海，他就到我们家来玩，我们也到他住的地方去玩。他到法国公园，就是现在的复兴公园，我也跟他去。我跟着他去附近一个跑狗的地方，印象很深的是，他66岁的时候买了66只麻雀来放生，大家很高兴。③

李诵先共有三个孩子：李庆贤、李端英、李庆杰。长子李庆贤，其妻为金羡贞。李庆贤获得奖学金到美国伊利诺伊大学攻读学位，获得博士学位后回国在东吴大学④做教授，后来成为我国知名的物理学家。李庆贤育有两子一女，分别是李乐民、李悦民和李慧民。李乐民是长子，生于1932年5月28日，毕业于交通大学（上海），先后在交通大学（上海）、电子科技大学任教，后来成为中国工程院院士。弟弟李悦民生于1933年12月1日，后来成为南京师范大学生物系教授，曾任江苏省动物学会理事长。妹妹李慧民生于1936年10月24日，毕业于北京大学物理系，后来成为上海某研究所高级工程师（核工业部）。

李诵先的次子李庆杰，毕业于协和医科大学，初学病理，后改为卫生保健，毕业后到抗战后方做医务工作，因查腐败被暗杀。李庆杰的妻子徐湘莲，是他在协和医科大学的同班同学，夫妇生有一女，名叫李祁英。

---

① 李乐民档案。存于电子科技大学档案馆。
② 李乐民访谈，2015年7月22日，成都。资料存于采集工程数据库。
③ 同②。
④ 东吴大学（Soochow University）是苏州大学的前身，1900年成立于苏州。该校是中国第一所私立大学，首任校长为孙乐文（美籍）。

图1-3 1960年，李乐民在南京摄全家福（李乐民供图）（前排从左至右：李乐民弟弟李悦民，母亲金羡贞，女儿李爱劳，父亲李庆贤，李乐民；后排从左至右：弟媳林月美，妹妹李慧民，妻子彭水贞）

李乐民的外祖父金延阁有6个孩子：长女金羡贞，就是李乐民的母亲，小学文化，能写信。次女金蕴贞。三女金婉贞。长子金忠圻，毕业于东吴大学法学院，中华人民共和国成立前曾任上海市民政局秘书科科长，也担任商业注册方面的律师，中华人民共和国成立后担任过救济总署的接收工作。次子金忠谋，毕业于上海交通大学机械系，后任上海交通大学教授，在李乐民考大学报志愿以及后来转专业方面对他有过直接的指导和帮助。三子金忠言。①

博士父亲的无形影响

李乐民的父亲李庆贤生于1902年，是我国知名的物理学家、物理教

---

① 李乐民档案。存于电子科技大学档案馆。

育家。他对李乐民的教育，行胜于言、潜移默化，对李乐民的成长、喜好以及人生选择都产生了重要影响。

李庆贤于1916年考入东吴大学。毕业时，以一等成绩被接纳为国际斐陶斐荣誉学会①会员（每届1—3名），并留校任教多年。1928年，获得美国洛克菲勒基金会奖学金，进入美国伊利诺伊大学（University of Illinois）攻读学位，在孔兹（J. Kunz）教授的指导下研究低温下磁铁矿晶体的磁性，1931年获得了博士学位。

图1-4　1945年，李乐民（中）随父亲李庆贤（左）参加东吴大学毕业典礼（李乐民供图）

低温下磁铁矿晶体磁性的研究是一项承前启后的创造性工作。在李庆贤之前，D. Weiss和R. W. Miller观察到四氧化三铁的比热在 −155℃以下发生急剧增大的现象。为了研究这个现象的原因，李庆贤做了大量的精细实验，发现了磁铁矿石在低温条件下磁性的突变现象。

李庆贤提出了磁对称性改变的新见解，也是首次从实验上观测到感生磁各向异性在相变点的磁场冷却效应。他把研究成果写成论文，发表在1932年6月美国《物理评论》杂志第40期，为当时国际物理学界所公认。

苏联著名磁学专家冯·索夫斯基在他所著的《现代磁学》中，引述了李庆贤的研究发现，肯定了他所得出的结论。日本物理学家、磁学专家近

---

① 斐陶斐励学会，也称斐陶斐荣誉学会（The Phi Tau Phi Scholastic Honor Society），是民国时期最重要的学术团体之一。斐陶斐即希腊字母Phi Tau Phi之音译，用以代表哲学（philosophia）、工学（techologia）及理学（physiologia）。斐陶斐励学会以"选拔贤能、奖励学术研究、崇德敬业、共相劝勉、俾有助于社会之进步"为宗旨。中华人民共和国成立后，斐陶斐励学会在大陆的活动中断。1964年斐陶斐励学会在台湾恢复，改称斐陶斐荣誉学会。现已成为拥有53个分会、5000余会员的重要学术组织。

角聪信教授在其所著的《磁性物理》中指出，李庆贤是观察到"通过磁冷却效应的第一人"。

李庆贤的论文引发了国际上许多学者对低温时磁性研究的兴趣，为现代磁学的发展作出了贡献。李庆贤的研究是在 20 世纪 30 年代初作出的，但在其后 30 余年仍然受到国际磁学界的重视。20 世纪 60—70 年代的许多磁学专著或磁学物理学著作都将李庆贤的发现作为一项重大成就加以叙述。

博士论文答辩后，李庆贤谢绝了孔兹教授的聘请，如期回国。1931 年，李庆贤任东吴大学物理系教授、系主任，对东吴大学物理系的发展、国家物理人才培养作出了重要贡献。

在教学中，李庆贤总是深入学生中了解学习情况，耐心辅导。学生们见他毫无系主任和教授的架子，都愿意向他请教。虽然李庆贤操着一口带吴语味的普通话，但南京甚至苏北的学生从未感到语言隔阂。

他还强调系内教师学习外语的重要性，甚至亲自安排时间为青年教师上英语课。处理系内事务，他常常责己严、待人宽，处处以身作则，艰苦朴素、乐于助人，因此深受师生爱戴。

他一方面极为关注中国现代物理学、特别是磁学领域的成就，另一方面也乐于把自己所学都奉献在教书育人的事业上。他为给国家培养了一代又一代物理科学和教育人才颇感欣慰，年过八旬，他还将自己每年讲课的笔记整理成《大学物理自学丛书·力学》出版。

1982 年 12 月，在中国物理学会成立五十周年纪念会上，对从事物理工作五十年以上的科学家颁发奖章和荣誉证书，李庆贤是全国 65 位获奖者之一。同年，江苏省物理学会向他颁发了荣誉证书，表彰他从事物理工作 57 年的辛勤劳动和贡献。

抗战烽烟笼罩童年

1931 年，李庆贤在东吴大学任教后不久，"九一八"事变爆发。1932

年1月28日,"一·二八"事变爆发,战火蔓延。此时,距离上海一百多公里的南浔古镇,尚存一丝安宁,1932年5月28日,金羡贞生下长子,取名李乐民。"乐民"是李庆贤所起的名字,语出《论语》中的"有朋自远方来,不亦乐乎!"

李乐民在硝烟弥漫中度过了自己的童年。1934年,李庆贤带一家人从南浔搬迁到苏州。但好景不长,1937年8月13日,日军以上海租界和停泊在黄浦江中的日舰为基地,对上海发动了大规模进攻,揭开了为期三个月之久的"淞沪会战"序幕。

图1-5 1934年,李乐民在东吴大学留影
(李乐民供图)

与上海毗邻的苏州立即受到战火的威胁。1937年11月中旬,日寇占领上海,并沿长江一路西进,苏州沦陷。"淞沪会战"后,日本飞机由海上两次飞抵苏州狂轰滥炸,东吴大学立即决定将大学部迁到浙江湖州,中学部(第一中学)迁到浙江南浔。

大学部在东吴三中(即东吴大学湖州附中)上课,中学部在南浔镇借用邱家祠堂上课。李庆贤以桑梓关系,兼顾两地校务,并兼湖州附中物理课。这一年,李乐民5岁。他们一家回到了家乡南浔,生活在战争的阴影里。回忆起在南浔的时光,最令李乐民记忆深刻的莫过于"每当听说日本飞机要来轰炸,我就和弟弟躲在桌子底下"。

日寇占领上海后向西南迂回,从杭州湾登陆,沿着宁杭公路进攻南京。湖州是日军由南向北推进的必经之路。面对这一形势,东吴大学继续向西撤退,陆续抵达屯溪(现为黄山市屯溪区)。当地绅商慷慨地免费提供几个大的茶叶仓库,安顿越来越多的东吴大学师生。

第一章 生于蚕桑名镇

图 1-6 1936 年，李乐民（左）和弟弟李悦民在东吴大学宿舍旁留影（李乐民供图）

然而没过多久，南京失守，屯溪到处都是撤退的士兵。东吴大学师生不得不继续流亡。李庆贤携家逃难，与东吴大学的部分师生西迁到安徽黟县坚持办学。一家人从水路经新安江，坐船前往安徽黟县。

表 1-1 李乐民一家辗转迁徙路线（1932—1946 年）

时间	地点
1932 年 5 月 28 日（李乐民出生）	浙江南浔
1934 年（2 岁）	举家搬迁苏州
1937 年（5 岁）	随东吴大学迁浙江南浔
1937 年（5 岁）	随东吴大学迁安徽黟县
1938 年（6 岁）	随东吴大学迁上海
1946 年（14 岁）	随东吴大学返回苏州

在黟县的时候，李庆贤和妻儿住在一间小屋，加上刚出生的小女儿，5 个人挤在一张床上睡觉。舟车劳顿加之卫生条件差，李庆贤腿上生了脓疮。据李乐民回忆，弟弟李悦民挨着父亲睡觉，睡觉滚来滚去的，常不小

心把父亲腿上的疮踢破。李庆贤常常从睡梦中痛醒。①

随着时局日紧，在上海做律师的大舅父金忠圻告诉李庆贤，待在安徽也不是长久之计，最好早点来上海租界。

1937年年底，时任东吴大学校长杨永清等人回到上海，才知道日军占领上海后暂时没有进占租界，租界内教学活动还是自由的，"用不着以我们对民族的忠诚做代价来向日本妥协"。于是，校方决定在上海复校，校本部设在慕尔堂②。尚未撤往内地的学生闻讯而来，散落在内地的教职员工也纷纷向上海聚集。到1938年2月，已有90%的教员回到上海，学生已达1481人。

1938年年初，李庆贤一家辗转迁回上海。不久，东吴大学的部分专业开始在上海租界里复课。李庆贤投入大量精力到东吴大学物理系的发展中。

《东吴大学简史》写道：

> 在上海租界安顿下来后，物理系原先在苏州开设的机械加工车间又重新开办。在系主任李庆贤博士和陆鸿钰等的主持下，加工车间虽然规模不大，但加工的产品不管是在质量上还是数量上都比以前大大提高，并开始为中学和大学实验室加工教学和实验仪器。后来还出售给其他的学校，产品供不应求。
>
> 物理系还出版了一份《物理学示教与实验》杂志，刊登论文，介绍一些有趣的物理实验，同时转译一些国外杂志的有关论文资料和物理学相关书籍，"参以实际之教学心得，材料力求新颖，用具务求简易，免避纸上空谈，专究实际应用。此举确系适合时代需要，为物理教育上之一种新贡献"。③

---

① 李乐民：我在东吴度过幼年和中学时期。《东吴附中校友纪念文集》，2007：5（非正式出版物，现存于馆藏基地）。资料存于采集工程数据库。

② 慕尔堂（现名沐恩堂），位于黄浦区西藏中路316号。始建于清同治十三年（1874年），由美国监理会传教士蓝柏在法租界郑家木桥（今上海市福建中路延安东路附近）建造。1941年12月，太平洋战争爆发后，慕尔堂被日军占领，作养马场之用，到1945年9月抗日战争胜利后收回。1958年，慕尔堂成为黄浦区联合礼拜场所，改名"沐恩堂"。1993年7月，沐恩堂被列为上海市文物保护单位。

③ 王国平：《东吴大学简史》。苏州：苏州大学出版社，2009：143。

与此同时，为了养家糊口，李庆贤还在多所教会大学和私立大学以及中学兼课教书，并做家庭教师，挣钱维持一家人的生计。他整天早出晚归，由于劳累过度，李庆贤有一次下班后晕倒在回家路上。[①]

在上海，李庆贤一家起初租住了一个位于三楼的房间。后来因李乐民和弟弟、妹妹三个人在家里打打闹闹，楼下的人意见很大，房东就下了"逐客令"。

于是，李庆贤在法租界的辣斐德路810A（现复兴中路636号）找了一栋独门独户的房子。一楼是客厅，二楼是卧室，一楼半是个小阁楼。客厅不能睡，阁楼又小，一家人只能挤在二楼的卧室，三个床铺几乎占满了整个卧室，5个人睡起来还是很拥挤。

随后，李庆贤又将父亲李诵先接来上海，住宿就更加拥挤了。在李乐民的记忆中，祖父在家无事，有时候他会跟祖父去法国公园（今复兴公园）玩。

在日本人的统治下，李乐民一家吃的是配给米和苞谷粉。米很碎，又被故意掺了沙子和碎石。李乐民经常帮母亲拣米，把配给米放在桌子上，然后从中将沙子和碎石一粒粒地拣出来。

硝烟中逃难的日子在李乐民的心灵深处留下了浓重的阴影和难以抹去的记忆，这也成为李乐民此后努力奋斗、勇攀科学高峰的强大动力。回想起逃难的经历，李乐民说："我们这一代人对国家和民族的使命

图1-7　2017年，李乐民在上海复兴中路636号前门留影（1938—1946年李乐民曾居于此）（李乐民供图）

---

① 李乐民：我在东吴度过幼年和中学时期.《东吴附中校友纪念文集》，2007：5（非正式出版物，现存于馆藏基地），资料存于采集工程数据库。

感，就是在颠沛流离的过程中形成的。相对其他人来说，我的童年不算悲惨，但我也和很多人一样深刻地觉得，我们自己的国家和民族一定要强大起来，这样才不会受欺负"。①

1997 年，李乐民当选中国工程院院士，电子科技大学新闻中心对他进行了专访。李乐民在专访中坦言：

> 我出生于 30 年代的旧中国，从小在上海长大，那时正处于抗日战争时期，国力衰弱，民不聊生，祖国备受外国列强的欺凌，（那时候我就）深深地意识到没有强盛的国家，便没有人们正常的生活权利和起码的做人尊严，这成为了我今后几十年工作、学习的动力。我多次出访国外和中国香港地区，接触过许多有中国血统的人，他们都有着和我一样的心愿：希望祖国富强！②

2014 年 9 月 18 日，《南浔时报》第三版刊发纪念"九一八"事变爆发 83 周年专版文章。作者眭桂庆在题为《铭记历史 勿忘国耻——南浔沦陷及日军暴行的危害和影响》的文章中，详细查证了南浔沦陷前后的历史档案及资料。李乐民读后感慨地写道：

> （这篇文章）引起了我对 1937 年的回忆。……看了您整理的史实，更了解了日军的凶狠和战争的残酷。正如您所写的，这一历史使人充分认识到了贫穷、落后就要挨打。我们 20 世纪 30 年代及较早年代出生的人都以此激励自己的工作。③

---

① 李乐民访谈，2017 年 6 月 8 日，成都。资料存于采集工程数据库。
② 电子科技大学新闻中心：鹏上九霄凌云志——李乐民教授访谈录。《电子科大报》，1997-12-15。资料存于采集工程数据库。
③ 眭桂庆：铭记历史 勿忘国耻——南浔沦陷及日军暴行的危害和影响。《南浔时报》，2014-09-18。资料存于采集工程数据库。

选择知名学校，接受良好教育

搬迁至上海租界，生活暂时安稳下来。从 1938 年到 1949 年，李乐民先后在位育小学、正养中学、东吴附中，读完了小学、中学和高中。

1938 年 9 月，李庆贤为李乐民选了一所上海知名的私立学校——位育小学。李乐民后来回忆说："父亲并没有教育我们，因为他自己也忙得很。……都是靠我们自己。但是，我们父母给的教育，就是送我们到比较好的学校去读书。"①

位育小学成立于 1932 年。当时，实业界、教育界人士穆藕初、黄炎培、江问渔、杨卫玉等人痛感国难日深，认为必须从教育入手，巩固国本，决定创办一所小学。这就是知名的私立位育小学，校名取自《中庸》"天地位焉，万物育焉"中的"位""育"二字。当时就提出"尊重儿童个性，满足生活要求，激发爱国情怀，培养治事才能……"的教育理念。②由于在家一直说南浔话，6 岁的李乐民到了学校后不能完全听懂上海话。在国语课上，李乐民也是一头雾水。让他感到高兴的是，老师和同学们没有笑话他，而是很有礼貌地教他。李乐民慢慢地适应了上海的环境，不久就能自如地用上海话和国语进行交流了。

位育小学的老师上课时严肃，下课时和学生打成一片。这样的学习环境让李乐民感觉学习很快乐，对学习充满了兴趣，每年考试都是年级第一。小学三年级的时候他参加学校组织的演讲比赛，夺得年级第一，成为全校六个优胜奖获得者之一。

五年级时，李乐民还做了学校的学生会主席。李乐民回忆，当时的大部分小学、中学是没有"学生会"的，但位育小学的理念比较超前，设有学生会，在老师的指导和管理下运行。李乐民每天都到各个班级登记出

---

① 李乐民访谈，2015 年 7 月 22 日，成都。资料存于采集工程数据库。
② 王东培：位育小学（现向阳小学）创始人穆藕初先生诞辰 140 周年学术研讨会在上海财经大学召开。网址：http://www.xhedu.sh.cn/cms/app/info/doc/index.php/340658。

图1-8　1940年，李乐民（左一）获位育小学演讲比赛优胜奖（李乐民供图）

勤率。

1943年，李乐民读完了五年级。父亲李庆贤想节省学费，决定让李乐民不上六年级，直接跳级考中学，没想到李乐民真考上了，被正养中学录取。李庆贤十分高兴，帮李乐民申请到了一家纺织公司资助的奖学金。

正养中学的前身是东吴大学附中，其教师都是东吴附中的原班人马，大家公推范烟桥①为校长。校名取自东吴大学和附中校训"养天地正气，法古今完人"，寓含着滚烫的爱国热情，勉励大家要正气凛然。

1941年12月8日，日军占领上海公共租界之后，东吴大学在上海停止办学。但爱国的老师们既拒绝为日伪效力，又要使青少年有继续上学的机会，他们就改头换面办了正养补习学校，后来改称为正养中学。

---

① 范烟桥（1894-1967），江苏吴江人。范氏为范仲淹从侄范纯懿之后，明末范思椿从苏州吴趋坊迁至吴江同里，至范烟桥已是第十世，辈号"钦"。父亲范葵忧为江南乡试举人。范烟桥于1932年受聘到东吴大学讲授小说课程。1942年东吴大学附中改组为正养中学，大家公推范烟桥为校长；直至1946年恢复附中，范烟桥辞去校长之职。1946年，范烟桥随苏州附中迁往苏州，在校授国文，并在东吴大学继续讲授小说。

第一章　生于蚕桑名镇

正养中学有两个校址，李乐民在上海市爱文义路（现北京西路）校区上学。由于教室不多，每个学生只能上半天学。家住在辣斐德路（现复兴中路）迈尔西爱路（现茂名南路）交叉口的李乐民几乎每天走路上学，一个来回大约要一个半小时。虽然有 24 路电车可以乘坐，但是十分拥挤。李乐民很少坐电车，宁愿早点起床走路上学，这样也可为家里省一些钱。

图 1-9　2017 年，上海市复兴中路（采集小组陈伟供图）

日本人控制上海后，在学校推行奴化教育，安排日文课。李乐民和同学们十分憎恶日本人，只要是日文课，他们就都故意不听讲。考试时，就找答案互相抄写应付。虽然学了日语课，但不认识几个日文。其他课程李乐民却学得很好，在正养中学三年，他的成绩都是班上第一名。

1945 年 8 月，日本投降。辗转迁徙各地的东吴大学也回迁苏州，展开了艰难的复校工作。东吴大学附中也随即恢复，迁回到美丽的苏州天赐庄原址，上海的正养中学宣告解散。

1946 年暑假，李乐民随从父亲回到苏州东吴大学。此时，学校到处是残垣断壁，满目荒凉。东吴大学只有少数几幢大房子的外表还依旧保存着当年的一些气象。抗战时期，东吴大学校园成了日军的军营。校门毁了、游泳池尚未修复、花圃成了菜畦、假山改为了防空洞、网球场满是乱石杂草。

全家人住在战前住过的房子，楼上楼下各有四间，三楼还有一个阁楼，不再那么拥挤了。李乐民住在三楼的阁楼里。楼房外还有四间平房，其中一间是烧柴的灶间，有一间是李悦民用来养兔子的。院子里有一块地，李庆贤和妻子在上面种了些茄子、西红柿、辣椒等蔬菜，勤俭居家的金羡贞还养了许多鸡。①

东吴大学和附中同在一个校园里，总共不过2000名学生。附中的教师水平都很高，很多课程都是东吴大学的教授们授课，也有聘请社会上的名流精英上课，教学方式生动活泼。

李乐民喜欢上生物课，他还记得生物老师邓援在实验室教他如何使用显微镜，当他看到平常肉眼看不到的微生物时，感觉十分神奇。周赐恩老师是舍监，也是李乐民的地理老师。他让同学们牢记世界"三大米市"：西贡、曼谷、仰光，还有中国四大米市：芜湖、无锡、长沙、九江。他用谐音的办法加强学生的记忆，讲到"布宜诺斯艾利斯"的地名时，就讲"玻璃木梳眼泪水"，让同学们捧腹不已。

图1—10 2017年，苏州东吴大学旧址（采集小组陈伟供图）

---

① 李乐民：我在东吴度过幼年和中学时期．《东吴附中校友纪念文集》，2007：6（非正式出版物，现存于馆藏基地）．资料存于采集工程数据库．

图 1-11 2017 年，东吴大学附中教学楼旧址（采集小组陈伟供图）

张朝林先生教过李乐民一学期的历史，他在课堂上痛斥西方列强特别是日本帝国主义侵略中国的罪恶史，动情之处潸然泪下。他鼓励同学们多看课外史料，晚上还经常和大家一起在操场上指点星座，告诉同学们很多天文知识。

或许是受父亲的影响，李乐民比较喜欢数学和物理，假期里总是早早地把老师布置的课外题做完，然后从父亲书架上或者图书馆借一些数理书看。他的成绩总是班上第一。1984 年当选为中国台湾地区"中央研究院"院士的同班同学汪嘉康在《情系东吴》的回忆文集里写道："最令我佩服的是李乐民同学，他连三角函数表都能背出来，所以第一名的位置一直是他，无人可夺，日后他当选为院士，绝不是偶然的。"

李乐民对国文老师也印象深刻。当时的国文老师，是有着"东方的柯南道尔"之称的著名作家程小青和红极一时的"江南才子"范烟桥。程小青和范烟桥两位先生当时都是有名的作家，写了很多电影剧本，学生们都怀着敬慕的心情听他们的课。

多年后，回忆起这两位国文老师，李乐民说："国文老师给我一个很重要的启示，就是语文很重要，语文好的人逻辑就特别清晰，说话写文章就很有条理，这对做科学研究是很有帮助的。比如，程小青写侦探小说，层层推理，案情越是复杂离奇，越是扣人心弦，讲究逻辑思维、重视证据。和搞科研有点类似，科学就是用实验数据证明结论的正确性。"

李乐民的学长和同学中就有人受两位先生影响而走向文学创作之路，如第四届茅盾文学奖获得者王火、儿童文学作家徐白仑等。

在东吴附中，李乐民还有机会参加了学生组织——学生自治会，但没有深度参与。东吴附中虽然是教会学校，但是有些同学接受了革命思想，参加了共产党的外围组织。李乐民班上的章腾青和董惠良等同学，都是地下党员。

早在1947年夏天，地下党支部就团结大多数学生争取成立了学生自治会。中华人民共和国成立前夕，东吴大学组织了"应变委员会"，拟将学校南迁，遭到"学生自治会"的竭力反对。地下党支部团结师生，为保护学校迎接中华人民共和国成立作出了贡献。[①]

东吴大学附中也成立了学生自治会，自治会主席邀请李乐民去担任学生会干部，但正忙于高考的李乐民只是挂了个名，没有时间去。

跟许安之提升英语能力

东吴大学附中是教会学校，老师中有许多美国人。给李乐民留下深刻印象的有两位：一个瘦削而年岁大的老师名叫文乃史（又名"文蕴彬"，Walter Buckner Nace，1868—1956）[②]，一个胖胖的四十多岁的老师名叫许安之（Sherertz，D.L）。这两人都是美国基督教监理会[③]（美国基督教新教的重要差会之一）的成员。李乐民与许安之有较多的直接交往。

许安之在抗战前已经是东吴大学的教师，教的是耳口课（即英语口语

[①] 王国平:《东吴大学简史》。苏州：苏州大学出版社，2009：175-176。
[②] 王国平:《东吴大学简史》。苏州：苏州大学出版社，2009：9。
[③] 王国平:《东吴大学简史》。苏州：苏州大学出版社，2009：7。

和听力课，当时叫"英语会话"）。在李乐民的印象中，他第一次见到许安之，是在1946年。李乐民档案记载：

> 那时许安之已经和我父亲认识了。抗战时他回到美国，在胜利前夕曾担任美国军队翻译（许安之会讲中文），1946年，我曾在上海复兴公园看到他穿军装，之后到苏州东吴大学工作。他在附中担任英语会话课老师，并在礼拜堂担任青年主日学（青年礼拜）的讲解人。
>
> 1947年，我高一学完的暑假中（在苏州），许安之要学习中文圣经，便和我父亲说好，由我每天去帮他读一个小时的中文圣经，解释给他听，有一个月不到一些，他按大学工作人员的计时工资付给我工钱。后来在高二时，他偶尔也叫我去给他讲中文，但次数不多。
>
> 在这一段时期内我参加了礼拜堂的青年主日学（参加主日学的都是大学和中学的学生）。因为父亲多次动员我信教（当时实质上他认为发展会员可得教会的好处），但是我不相信，认为上帝是没有的。
>
> 因此，抱着一个去学学再看的态度去听人讲圣经。此外，许安之讲圣经，绝大部分是用英文讲的，也想乘机学习英语。
>
> 这一段时期（高二），我又参加了东吴大学附中青年基督徒团契主办的每星期四上午二十分钟的晨会（当时，青年基督徒团契没有入团手续等组织形式），晨会上请大学的先生讲解圣经。读过圣经后，我仍然不信仰上帝，一直到今天都没有信过。[1]

在高二这段时间，李乐民还帮助许安之翻译了一本他编写的《马可福音学习提纲》，曾印成小册子发给主日学的参加者。高二下半学期及高三上半学期，李乐民又帮助他批改英语会话课的听写测验，并统计同学错误的种类。许安之都按工作时间付给李乐民报酬。

苏州解放后，1949年6月，"我就到上海准备考大学，一年级寒假回苏州还到许安之家里去过一次，后来他乘最后离开的一艘美国轮船回美

---

[1] 李乐民档案。存于电子科技大学档案馆。

国了"。

许安之与李乐民的父亲李庆贤私交甚好，日常生活中也有许多交往。许安之曾在上海黑石公寓里请李乐民全家去吃点心：

> 生活上，我家有时候到他家去吃点心，他有时候送给我们一些衣服，星期天休息时我和弟弟曾和他一起骑自行车去山上玩，他离开苏州时还送给我妹妹一辆不带走的自行车。[①]

多年之后，李乐民回忆起与许安之的交往，还记忆深刻。但他坦言，许安之在思想上对自己的影响不大，因为李乐民到现在也认为上帝是不存在的。但是，许安之的人格魅力还是让李乐民十分欣赏。

与许安之的交往，使李乐民的英文水平有了一定的提升。许安之还纠正了李乐民的英语口语发音和语调，比如音节与重音的正确运用。这都让李乐民受益终生。

---

① 李乐民档案。存于电子科技大学档案馆。

第二章
走进通信领域

李乐民走进通信领域始于大学阶段。大二时他在交通大学从纺织系转到电机系，并选择学习电讯，这是李乐民开启"通信人生"的标志性事件。

1949年4月27日，苏州解放。不久，李乐民就以第一名的优异成绩从东吴大学附中毕业。学校给他颁发了奖状，并免试让他进东吴大学读

图2-1　2017年，交通大学校门（采集小组张娜、王松梅供图）

书。除此之外，还将免去学费等诸多费用。李乐民把消息告诉父亲，李庆贤十分欣慰。

但这时候，李乐民却决定放弃免试机会，想考交通大学。虽然他对东吴大学也有很深的感情，父亲也在这里教书，免试上东吴大学还不用交学费，但是他还是坚定要考交通大学。

大二转系开启通信人生

交通大学是考生们十分向往的高等学府之一，当时教学用的全是麻省理工学院（MIT）的英文原版教材，被誉为"东方的MIT"。学校的要求非常严格，有硬性的不及格率，能进交通大学的学生都是"千里挑一"。中华人民共和国成立前后学校总体保持平稳过渡，实力依然很强，继续保持"北清华、南交大"的局面。

李乐民的二舅金忠谋此时是交通大学机械系的教授，他告诉李乐民，学工科特别是纺织专业容易找工作，而当时只有交通大学有纺织专业，报考这个专业被交通大学录取的可能性很大。于是，李乐民便听从了二舅的建议。

暑假期间，高考成绩在报上登载，交通大学纺织系共录取了30名学生。李乐民拿着报纸在录取名单里从第一名往下看，直到第九个才看到自己的名字。他高兴之余对自己的排名仍不满意，他觉得自己在东吴附中成绩年年第一，这次排名落后了，应该继续努力。

和李乐民一同考入交通大学的中学同学还有姚振炎[①]、魏荣生等。巧的是，李乐民是东吴大学附中的第一名，姚振炎是第二名。李乐民进了纺织工程系，姚振炎进了土木工程系。

[①] 姚振炎（1932– ），江苏常熟人。1952年毕业于上海交通大学土木工程系，大学文化，高级工程师。1956年加入中国共产党。历任电力工业部基建司工程师、副司长，水利电力部基建司司长、高级工程师，水利电力部副总工程师、副部长。1994年3月至1998年3月任国家开发银行行长（部长级）。1998年3月至2003年3月任第九届全国人大常委、财政经济委员会副主任委员。

1949 年 9 月，李乐民顺利成为交通大学的大一新生。由于过去多次逃难搬迁，李乐民深知安静的求学环境来之不易，因此，在交通大学，他铆足了劲刻苦学习。

回忆起大一的学习生活，李乐民说："在上海交大读书的时候，没有人来管你，就是自己去上课，上课以后做作业，然后考试。完全是自己管自己，一直读过来，我自己抓的还是比较紧。"

交通大学的学习比较紧张，李乐民经常在教室里面自习。那时学校所用的全部是英文教材，李乐民都是仔细研读，碰到里面的原理、公式，都要努力搞得很清楚。

《交通大学一九五一年度第二学期应届毕业生成绩调查表》显示：第一学年（1949 年度），李乐民所学的课程有政治课程、微积分、物理、物理实验、化学、投影几何、机械画图、铸工实习等，共计 18 个学时，平均成绩为 87.7 分；第二个学期是 18.5 个学时，平均成绩为 88.99 分，李乐民的平均成绩在班里名列前茅。

表 2-1　大一学年（1949 年）具体科目成绩

课程名称	第一学期 学时数	第一学期 分数	第二学期 学时数	第二学期 分数
政治课程	2 学时	70 分	3 学时	75 分
微积分	4 学时	92 分	4 学时	88 分
物理	4 学时	94 分	4 学时	93.7 分
物理实验	1 学时	84 分	1.5 学时	87 分
化学	3 学时	90 分	3 学时	93 分
化学实验	1 学时	78 分		
投影几何	1 学时	97 分	1.5 学时	98 分
机械画图	1 学时	90 分	1.5 学时	92 分
铸工实习	1 学时	75.6 分		
体育		72 分		74 分

通过一年的学习，李乐民认为纺织专业并不适合自己，相对而言，他更喜欢数学与物理。他将自己的情况和二舅交流之后，二舅建议他转系。交通大学当时允许大二时申请转专业，于是李乐民申请转到电机系。由于他大一的成绩很好，电机系也乐于接收，因此，转系的申请很快就被批准了。

交通大学电机系被誉为"中国电机工程师的摇篮"，是该校的几个热门系之一，十分难考。因此，能进入电机系的学生都是优中选优。电机系分"电力组"和"电讯组"两个专业，前者是"强电"领域，后者是"弱电"领域。李乐民对"强电"的兴趣较弱，但对"弱电"十分感兴趣，认为"电讯组研究的都是电话、电报、收音机等人们常用的东西"，于是就选择了电讯组。

从纺织专业成功转到电讯专业，这是李乐民开启"通信人生"的标志性事件。这一次专业选择，使他的生命与通信事业紧密联系在了一起。如果要为李乐民的"通信人生"设置一个起点，那么1950年的这次专业选择，就是"通信人生"的起点。

当时的电机系是中国电机工程教育的高地，大牌教授云集，教过李乐民的大牌教授有：被誉为中国南方电路理论学派创建人的林海明教授；电子学专家沈尚贤教授；中国通信界元勋、长途通信专家张煦教授；市内电话和电讯传输专家陈湖教授[①]；电报专家毛钧业教授[②]；还有陈季丹、陈鸿彬、于怡元等知名教授。

大三时，张煦给李乐民讲过《长途电话》课程，李乐民还是班上的学习委员兼《长途电话》课的课代表。在他的印象中，张煦教授很认真，讲课讲得很仔细，而且有时候在课堂上鼓励同学要爱祖国。

---

① 陈湖（1907—1986），江苏如东人，民盟盟员、教授。1929年毕业于交通大学电机系，并留校任教。1956年调入成电，曾任无线电技术系主任等职。陈湖是我国著名的有线电通信专家，对自动电话的基础研究有较深的造诣。1947年，他编写了我国第一部电话专著《电话学》，1958年他领导研制了全国第一台五门全电子交换机。

② 毛钧业（1919—1996），浙江余姚人，中共党员、九三学社社员、教授。1942年获交通大学电机工程系学士学位。1956年调入成电，同年10月受学院委托组织筹建了我国第一个无线电零件系（电子科技大学微电子与固体电子学院的前身），1958年任该系系主任。他长期从事半导体材料与器件的教学和科研工作，著有《电报学》《微波半导体器件》等著作。

在电机系，林海明教《电工原理》，毛钧业教《电报学》，陈湖教《市内电话》，陈季丹、陈鸿彬、于怡元教《无线电原理》，沈尚贤教《电子学》；调整到复旦大学的周同庆教授在李乐民大一时曾教过《物理》课程。

李乐民对这些课程都充满了兴趣。各位老师的治学之道、为师之德，让李乐民终生难忘。他还记得，当时老师们虽然讲课用中文，但写板书的时候都是用十分工整的英文。

大二学年（1950年度）的两个学期，李乐民的平均成绩都在90分以上，其中，第一学期共计47个学时，平均成绩为90.39分；第二学期共计47个学时，平均成绩为91.71分。除了政治讲座和体育成绩依然"垫底"，其他理工科课程的分数明显要比大一学年高许多[1]。

大三学年（1951年度）的两个学期，第一学期共50个学时，平均成绩为90.90分，体育成绩是83分；第二个学期共48学时，平均成绩为86.33分，体育成绩是85分。

乍看起来，好像李乐民大三第二学期的成绩与第一学期以及大二的成绩相比略为逊色，其实不然。原来，大二和大三第一学期的成绩是"硬分数"，考了多少就是多少。大三第二学期的成绩，是由学生"自己给自己打分"，然后经过班级"评议"通过确定。李乐民比较谦虚，因此给自己打分比较低，大多数科目都只打了八十多分，只有少数几门课打了九十分以上。

大三结束时，由于全国院系大调整，学生需要提前毕业。但学校考虑到学生可能基础还不太牢固，于是为学生"加餐"，在大四第一学期（1952年）补了5门课程，但在名义上依然算作第三学年（1951年）的课程，共47.5学时，平均分为88.40分。体育成绩为85分。

---

[1] 李乐民档案。存于电子科技大学档案馆。

表 2-2　大二学年（1950 年）具体科目成绩

课程名称	第一学期 学时数	第一学期 分数	第二学期 学时数	第二学期 分数
政治讲座	3 学时	69 分	3 学时	68 分
物　理	5 学时	83 分	5 学时	94 分
机工试验	3 学时	74 分		
工程力学	12 学时	97.5 分	9 学时	99.1 分
机械工程	4 学时	100 分		
电工原理	12 学时	96.2 分	6 学时	92 分
内燃机			6 学时	93 分
交流电路			12 学时	96.2 分
体　育		70 分		66 分

表 2-3　大三学年（1951 年）具体科目成绩

课程名称	第一学期 学时数	第一学期 分数	第二学期 学时数	第二学期 分数
政治讲座	3 学时	78 分		
电机原理	12 学时	95 分	6 学时	86 分
电机实验	3 学时	81 分	3 学时	84 分
电磁测验	4 学时	91 分		
电磁测验实验	6 学时	84 分		
市内电话	4 学时	89.7 分	6	90 分
电报学	6 学时	92 分		
电子学	12 学时	95 分	5 学时	87 分
无线电原理			18 学时	90 分
无线电实验			7 学时	79 分
有线电实验			3 学分	76 分
体　育		83 分		85 分

第二章　走进通信领域

表 2-4　大三学年（1952 年）具体科目成绩

课程名称	第一学期 学时数	第一学期 分数	第二学期 学时数	第二学期 分数
长途电话	6 学时	93 分		
电信网络	13.5 学时	92 分		
无线电原理	18 学时	88 分		
无线电实验	7 学时	83 分		
有线电实验	3 学时	78 分		
体　育		85 分		

当然，李乐民不是死读书的人。这一点，在他的体育成绩中可以看得出来。此外，他担任过班级的总务委员、学习委员、长途电话课课代表等多个职务，热心为同学们服务。到电讯组后，喜欢唱歌的李乐民还担任了班上的文娱委员。有一次组织同学们参加《黄河大合唱》，他挨个动员大家来排练。

提前毕业留校，任两门课程的助教

1952 年，全国院系大调整。此时的新中国百废待兴，而要迅速恢复和发展国民经济，就急需集中培养大量高等专门人才和干部，工业建设人才尤其短缺。1952 年 1 月 3 日，教育部要求"理学院、工学院的水利、采矿、冶金、地质、数学、物理、化学、气象等在 1953、1954 两年暑假应届毕业的学生提前一年毕业，以适应国家工业建设的急需"。[1]

交通大学电讯组等专业也被要求提前毕业。李乐民作为电讯组的高材生，也面临着这样一个重要的人生选择。当时，班里的许多同学都准备去

---

[1] 中央教育科学研究所：《中华人民共和国教育大事记（1949-1982）》。北京：教育科学出版社，1983：54。

图2-2　1952年，李乐民大学毕业班级在交通大学图书馆前合影（前排穿短裤者为李乐民）

（李乐民供图）

电话局、电报局等企业工作；电机专业的很多学生都梦想去上海电机厂工作，该厂成立于1949年12月1日，从50年代起，就成为全国制造汽轮发电机和大中型交直流电机的重点骨干企业。

以李乐民的成绩，要去工厂工作是不难的。但他却愿意服从统一分配并愿意当老师。他说："在填写毕业分配志愿的时候，我首先选择了服从国家统一分配，国家需要我去哪里，我就去哪里工作。当然，我的自选志愿是当教师。"①

之所以这样选择，除了源于父亲李庆贤的影响，也源于他对入学生活的由衷喜爱以及对自我的认知。他说，"一个人要根据自己的特长决定自己做什么工作来为国家服务。我想，我的特长在于科学研究、在于教书育人。"

校园生活比较简单，教书育人十分神圣，李乐民打心眼里热爱教育事业。最后分配的结果是留交通大学任教，当时留校是个比较"非主流"的选择，但李乐民却对这个选择义无反顾、无怨无悔。

1952年9月，20岁的李乐民结束了大学生活，参加电工原理教研室高

---

① 李乐民访谈，2017年6月8日，成都。资料存于采集工程数据库。

等数学教学小组，担任张钟俊教授《电工数学》课的助教，并为电机类二年级学生辅导电工数学。

张钟俊是中国自动控制、系统工程教育和研究的开拓者之一，1980年当选为中国科学院院士。他生于1915年，比李乐民大17岁，是对李乐民的科教生涯影响比较大的人物之一。张钟俊也是从交通大学毕业，与李乐民同为交通大学校友。

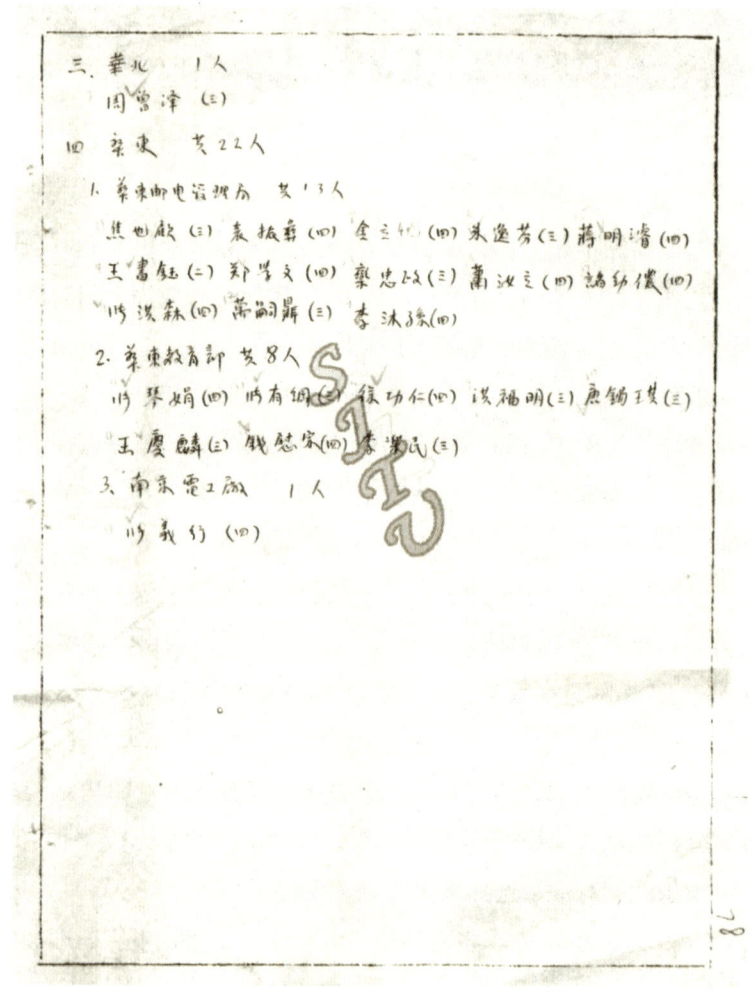

图2-3 1952年，交通大学电机系（电讯组）毕业生统一分配名单
（电子科技大学档案馆供图）

1934 年，张钟俊以其出众的学业获得中美文化教育基金会的奖学金，到美国麻省理工学院攻读硕士，仅用了两个学期就获得硕士学位。又经过不到五个学期，也就是 1938 年，获美国麻省理工学院科学博士学位。

1937 年 12 月，张钟俊作为麻省理工学院第一个博士后副研究员留交通大学工作，研究网络综合理论。1948 年写成世界上第一本阐述网络综合原理的专著《网络综合》，同年在中国最早讲授自动控制课程《伺服机件》。1980 年 5 月当选为中国科学院院士。

张钟俊长期从事系统科学、控制理论与应用的研究，在将系统工程用于战略规划和将控制理论用于工程设计方面取得丰富的成果和贡献，开创了我国自动控制教育和研究的先河。他是我国自动化发展进程的开拓者和带头人，也是我国系统工程的首批倡导者和践行者，为中国的电力系统、自动化技术和科学管理等领域培养了一大批专门人才，关于其影响有"北钱（钱学森）南张（张钟俊）"之说。

1949 年 9 月李乐民考入交通大学时，根本没有想到自己有朝一日会为张钟俊这样一位具有传奇经历的教授做助手。上大学期间，他就听说张钟俊教授的课讲得很好，同学们都喜欢上他的课。做张钟俊教授的助教，让李乐民很激动，这意味着他可以比别人更加近距离地接触到这位大师级的人物。

李乐民至今记得，"张钟俊教授是 MIT 的博士，他对数学特别感兴趣，所以他来教电工数学；穿得也很好，穿的是西装，所以上课的时候就很有派头。有一次我到他家里去向他汇报，他在家里都穿得很好，而且正在喝牛奶，那个时候喝牛奶是一件稀奇的事情"[①]。

张钟俊教授讲课深入浅出，从不照本宣科，他学识渊博，在课堂上挥洒自如，成为李乐民心目中学习的榜样。当时的助教要和学生一起坐在讲台下面听教授上课。教授讲完后，助教负责解答学生的疑问。助教每周还要组织两节讨论课，和学生就教授上课的内容畅所欲言，并将收集到的意见和建议反馈给教授。

---

① 李乐民访谈，2017 年 6 月 8 日，成都。资料存于采集工程数据库。

做知名教授的助教，使得李乐民对人民教师的责任有了初步认识。他曾在一份总结中写道："（在做助教的）一学期中，我对于人民教师的责任有初步认识，热爱自己的工作，积极想办法使同学们学好。自己在数学及电工原理方面也有一定的提高，并且对于教与学的规律也有了初步的认识"。[①]

同时，他也感觉自己和知识渊博的老教授比，业务能力、教学水平等都相差很远，必须加强业务学习，掌握好基本理论知识，打好扎实基础对一个人今后的发展是相当重要的。

1953年1月到3月，李乐民赴上海俄文专科学校进行俄文进修，因此暂时中断了助教工作；3月初回到交通大学后，他继续做助教工作，只不过这次是给张煦教授做助教，课程改成了《长途通信》，教研室也改到了电报电话教研室。

张煦[②]教授是我国通信界元勋、光纤通信的奠基人之一，卓越的通信工程学家、教育家、科学家。1978年以后曾任上海交通大学电子工程系主任，1980年当选为中国科学院院士。张煦也是李乐民人生中遇到的重要人物之一。

20世纪50年代上半期，张煦教授结合教学工作编著出版了《长途电话工程》《无线电工程》《多路载波电话》等十余本高校教材和科技参考书，对新中国的载波通信技术发展起到了重大作用。

李乐民大三时，张煦教授给他上过课。能给自己的老师当助教，李乐民十分高兴。在他的印象中，张煦和张钟俊这两位"张教授"的形象差异比较大：

"张煦先生不太穿西装，他穿的是中山装，讲课声音很洪亮，口音还是无锡口音，讲得是很清楚的。张煦先生的课程里面不单单讲业务，有时候还要鼓励同学好好学习，将来为国家作贡献"。[③]

[①] 李乐民档案。存于电子科技大学档案馆。
[②] 张煦（1913-2015），男，江苏无锡人，中国科学院院士。1934年毕业于上海交通大学电机系。1940年获美国哈佛大学科学博士学位。回国后任上海交通大学电子工程系教授。抗日战争爆发后，随校迁往重庆。20世纪60年代初任成电教授，1978年调回上海交通大学任教。2015年9月12日7时58分，张煦先生因病医治无效在上海逝世，享年102岁。
[③] 李乐民访谈，2017年6月8日，成都。资料存于采集工程数据库。

李乐民从张煦教授身上学到了很多教书治学之道，以及为人处世之理。张煦教授"勤奋思考、俭朴生活，多作贡献、少想享受"的人生格言，也深深地烙在了李乐民的人生信条里。

除了要给学生答疑、主持讨论课，李乐民还要帮张煦先生画挂图。那时学校还没有电子投影设备，课程中涉及的所有图示，李乐民都要画在白纸上挂出来，这样张煦教授就可以不用在黑板上画图了。[1]

李乐民说："那时候，需要画好多图，特别忙，也没有人教我们怎么做或提要求，都是自己在想办法往好里做。当时大家做事都非常认真，不用特别讲要认真做"[2]。

此外，李乐民还要准备学生的实验课，告诉学生仪器设备使用的注意事项以及电路板怎么使用等。由于学生较多、设备不够，学生得轮流做实验，一个班就分成了好几批上课。

张煦先生一直坚持指导学生实验，但由于学生很多，大部分实验还是由李乐民负责指导。但不论是指导学生做实验，还是组织学生进行生产实习，张煦先生都身体力行，这让李乐民很感动。

参加工作一年时间，使李乐民对人民教师的责任有了进一步认识。同时，他为教学改革而努力掌握专业知识，并担任了电讯三年级和电专二年级的长途电话辅导与实验工作。

学习俄文，北上进修提升专业能力

在两次助教经历之间，即1953年1月到3月，李乐民赴上海俄文专科学校进修，这是他提升自己专业能力的一个前奏和必要准备。当时新中国缺少办学经验，非常倚重苏联专家的帮助，20世纪50年代，中国高等院校共聘请了861名苏联专家，直接参与中国高等教育的改造和建设，中国

---

[1] 李乐民访谈，2016年10月13日，成都。资料存于采集工程数据库。
[2] 李乐民访谈，2017年6月8日，成都。资料存于采集工程数据库。

派往苏联的留学生和进修教师亦高达9106人。

以苏联为师，急需大量懂俄语的人才。1951年5月，李乐民加入了中苏友好协会交通大学支会。1952年10月，学期开始后，电机类教员由陈以鸿先生[①]讲授俄文，李乐民为干事，初步学了一些俄文。

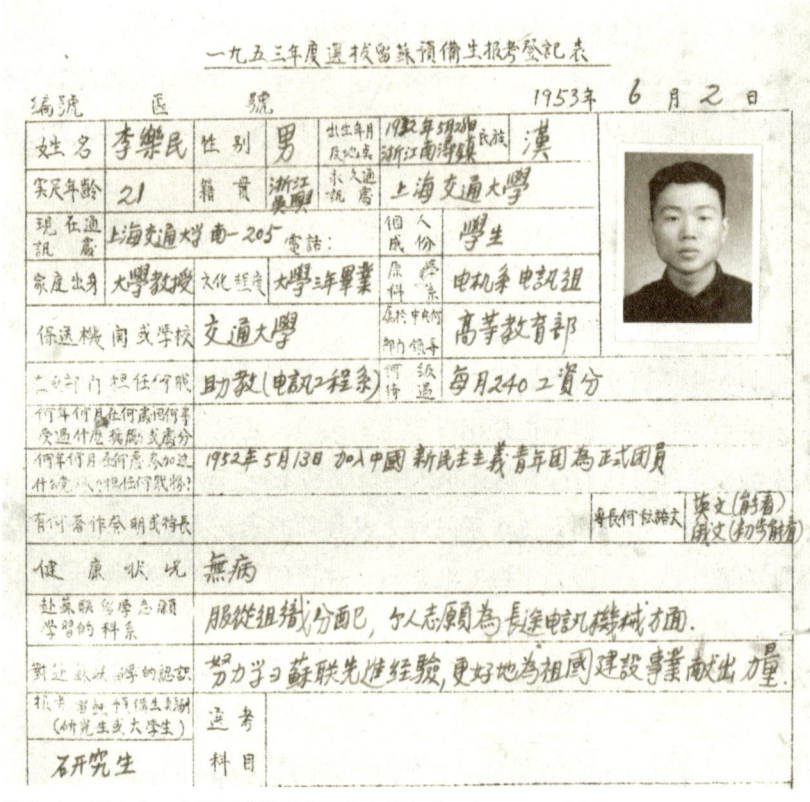

图2-4　1953年，李乐民选拔留苏预备生报考登记表（电子科技大学档案馆供图）

1953年1月10日，李乐民得到通知，组织上安排他去上海俄文专科学校（上海外国语大学前身）参加俄文专业速成阅读试验班学习，助教等工作暂时由其他老师替代。他也很想多掌握一门外语，这样就可以更好地"学习苏联先进经验，为祖国建设事业贡献力量"。

---

① 陈以鸿（1923— ），江苏江阴人。1945年无锡国学专修学校沪校毕业。1948年上海交通大学电机工程系毕业，留校工作，1988年退休，职称编审。长期从事科技翻译，通英、法、德、日、俄五国语言。出版英、俄文著作中译本三十余种。

从 1 月 10 日到 2 月 5 日，李乐民在上海俄文专科学校几乎将教材翻烂了，上面密密麻麻写满了笔记。他说，“当时大家都不怕吃苦，白天黑夜都在学”。

李乐民学习俄文的效率比较高，因此，总觉得老师的教学进度太慢了。后来，他还“检讨”自己的这种思想可能会“使学习上信心尚不足的同学（其他学校的教师）受到影响，这是对协助学校搞好这次速成阅读的经验不重视，而只管个人的学习好坏，到了后来才予以纠正”[①]。

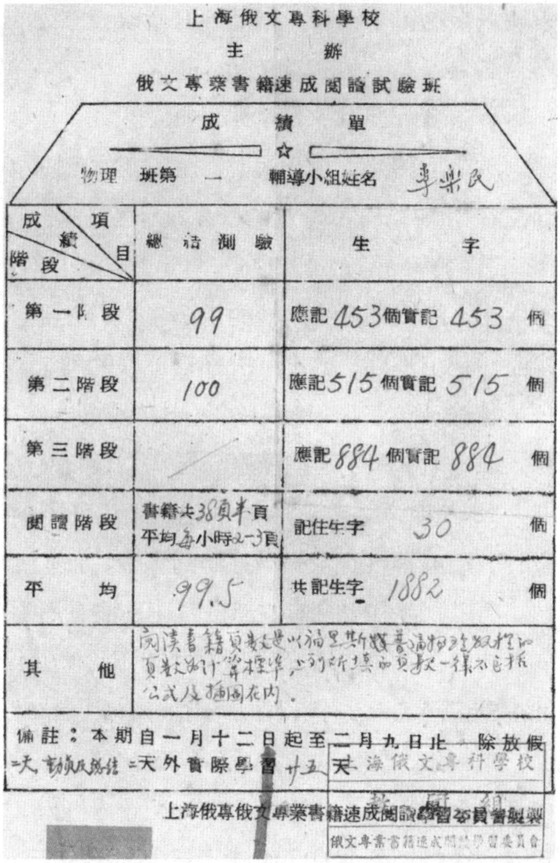

上海俄文專科學校
主　辦
俄文專業書籍速成閱讀試驗班
成績單
物理　班第　一　輔導小組姓名　李樂民

成績 項目 階段	總結測驗	生字
第一階段	99	應記 453 個實記 453 個
第二階段	100	應記 515 個實記 515 個
第三階段		應記 884 個實記 884 個
閱讀階段	書籍共 38 頁半頁 平均每小時 2-3 頁	記住生字 30 個
平　均	99.5	共記生字 1882 個
其　他	閱讀書籍頁數是以福里斯……普通物理教程的頁數所計算標準，上列所填的頁數一樣不包括公式及插圖在內。	

備註：本期自一月十二日起至二月九日止　除放假二天……二天外實際學習廿五天

上海俄專俄文專業書籍速成閱讀學習委員會製

上海俄文專科學校
教研組

俄文專業書籍速成閱讀學習委員會

图 2–5　1953 年，李乐民在俄文专业书籍速成阅读实验班的成绩单（电子科技大学档案馆供图）

在这 25 天里，他勤奋学习，掌握了俄文文法、最终实际记忆了近 2000 个俄文生词、能利用字典阅读专业书籍。后来，他对俄文专业书刊能熟练地笔译为中文，他还翻译了一本有关长途电缆通信方面的小册子，由人民邮电出版社出版。

当时的交通大学鼓励教师多掌握几门外语，以便能够更好地查阅资料，方便教学和科研工作。李乐民除了掌握英语和俄语，后来在北京邮电大学进修的时候，他还自学了德语，并达到了能阅读专业书刊的水平。

1954 年，李乐民被组织上安排做了电讯系的秘书。不久，他就被派往

① 李乐民档案。存于电子科技大学档案馆。

天津大学电讯系进修，跟随苏联专家吉杰列夫学习长途通信，此后，又随着吉杰列夫去了北京邮电大学进修。

1955年元旦前夕，李乐民抵达天津大学。天津大学的宿舍几乎都有水暖。不走运的是，李乐民住的宿舍恰恰没有水暖，只能自己烧炉子取暖。而生在南方、长在南方的李乐民不会烧炉子，幸好有北方的室友会烧炉子，这才免了挨冻。

在上海俄文专科学校的俄语学习，让他和吉杰列夫等苏联专家交流起来有了一定基础。吉杰列夫来自苏联的列宁格勒电信学院。他给研究生讲授《长途通信》《长途线路》《电信测量》等课程。李乐民通过听课和自修，很好地掌握了这些课程。

"那个时候，苏联的技术还是比我们国内高明，譬如长途通信怎么样设计、距离有多长、噪声控制的多少，他们都有规范。我们国家还没有这些。所以，苏联专家有些新资料还是很有用的。"李乐民说。[①]

1955年暑假，李乐民没有回苏州父母处，天津大学电讯系为他联系到北京电信局实习。李乐民实习了一个月，有时还值夜班。

这一年，国家决定成立一所专门的邮电高等学府。天津大学电讯系的电话电报通讯和无线电通信广播两个专业及重庆大学电机系的电话电报通讯专业被抽调到北京，组建了新中国第一所邮电高等学府——北京邮电学院（现北京邮电大学）。9月，北京邮电学院在新街口外大街小西天正式成立。

由于苏联专家吉杰列夫于这一年7月应聘到北京邮电学院任顾问，李乐民也就跟他从天津来到了北京继续进修。

新生的北京邮电学院当时校园十分狭小，全校只有一栋五层高的教学楼，教学、实验、科研所需的仪器仪表等诸多设备更是不足。学校只设立了有线电通信工程系、无线电通信工程系和工程经济系三个系，开始全校仅有68名教职工，却洋溢着勃勃生机。李乐民在这里继续全身心地学习。

李乐民对待学术问题特别"较真"。有一次考试，苏联专家出了题目，

[①] 李乐民访谈，2017年7月22日，成都。资料存于采集工程数据库。

李乐民抽取其中一个题目作答。他认为自己的回答是正确的，但苏联专家却说他答错了。于是，各自坚持己见，争论了起来。

> 那个时候考试是用口试的办法，就是老师出一些题，然后抽其中的题来回答。其中有一个题目我就回答了我自己认为对的答案，他（吉杰列夫）却认为我答错了。这个题目还有点深，我认为自己没有错，但是我不会讲俄语，通过俄语翻译来交流，当中也可能翻译得不好，两个人就是各谈各的——他就认为我的不对，我认为我的是对的。①

有人认为李乐民对苏联专家太没礼貌了。后来，有线电系系主任蔡长年②教授知道了这件事。这位1938年毕业于交通大学电机工程系的电信专家，也听了李乐民的解释。"你是对的！"他说，"但是，你也不能和专家争得太厉害了，那样人家也没面子啊！"

耿直的李乐民当时根本没想到什么"面子"，他只知道对就是对、错就是错，真理面前没有面子。这事对李乐民也有所影响，"人家批评我太傲了，所以我就尽量低调、不张扬。但是，我遇事还是有自己的主见的"③。

苏联专家吉杰列夫在天津大学时招有4名研究生，1955年下半年到北京邮电学院进入论文写作阶段。北京邮电学院安排李乐民等两位进修教师和4名研究生一样做"毕业论文"——进修论文。

苏联专家给李乐民出的题目是发送电平预先倾斜和压缩扩展器。这个题目包含两个研究方面，即"发送电平预先倾斜"和"压缩扩展器"，

---

① 李乐民访谈，2017年7月22日，成都。资料存于采集工程数据库。

② 蔡长年（1916-1994），电子学家、教育家。中国开展信息论研究的先行者，国内第一本《信息论》的编著者。重视信息论在通信中的应用研究。组织研制了中国第一代数据传输设备，并在语声信源理论、语声信号处理与识别等研究领域作出了重要贡献。

③ 笔者注：据李乐民指导的2003级博士研究生、北京航空航天大学罗洪斌教授回忆，这件事对李乐民的性情影响较大，甚至可以视为李乐民性格转变的分水岭。罗洪斌说："后来他的性格就变了，基本上从不与外界争执，做学术也是这样，开会也是这样。"（罗洪斌口述访谈，2017年7月17日，北京。资料存于采集工程数据库。）

每一个方面在当时都属于前沿研究问题,可能是苏联专家认为李乐民适于作研究性强的题目,因此把两个关联的方面合到一起让李乐民来研究。

发送电平预先倾斜是用于长途多路载波电话通信的技术。电缆和架空明线作为传输介质,频率愈高时信号衰减愈大。因此,把载波频率较高的信号发送电平提高,压低频率较低的信号,可使发送功率放大器在功率容量已定的情况下,提高高频信道的接收电平、增加信号噪声比,改善通信质量。李乐民说:

> 我拿到了这个题目以后,就查资料。因为我会俄语,于是就在苏联的刊物上看到一篇文章,发现它在研究那个问题。但是,它的研究还是不具体,如果用这篇文章的方法进行设计,好像还是不够。但是,这篇文章至少启发我有了一个研究的方向,即如何得到能够实际设计的方法。后来,我就到北京图书馆查阅英文资料,发现英文论文也对这个有研究。但是,它用的数学工具是比较早的,相对而言,苏联那个方法比较先进。我实际上也不是独创,而是在苏联已经有的设计基础上再进一步去研究具体怎么设计。研究方法需要用到"随机过程"的数学知识,我以前没有学习过,因此,我趁这个机会就把"随机过程"也学了一下。学了以后就把它拿来用,推导这个公式,就得到了设计应该怎么样来计算的公式——这个方法在之前的文献上是没有过的。[①]

北京图书馆比较远,但英文期刊较齐全。李乐民上午去查资料,中午就不回学校,吃个面包继续查。在查阅了许多俄文和英文刊物后,李乐民觉得文献中有些问题还未解决或不完善:一是电平倾斜时功率容量如何计算,二是放大器非线性引起的交调产物如何计算。

经过数学推导,他终于解决了上述两个关键问题,得出了可供工程应

---

① 李乐民访谈,2015年7月22日,成都。资料存于采集工程数据库。

用的公式。论文答辩后，北京邮电学院的蔡长年教授很高兴，鼓励他将论文投给学术刊物发表。最后，这篇论文于两年后即1957年2月在《电信科学》上发表了——那时候李乐民已经在成电任教了。

后来，南京有线电厂在设计300路小同轴电缆多路载波电话系统时采用了这个成果。李乐民回忆说，"1957年以后，我带成都电讯工程学院（后更名为电子科技大学）的学生去南京有线电厂实习，他们负责总体设计的工程师告诉我，'唉，我就用了你设计的公式！'"[1]

压缩扩展器的用处是改善当时长途电话的通信质量。20世纪50年代的长途载波电话属模拟通信体制，通话效果不太好，常伴有噪声。压缩扩展器的作用是在发送端把话音中的低电平部分提高，压缩话音电平的动态范围。这样，低电平话音受干扰的影响就减弱，接收端又扩展还原。

李乐民觉得，最关键的还是要在国内做出这种压缩扩展器，进行试验应用。于是，他就在北邮的实验室里开始制作。当时，国际上已进入半导体电子技术时代。用晶体管电路代替电子管电路，可靠性得到很大提高，电源电路也得以简化。

1956年年初，中科院应用物理所在我国首先举办了半导体器件短期培训班，请回国的半导体专家黄昆、成众志等讲授半导体理论和晶体管电路。李乐民也参加了该培训班，对晶体管应用有了基础。当时国内实验普遍用的还是电子管，而李乐民在做这项研究时就已经用上了几年前才发明的半导体晶体管。

当时做科研很艰难，找不到需要的变压器，他就用能得到的变压器拼凑。在北邮的实验室中，他制作出了用晶体管电路的改善载波电话通信质量的音频压缩扩展器，并在实验室做了一个演示系统来进行试验，确有效果。

对实验的情形李乐民还记忆犹新。他说：

> 我研究压缩扩展器以后，发现里面的理论并不深，但是关键要做

---

[1] 李乐民访谈，2015年7月22日，成都。资料存于采集工程数据库。

出东西来。所以我趁这个机会在北京邮电学院实验室里做了一个演示系统，然后请苏联专家也来看，展示用压缩扩展器和不用压缩扩展器有什么不同。电话里边本来刺啦的声音，用了压缩拓展器杂音就显著减少了，就做了这么一个实验。当然这个并不是很难的事情，在其他地方有些电信局自己在做，做了都可以用。

北邮有比较先进的实验室，已经能买到晶体管。听了讲座，我借助所在实验室的晶体管来搭电路。搭电路现在说就是做硬件，然后搭了一个实验板，是用烙铁焊的，就掌握了这个晶体管电路。掌握了这个晶体管电路就可以把晶体管拿来做设备，做了个压缩扩展器。可以说那个时候还算是比较早用晶体管的。也正好是北京邮电学院还算是水平高的，很快他们就开展晶体管的实验。[1]

从电子管到晶体管有什么意义？李乐民正是亲身经历过这个巨变阶段，深刻理解其中价值，并且立即投身这个变革，引领中国通信学界迅速投身变革的一代研究者。他说：

50年代我毕业的时候去实习，（长途电信局）机房里面是一排一排的机器，里面都是电子管，电子管是一个灯泡，看得到里面有灯丝的，发亮的，它什么缺点呢？灯丝本身要烧，这个灯丝要用电的，要用变压器变成6伏的电压把灯丝烧起来。体积又大寿命又不长，维护的人天天去看有没有电子管坏了，坏了就要换，现在晶体管就什么都好了，寿命也很长了。

（电子管到晶体管）这个意义就很大了，开始的时候还是一个一个的分立元件，晶体管是独立的，一个晶体管做一个三极管、做放大器，那已经很可观了，因为电子管都要有灯丝，晶体管不要灯丝，所以它的电源比较简单。后来晶体管发展成了集成电路，变成了现在那种大规模集成电路，应用得非常广范。[2]

---

[1] 李乐民访谈，2015年7月22日，成都。资料存于采集工程数据库。
[2] 同[1]。

李乐民认为，此次做论文进修的好处就是把随机过程和应用弄明白了，自己设计了晶体管电路的实验系统，动手能力加强了。李乐民的进修结题论文最终得到好评。这样，他的北方进修生涯画上了圆满的句号。

带队实习邂逅人生伴侣

1953年和1954年暑假，正在交通大学做助教的李乐民还带学生到校外实习，主要内容就是长途通信有关的项目，让同学们了解机房内各种通信设备，如载波机的运用和维护；在室外，则是了解长途线路的建设等方面。[1]

上海铁路局电务处的长途载波电话室的设备，是当时国内十分先进的设备，因此吸引了包括上海交通大学、北京铁道学院（后改称为"北京交通大学"）等学校的师生来此实习。

起初，上海铁路局电务处对实习学生的开放比较谨慎，生怕学生参观过程中弄坏了先进设备。但负责管理设备的彭水贞同志找电务处的领导说："我们是为国家培养人才的，我们不让他们看，他们来学什么呢？"这位彭水贞同志，后来成了李乐民的妻子。

彭水贞生于1931年8月16日，比李乐民大几个月。彭水贞生在江西南昌，李乐民生在浙江南浔。1953年夏天，彭水贞从上海铁路通讯讯号学校[2]毕业后，在上海铁路局电务处找到一份工作，留在上海。她的主要工作就是管理长途载波电话等先进设备。

她之所以这么做，是因为她觉得"我们那时候很落后啊，所以我就想

---

[1] 李乐民访谈，2015年6月8日，成都。资料存于采集工程数据库。

[2] 上海铁道学院原校址在真南路1号。其前身为1954年由苏州迁来的上海铁路通讯讯号学校。1958年改为上海铁道学院，成为国家铁道部所属的培养高级铁路工程技术人才的工科大学。1995年5月，上海铁道学院与上海铁道医学院合并成立上海铁道大学，校本部设在原上海铁道学院。2000年同济大学与上海铁道大学合并，成立新的同济大学，原上海铁道大学（本部）成为同济大学沪西校区。

让学生尽量多学一些、多见一些"[1]。这样，彭水贞就和实习带队老师李乐民相识了，但也仅仅是相识而已，实习结束后李乐民回了交通大学，两人再无联系。

在彭水贞的印象中，"李老师是从交大来的，可能比较傲气吧，我们虽然认识，但也就算了"。反而是从北京铁道学院来的带队老师，与彭水贞交谈比较多，并保持通信。

1954年，彭水贞去上海交大咨询进修的事情，在校园里与李乐民又有过一面之缘。当时，彭水贞已调到了上海铁路学校（上海铁道大学前身），学校刚成立，急需教师。于是，彭水贞也走上了三尺讲台，并在上海交大与李乐民相遇。

1956年，全国院系调整，上海铁路学校要派彭水贞到四川成都，但是她不想去成都，毕竟那时候成都的发展无法和北京、上海这样的大城市相比。于是，她找学校反映，表示要到北京邮电学院去进修。

学校同意了她的申请。李乐民比彭水贞早一步已经在北京邮电大学进修，1956年7月进修期满。彭水贞来北邮的时候，正是李乐民要离开北邮的时候。

事情就是这样的巧合。就在李乐民将要进修期满回交通大学的时候，彭水贞恰好到北邮咨询进修的事儿。两人在北邮校园里偶遇，相视一笑，"原来你也在这里啊？"李乐民也觉得这真是太巧了，"怎么我一到哪儿她就跟到哪儿呢？"

咨询结束后，彭水贞回交通大学继续进修。不久，李乐民接到通知，得知交通大学电讯系要整体搬迁到成都去，成为成电的组成部分。8月底，他匆匆结束了在北京邮电学院的学习，连夜赶往上海，准备出发去成都。在上海托运行李的时候，李乐民再次遇见了彭水贞。

因交通大学电讯系整体搬迁事情繁重，系里很多事情需要办理，学校就派当时还在交通大学进修的彭水贞在学校帮大家托运行李。办完手续后，两个聊天很是投机。

---

[1] 彭水贞访谈，2017年6月8日，成都。资料存于采集工程数据库。

李乐民要离开上海去成电，彭水贞则要到北京邮电学院去进修，两人心里突然都有点别样的依依不舍。于是，李乐民和她约好以后要通信，保持联系。

李乐民觉得彭水贞很热情，心里开始对她"另眼相待"。这一次相遇，李乐民更加主动

图 2—6　1957 年，李乐民和彭水贞结婚纪念照
（李乐民供图）

了。他问彭水贞，可不可以不去北京邮电学院学习，继续留在交通大学或到成电进修。彭水贞摇头，依然坚持要去北京邮电学院。

在李乐民踏上去成都的轮船后不久，彭水贞就去北京邮电学院进修了。两个人鸿雁传书，双方都有了好感。

彭水贞到了北京邮电学院，发现北京邮电学院的人对李乐民印象都很好。知道彭水贞也是上海来的后，同寝室从北京铁道学院来进修的女教师无意间总是说起从上海来的李乐民学习多么刻苦、成绩和业务多么好之类的话。党总支委员邓乃炯老师也说："李乐民刻苦学习，就是有点傲，不过将来发展前途不可限量"。

彭水贞找对象有几个条件：一个是来自知名大学，二是必须业务好，三是必须对她好。无疑，李乐民是完全符合这"三个条件"的。北京邮电学院的侧面评价，让她对李乐民又多了一些了解。

李乐民到成电之后，1957 年 5 月，又带学生去上海实习，一到周末就去找彭水贞。李乐民和彭水贞开始畅想家庭和未来。"结婚以后，你还是要来成都"。李乐民对彭水贞说，"我不会离开成都回到上海，国家派我去成电工作我就得在那工作"。

当时，彭水贞犹豫不决。她舍不得离开体弱多病、年过花甲的父亲。

而且,因为地区不同,同一级工资上海比成都高,去成都的话工资要从 80 多元调到 72 元。

　　李乐民认为,两个人好好努力工作学习,将来生活会好起来的,可以将她父亲接到成都一起住。1957 年暑假,两个人领了结婚证书,也没有举办什么婚礼仪式,就一同到了成都。1959 年,彭水贞将父亲接到了成都。

第三章
随校西迁成电

1955年，国家正在执行国民经济建设的第一个五年计划，要在全国建设156项重点工程，中央确定以成都为中心建设西南无线电工业基地。在周恩来总理的亲自关怀下，由当时的二机部和高教部牵头筹建成都电讯工程学院（简称"成电"），专门培养高级电讯技术人才。

这是新中国第一所面向工业的无线电大学，师资主要来自交通大学（现上海交通大学、西安交通大学）的电讯工程系、华南工学院（现华南理工大学）的电讯系和南京工学院（现东南大学）的无线电系。李乐民从交通大学西迁成都，从此与成电结下了不解之缘。

国家院系调整，随校西迁成电

1956年，李乐民接到通知，得知交通大学电讯工程系要整体搬迁到成都去。8月底，他匆匆结束了在北京邮电学院的学习，连夜赶往上海。路过苏州时，李乐民回了一趟家，告诉父母自己的工作变动情况。

父亲和母亲对李乐民的选择没有反对意见。实际上，李乐民从1949

年离家就一直在外学习、工作,难得回家一趟。对于李乐民来说,父亲和母亲"不太管小孩的事情"。①接着,李乐民就告别父母,赶往上海。1956年9月,李乐民与交通大学师生从上海十六铺码头出发去成都。

多年后,李乐民依旧坚信自己的选择是正确的:"虽然远离父母,但是服从了国家需要;虽然离开了交通大学,但是到了新中国以电子工业为背景的新型大学,我觉得还是值得的"。

按照中央要求,成电由交通大学、南京工学院、华南工学院等三所学校的电子信息类有关专业组成。其中,交通大学电讯工程系在系主任周玉坤教授②的带领下来了个"一锅端":除了一位教师因为身体原因留下,其他的老师、学生、工人,包括仪器、设备、图书,凡是隶属于电讯系的都装上了轮船。组织上特地包了一艘3000吨的大轮船,供交通大学和南京工学院迁校使用。李乐民回忆:

> 当时,只有一位老师没有来成都。他是从山东调来交通大学的,迁校的时候,他身体生病,已经不能工作了,就同意他不来,其他的都来了,而且有一个老师叫刘侃,是坐轮椅来的。照理说,如果他申请说"我身体不好"也是可以不来的,但是刘侃老师自己要来、自己愿意来,所以大家都很佩服他。③

李乐民一行在十六铺码头上船起航,沿长江一路西进。第二天上午,抵达南京中华门码头,接上南京工学院的师生之后,直奔重庆。行进到宜昌,大船进不了三峡,只有换小船,于是大家都上岸在宜昌住店。一路上,李乐民负责教职工的食宿安排以及学生工作,下船后,李乐民先去了解旅店的情况,妥善安排。

---

① 李乐民访谈,2015年7月22日,成都。资料存于采集工程数据库。
② 周玉坤(1902-2004),江苏人,九三学社社员、教授。1924年获交通大学学士学位,后留学英、美,曾在美国贝尔实验室及英国曼布雷研究所任研究员。1956年调入成电,参与了建校工作。建校后被任命为成电有线电设备系主任,1957年调离。译有《电路》《实用电工学原理和与故障诊断》等著作。
③ 同①。

图 3-1　1956 年，部分学生乘火车到达成都车站（电子科技大学档案馆供图）

第二天一早，大家坐小船过三峡。两岸悬崖绝壁，江中滩峡相间，水流湍急，白天行船都很惊险，晚上更是不敢行船。终于抵达重庆，师生在朝天门码头下了船。由于此时的成电还在夜以继日的建设中，各种设施尚待最后完善，因此大家只能在重庆等候消息，学生就在上清寺一所中学休整。

不久，消息传来：成都已经准备好了！于是，李乐民与师生从重庆坐火车驶往成都——这次长途跋涉的终点站。欢迎他们的队伍把迁校师生从火车站迎接到位于成都东郊保和乡的成电。

成电集中了中国南方高校电讯专业最优秀的师资、设备仪器、图书资料等，首批建立了五个专业，即"无线电设备设计与制造""无线电零件设计与制造""电子器件设计与制造""有线设备设计与制造"和"电子自动化设备设计与制造"专业。

1956 年 9 月 29 日，按照苏联莫洛托夫动力学院教学主楼设计的成电教学主楼四周红旗招展，整个校园一片欢腾。下午三点整，全校三千多名

第三章　随校西迁成电

图 3-2　1956 年，成电举行首届开学典礼（电子科技大学档案馆供图）

师生员工和来宾沐浴着金秋暖阳，在主楼东边体育场（现逸夫楼所在地）隆重举行首届开学典礼。

首任院长吴立人在会上说："成都电讯工程学院是我国唯一空前的一所学校，唯一，是指学院规模之大；空前，是指过去历史上没有办过这样的一所学校，我们创办这所学校，是为了给国家培养出更多的无线电方面的人才，解决我国科学技术方面落后的矛盾"。

李乐民也参加了开学典礼，听到这儿心潮澎湃。他觉得，能参与建设这样一所大学，也是人生一大幸事，一定要把全部身心和精力都投入这所学校的建设中去。

当时，主楼周围矗立着脚手架，在进行一天三班倒的施工，整天都有搅拌机的轰鸣声和施工的敲打声。主楼前面的路也未铺上水泥，晴天一身灰，雨天一身泥，俨然一个大工地。

图 3-3　1956 年，正在修建中的成电沙河校区主楼（电子科技大学档案馆供图）

这一年成都的秋雨特别多，校园里到处泥泞，走路就像扭秧歌，一不小心就会摔倒。但是，学校还是在施工的情况下开了课。

教室里没有桌子板凳，先报到的同学就组织起来参加义务劳动，搬桌子、扛凳子到教室。阶梯教室定做的桌椅还没有来得及安装，同学们就坐在阶梯教室的地上，用一块小木板当书桌，垫在膝上记笔记。

机关的同志在走廊里办公，教务部门靠一张桌子、几条板凳作为办公点指挥教学。创业虽然艰辛，但大家都乐观处之、积极面对，展现了成电人乐于奉献、踏实实干的精神风貌。

李乐民对自己的选择坚信不疑，国家将他们从上海、南京、广州调集过来，组建这所大学有着非同寻常的意义。他认为正是在这里，自己的人生价值得到了真正的体现。

在教学科研之余，全校师生们还要参加义务劳动。李乐民曾经在主楼前搅拌过石灰和沙子，打磨平整过主楼广场，也和老师同学们一起植树美化校园。他们用火热的青春，建设美丽的成电。

图3-4　1956年8月底，成电沙河校区主楼的主体工程基本竣工（电子科技大学档案馆供图）

李乐民来成都的时候，行李很简单，只有两个箱子，一个稍微大点，一个比较小，里面是简单的日用品。既然来成都了，他已经做好了吃苦的准备。实际上，对于当时的生活条件，他根本没有放在心上，他的心思还在事业的发展上。

"我们当时最关心的事情——不仅是我，整个成电的老师们都可能有这样一个愿望——就是把当时我们使用的所有的进口电子设备都国产化"。李乐民说，那时候我们还没有自己的电子产品，用的设备几乎都是国外的，而且受制于人，想买都很困难。所以，成电师生下定决心，一定要实现电子设备的国产化。

他说："那个时候的实验水平和现在是不能比的，但在当时，师生们在既有条件下，都是尽最大努力去做事情、去学习的。"

甘于艰苦生活，直面人生曲折

建校初期，教工宿舍远远不够。教授、副教授、讲师等都住在南苑宿舍，李乐民等助教则租住在雷达厂（784厂）的宿舍里。几个月后，主楼旁边的单身宿舍才修好，李乐民和陆世昌一起住在3号楼的一间宿舍。

1957年暑假，李乐民与彭水贞结婚后要接彭水贞来成都，陆世昌主动把床铺让出来给彭水贞住。1958年下半年，女儿李爱劳快要出生时，李乐民夫妇搬到了南苑7栋宿舍，有一间半房子（即一间宿舍，加上一个没有窗的封闭小隔间）。11月16日，李爱劳出生后，又搬迁到南苑9栋宿舍，有了两间房，稍微宽敞了一些。

20世纪60年代，国家经济依然困难，人民物质生活困苦，吃饭问题依然是头等大事。尤其是1958—1961年，正是三年困难时期，学校也出现了粮食短缺的局面。1959年，学校成立生产领导委员会，开展养猪、种菜等工作，以改善师生生活。此时师生员工的健康状况急速下降，不少人得了肿病、肝病、肺结核等疾病。

在这样的困难中，学校的科研和教学仍然没有停滞。李乐民在参与科研工作的同时，也在教学方面倾注了心血，与妻子彭水贞尽量错开时间去教研室给学生答疑。

当时，女儿还在上幼儿园，白天他将女儿送到学校，晚上再接回家。

图3-5　成电沙河校区职工食堂（电子科技大学档案馆供图）

如果实在没办法和妻子错开时间，他们就把女儿带着一起去教室。

很多 20 世纪 60 年代的成电学子都还记得这样的情景：李乐民或是彭水贞在给学生答疑的时候，他们的女儿就乖乖地坐在旁边，很安静地在一旁看父亲或者母亲给学生答疑解惑。直到女儿上小学了，李乐民夫妇去教研室给学生答疑的时候还经常带着她。

走上三尺讲台，正式传道授业

建院初期，成电的教师队伍是以来自上海交通大学、华南工学院电讯系的教师和南京工学院无线电系的教师为基础建立起来的。而这三校的电讯系又是 1952 年、1953 年全国高校进行院系大调整时，从同济大学、中山大学、浙江大学、南京大学、广西大学、厦门大学、金陵大学、湖南大学、岭南大学、南昌大学、山东工学院等全国许多高校的电讯系合并而成的，所以集中了全国电讯方面的大部分专家，包括多位我国电讯技术和教育界的前辈和知名人士，如林为干、张煦、黄席椿、陈湖、周玉坤、童凯、陈茂康、蒋葆增、许德纪、龚绍熊、吴敬寰、张铣生、唐翰青、黄亦衡等。还有一批优秀骨干教师，如顾德仁、冯志超、毛钧业、张志浩、张宏基、沈庆垓等。

为了帮助具体实施教学计划和培养专业师资，二机部又先后为成电聘请了 8 位苏联专家，他们分别是布拉金（无线电设备元件、零件专业）、沃捷列夫斯基（陶瓷专业）、罗金斯基（无线电测量）、列别捷夫（超高频电子学）、波列沃布拉仁斯基（磁性材料）、沙波斯柯夫（计算技术）、哈斯宾（无线电定位）和日喀略夫（电子束管）。

学校初创时基本上照搬了苏联的教育模式。教学计划是在苏联专家的帮助下，参照莫洛托夫动力学院模式而制订。虽然学校有三所源头学校的师资，但总体师资还是有点紧张，因此，学校鼓励青年教师讲课。1957 年，李乐民晋升为讲师。由于长期学习长途通信，又做过几年助教，于是他根

图 3-6　1956 年，苏联专家和院领导视察主楼建设进度（电子科技大学档案馆供图）

据自己的专长开设了一门《脉冲多路通信》课程，受到了同学们的欢迎。廖品霖[①]是 1956 年进入成电读书的第一届学生，他在一篇文章里回忆："李乐民老师学识渊博，专业基础扎实，对学生要求严格，深受大家爱戴"。

在李乐民从教的生涯中，讲授《脉冲多路通信》是一个标志性的事件。如果说此前的助教生涯是一种学习和"排练"，那么这次讲课则标志着他的教师生涯的真正开端。

> 李乐民回忆："我们学校当时招的学生并不是很多，我印象里边，我上课的时候可能只有三十几个人，大家学习还是很用心的。1956 年入学的学生，后来很多都留下来了，那时候读书学风还是很好"[②]。

---

① 廖品霖（1936- ），教授，历任电子科技大学外事处处长、校办主任、"211 工程"办公室主任、校长助理等职务，曾参加"七五""八五"军事电子预研重点项目。1970 年，廖品霖等人一起开创了电子科技大学的激光专业，使之成功挤入了世界先进专业领域，使国内的激光研究在国际上保持了话语权。

② 李乐民访谈，2015 年 7 月 22 日，成都。资料存于采集工程数据库。

通信科教 乐在其中　李乐民传

图 3-7　1957 年，学生正在使用苏联援助的实验设备做实验（电子科技大学档案馆供图）

　　李乐民讲授《脉冲多路通信》时，通信技术正在从频分多路通信向时分多路通信转变。20 世纪 30—50 年代，电话都是频分多路通信。频分制是将传输频带分成 N 部分，每一个部分均可作为一个独立的传输信道使用。这样在一对传输线路上可有 N 对话路信息传送，而每一对话路所占用的只是其中的一个频段。频分制通信又称载波通信，它是模拟通信的主要手段。随着技术的演进，频分多路通信逐渐被时分多路通信所代替。

　　时分多路通信就是把一个传输通道进行时间分割以传送若干话路的信息。把 N 个话路设备接到一条公共通道上，按一定次序轮流地给各个设备分配一段使用通道的时间。当轮到某个设备时，这个设备与通道接通，执行操作。与此同时，其他设备与通道的联系均被切断。待指定的使用时间间隔一到，则通过时分多路转换开关把通道连接到下一个要连接的设备上去。

　　由于"时分多路通信"技术还在初步发展阶段，因此，李乐民的这门课在当时国内高校也是少见的。

在为本科生开设《脉冲多路通信》课程时，李乐民总是力图用最通俗的方式，把复杂的理论知识讲给学生听。当时的很多课程学生都反映听不懂，但在李乐民这里则不存在这些情况。

1960年，成电开始招收三年制研究生，增设市内电话、长途电话、无线电通讯、无线电定位等13个专业，共有16位指导教师，其中张煦和李乐民为长途电话专业指导教师。1960年，李乐民以讲师的身份，招收了一名长途电话专业的硕士研究生许姜南[①]。

1961年，李乐民的《脉冲多路通信》讲义由成电印刷所印刷出版，对"时分多路通信"进行了系统的梳理和研究。同一时期，美国贝尔实验室研制出用于市内电话中继电缆的24路时分脉冲编码调制设备，全机共约300个晶体三极管和900个晶体二极管。李乐民的教材与当时国际科技前沿密切呼应，体现出了他对通信技术发展的敏锐把握和较高水平，这也增强了他继续开设《脉冲多路通信》课程的信心。

从1956年到成电之后，李乐民几乎每个学期都要为学生讲课，除了《脉冲多路通信》课程，他还为本科生讲授过《数字通信原理》等课程，学生遍及全国各地工厂、研究所、学校等。除了"文化大革命"期间学校停课之外，其他时间，李乐民都坚持为本科学生传道授业。

尽力排除干扰，一心教书育人

1956—1976年这20年里，李乐民的教学生涯并非坦途。在这个阶段，他的人生随着时代的节奏起起伏伏，先后经历了整风运动、"大跃进"和"文化大革命"，但他初心不改，在科研和教学上也有较大的收获：在科研

---

① 1960年，李乐民与张煦共招收长途通讯专业的3名研究生，其中，张煦招收2名，李乐民招收1名。[《电子科技大学志（1956-1994），第444页》]李乐民招收的这位硕士研究生名为许姜南，是李乐民在80年代以前招收的第一个也是唯一一个硕士研究生。从1961-1983年，李乐民没有招收过研究生。许姜南硕士毕业后赴南京邮电学院工作至退休。（李乐民访谈，2015年7月22日，成都。资料存于采集工程数据库。）

上崭露头角，完成重要的科研项目；在教学方面也不断积累，教学水平不断提高。

1957年6月8日，中央发布了《关于组织力量准备反击右派分子的指示》，学校的整风运动也由"鸣放"阶段转入"反右斗争"阶段。6月17日至22日，学校停课一周，发动全体学生"大鸣大放"。从6月下旬至10月底，学校开展反右派斗争，期间共有78人（教工49人、学生29人）被划为"右派分子"，挫伤了部分师生的积极性。

1957年，李乐民25岁，正是开设《脉冲多路通信》课程的时候。暑假期间，他带学生到上海电信局实习，结束之后返回成都，就发现校内形势比较紧张。这些政治运动对改进学校的工作、提高全校师生员工的思想政治觉悟起到了一定的作用，但过多挤占了教学时间，对教学、科研等各项工作的开展造成了不利的影响。

在整风运动中，李乐民还很年轻，参加的会也比较少，不够资格成为"右派分子"，因此不在被批判之列，免受了冲击。对于批判别的"右派分子"，他不参与、不发言。后来，他被批评为"反右"不积极，但也仅是被批评，没有受到更大的冲击。

"反右"之后，紧接着是1958年的"大跃进"运动。2月26日，学校召开全校师生员工"双反（反浪费、反保守）运动"动员大会，掀起以"双反"为中心的整改高潮；3月12日，学校召开师生员工"大跃进"誓师大会，进一步开展"双反运动"，揭发"五气"，实行全面"大跃进"；4月7日至9日，全校学生就"红"与"专"问题展开大辩论，28名学生代表发言；4月25日，学校开始停课两周，深入开展教师"交心"运动；7月2日，学校再次宣布停课一周，开展"教学大辩论"，批判资产阶级的教学路线；7月9日，学校发出开展技术革命的号召，全校掀起勤工俭学、大办工厂、技术革命的热潮；9月21日，学校举行炼钢誓师大会，并宣布市委分配的炼钢任务。

1959年1月14日，学校组织制订教学、生产、科研三结合的教学计划，将生产劳动作为一门重要课程，各专业学制5年，各专业的休息、劳动、教学的时间比例为1∶3∶8。1月24日，首批下放干部212人到西昌专区的德昌、天全县农村参加劳动锻炼。

1959年下半年,全国出现了严重自然灾害。1959年到1961年的"三年困难时期",国家经济十分艰难,为学校拨款修建的三系、五系楼由于配套资金难以到位,材料供应困难,只修了一个框架,成了长满青苔的烂尾楼。吃饭也成了严峻问题。由于缺粮少油,不少师生患上了水肿、肝炎、肺结核等病。

作为大学教师,李乐民一个月的粮食是23斤,粮食由大米和面粉混合,捉襟见肘,每个月一人能买二两油。1958年女儿李爱劳出生之后,女儿正需要营养,那时外面私下买卖的鸡蛋曾达到一元一个的天价,而且要到很远的地方买,还经常买不到。①

这段困难经历,在李乐民的记忆中烙下了深刻的印记。改革开放以后,李乐民还时时忆苦思甜地对学生们说:"现在条件好多了,你们现在只吃瘦肉,肥肉都不吃。我们当时一个月才能买点肥肉、开点荤"。

在"大跃进"的热潮中,教育事业受到了比较大的影响。由于全国对无线电人才的热切需求,学校的本科招生人数和代培、代训人数大幅度增加。但在片面执行"教育与生产劳动相结合"中,教学计划一改再改,课程门数不适当地减少,基础课按专业进行取舍,打乱了基础课程之间的联系,破坏了课程设置的渐进性,直接影响了教学质量,尤其削弱了基础理论的学习。

而在李乐民看来,"大学本科阶段打好基础是很重要的,基础打好了,出去之后,无论科学发展如何变化,都能够承担、适应。"因此,无论教学环境如何变化,他都努力讲好每一门课,尽最大努力为同学们打基础、固根基。

1966年"文化大革命"爆发以后,学校的教学和科研工作受到了更大的冲击。学校里到处是大字报、批斗会。很多教授,特别是从海外回来的教授,受到的冲击尤其大。7月,校内相继出现红旗战斗团与东方红战斗

---

① 陈伟编著:《李乐民传》。北京:人民出版社、航空工业出版社,2015:63。

通信科教 乐在其中　李乐民传

图 3-8　1962 年 2 月，李乐民（后排左二）带领学生去南京实习（李乐民供图）

团等群众组织。1967 年 1 月，学校造反派在上海"一月风暴"的影响下，到院、系、处宣布夺权，收缴印章，同时宣布成立临时革命委员会。

比较庆幸的是，没有人写李乐民的大字报，更没有人要把他揪出来批斗。他虽然在表面上看若无其事，但内心还是有点担心：由于高中时和美国人许安之有过交往，留学美国的父亲和许安之的关系很近，在当时有"里通国外"的嫌疑。

山雨欲来风满楼，形势一天比一天严峻，李乐民也被卷入这场漩涡中，生活和工作受到严重干扰。经常有人来调查他在苏州时期的事，向他询问外国人当时在苏州的活动情况。

李乐民隐约中觉得有什么事要发生，但又不敢乱想乱问。来调查的人要李乐民写交代材料。李乐民把握不准如何写，工宣队的人要他"知道什么就写什么"。

他所担心的事终于还是发生了：父亲突然不给他写信了，李乐民和父亲失去了联系。原来，远在南京的父亲李庆贤在"文化大革命"一开始就被批斗，失去了人身自由，被送到了南京市附近的句容县劳动。李乐民去信给在南京的弟弟询问，弟弟也不敢"通风报信"，就说不晓得父亲到哪里去了。李乐民和妻子十分担心，就给父亲所在的南京师范学院写信，希望告知父亲的有关情况："如果李庆贤有什么问题，我们就和他划清界限。"

1969年6月初，李乐民夫妇收到父亲的来信，才知道父亲被押到句容县劳动，要求交代在美国留学的情况以及和外国人的关系问题。父亲在信中说自己相信党和人民，身体也很好，"一顿饭能吃四两"。这让焦急不安的李乐民如释重负，因为年近七旬的父亲是万万受不得折磨的。

李庆贤始终相信党、相信人民，事实上他也是"清白"的。他为人宽厚、乐于助人。看押李庆贤的人没有打骂他，也没有让他做重体力活，只是把李庆贤关起来写材料交代问题。李庆贤一五一十地将自己知道的情况写出来交给他们，最后也没审查出什么问题，就把他放回了南京。

"文化大革命"时期，教学工作举步维艰。学校曾有过恢复正常教学的努力，但都以失败告终。1971年9月，经四机部批准，学校进行试点招生，从四机部所属工厂和解放军总参系统招收了工人学员196名、解放军学员63名，组成了学校的首届"工农兵"大学生。招生的专业有通信、电视、电子计算机、半导体器件与材料、微波磁性器件与材料共5个专业，学制三年。

但过去行之有效的、符合循序渐进教育规律的"基础课－技术基础课－专业课"的教学程序已经被彻底否定，取而代之的是大破"三中心"（以教师为中心、课堂为中心、教材为中心）、削弱基础理论教学的新做法；在教学行政管理上，学生的考勤、考试、升级留级制度一概废除。

1972年，在周总理提出批判极"左"思潮后，学校于11月恢复基础理论系，并根据四机部的指示恢复了无线电机械系，设无线电专用设备自动化及无线电设备结构两个专业，还恢复了雷达、遥测遥控专业。同时，制定了成绩考核、教材编写、教室规则、学员转班、重读、退学等规章制度，以求恢复正常的教学秩序、提高教学质量。但这些措施又被反基础理论风和"批林批孔"冲垮了。

正所谓"失之东隅，收之桑榆"。教学失序，使李乐民在人才培养上暂时失去了"用武之地"，但他在科研工作中却有机会参加到"彩色电视大会战"、"载波话路用9600bit/s数传机"、北京地铁通信系统等重大项目中，作出了重要的贡献，在国内产生了重要影响。

劳动锻炼下干校

1971年，中央号召知识分子接受工农兵"再教育"，全国各地纷纷兴办农场，作为集中容纳党政机关干部、科研文教部门的知识分子以对他们进行再教育的场所。四川省在攀枝花市米易县湾丘彝族乡建设有"五七干校"。但考虑到师生员工的安全，学校研究决定在湾丘创建自己的"五七干校"。

1971年6月，根据四机部和四川省革委党的核心小组的指示，学校在湾丘建立了"成都电讯工程学院五七干校"，占地800亩，另有200亩畜牧场。成电的干部职工分批下放干校劳动。

当时，李乐民正在参与"载波话路用9600bit/s数传机"的研发，努力攻克关键技术。为了不影响李乐民的科研工作，彭水贞让李乐民和女儿在家，自己去了湾丘"五七干校"参加劳动。

1971年6月1日，学校首批教职工400余人到湾丘干校劳动锻炼。彭水贞走后，李乐民既当爹又当妈。由于科研工作任务很重，李乐民经常加班。女儿后来在回忆文章中写道："那时我妈正在干校劳动，我爸晚上要去实验室，一去就是一晚。那时年幼的我，只好一个人度过一个又一个夜晚。"[①]

1973年5月，学校历时两年多研制完成"载波话路用9600bit/s数传机"试验样机3台，并在北京与成都等地进行了一系列实验。1974年1月，终于完成了"语言处理机"试验样机。"载波话路用9600bit/s数传机"完成后，42岁的李乐民也下乡参加锻炼。不过，他所去的不是彭水贞所在的湾丘农场，而是地处川西平原的崇庆县（今崇州市）白马村。

1952年思想改造运动中，他认识到劳动人民创造了财富。为此，他把女儿取名李爱劳。所以，他乐于去干校劳动锻炼。

---

① 陈伟编著：《李乐民传》。北京：人民出版社、航空工业出版社，2015：184。

开始时，李乐民被安排到大田班，学着锄地、浇水、挑担子等。由于不经常挑担，他肩膀红肿。后来虽好了，但挑的重量不及更年轻的教师多。过了几个月，农场里放牛的人回成都了。他就被安排去放牛，工作比在大田班轻松些，但晚上还要喂牛。白天放牛是牵它吃野草，一不注意牛就会去吃油菜，所以要看住牛。

干校的空气很好。李乐民回忆，"在田野里，微风吹来，感到空气新鲜，令人心旷神怡"[1]。

半年后，李乐民结束干校锻炼回到了成电。

从1956年来到成电到1974年参加干校锻炼，大约20年时间。在这近二十年时间里，李乐民经历了扎根成电的喜悦，也经历了社会运动中的艰难，但他从未放弃过学习和研究工作。他和同事们用坚持和执着，追寻着科学的脚步。

---

[1] 电子科技大学党委宣传部：《通信人生》.成都：电子科技大学出版社，2011：60。

第四章
首战成名攻克"自适应均衡"

从1956年扎根成电,到1978年改革开放之前的这20年时间,李乐民逐渐在群星闪耀的成电通信学者群体中崭露头角。通过中国第一条保密数字电话线路重大项目的磨炼,李乐民在国内率先攻克"自适应均衡"技术,展现出了在通信领域的雄厚实力和杰出才华,广为同行所知。通过诸多大型项目,李乐民的项目经验越来越多,他扎实的基础理论和对工程应用的较强理解能力不断展现。

20世纪20年代中期民族电讯工厂在上海诞生。1949年上海解放时,私营有线电工厂基本处于停工和半停工状态,无线电通信设备只有几家私营小厂从事维修业务。新中国成立后,上海通信设备制造业从小到大,从修理到制造逐步发展。1950年年底,上海无线电厂开始生产通信机、导航机等。1951年1月,中国电气股份有限公司改组为上海有线电厂,主要生产各种电话机、电话交换机。1952年7月,华东邮电器材厂建成,生产发报机、收讯机等。这些工厂相继建立,成为通信设备制造业的骨干。1949—1952年,上海生产的电话机、电话交换机、单工(双工)有线电报机、电话调度总机、会议电话、防爆电话,以及铁路行车调度电话等产品,不论品种或数量,基本上能满足国民经济各部门的需要。在1950—1953年抗美援朝战争期间,上海生产的携带式磁石电话机和交换机,小型和移动式无线电台等，为保障中国人民志愿军通信器材的供应作出了贡献。国产电话机基本能满足需求，但在交换机方面仍需要进口。

1956年1月，党中央提出"向科学进军"的口号，中国的科学技术迎来了一个崭新的春天。全国各地各学科、各专业的600多位优秀的科学家和工程技术专家荟萃北京，着手制定了新中国第一个科技发展远景规划，即《1956—1967年科学技术发展远景规划纲要（草案）》。科学家们认为最重要、最紧急的有6项，即原子弹、导弹、电子计算机、半导体、自动化技术和无线电电子学。

作为新中国建立的首批电子信息类工程院校之一，成电被赋予了攻克通信技术难关以及及时解决产业难题的重任。

成电通信学科群星闪耀

贝尔发明的碳粒电话解决了把声音变成电信号的问题，电话信号通过电话线连接到电信机房，电信机房的交换机则一层一层"中继""交换"互联起来，构成全国以致全世界范围内庞大的电话交换机网（通信网），这种互联最初分为五级，即C1（大区）-C5（终端）。这个庞大的电话交换网叫作 Public Switched Telephone Network，即"PSTN"，中文"公众电话交换网"。全世界绝大多数国家使用着一样的电话机、一样的拨号规则，采用一样的信令拨打电话。迄今为止，PSTN仍然是应用最广泛的通信网络，人类对PSTN的投资规模之大，是其他任何网络所无法比拟的，这是通信网建设的全球成果。

1949年新中国成立以后，正值全球范围通信大发展，国内元件、收音机、电视机、计算机、广播电视、市内和长途通信等大需求、大发展的第一个阶段。

据《中国通信学科史》记载[1]，为了适应中国国防电子和电讯工业以

---

[1] 中国通信学会编著：《中国通信学科史》。北京：中国科学技术出版社，2010：185-186。

及邮电通信的需要，建立了成电、西北电讯工程学院（现西安电子科技大学）和北京邮电学院（现北京邮电大学）、南京邮电学院、武汉邮电科学院、长春邮电学院、西安邮电学院、重庆邮电学院等，为中国自主培养了第一批通信技术人才。成电创建于1956年，是1949年后中国建立的第一所面向工业的无线电工程院校，当时工科院校的专业设置均以培养行业所需的专业人才为主。成电所设专业以设备制造为主，通信类专业最早为有线电设备制造专业（1956年成立有线电设备系），下设市内电话、长途电讯、电报，学校同时设立了无线电系，下设无线电通信机、无线电定位、电视广播、无线电测量等。1959年3月，经一机部批准，有线电设备系撤销，成立电讯系（成电一系），电讯系下设长途通信设备设计与制造（1962年改称为长途通信设备专业）、市内通信设备设计与制造（1962年改称为市内通信设备专业）、微波多路通讯（1962年改称为无线电通讯设备专业）、测量设备设计与制造（1962年改称为无线电测量设备专业）、电视设备设计与制造等5个专业。[①]

作为国家汇聚交通大学、南京工学院、华南工学院电讯优势力量的成电，被赋予了攻克通信技术难关，以及及时解决产业难题的重任。一方面，学校承担了国家急需的电讯初高级科研人员的培养工作；另一方面，当时全国各地电讯研究所、工厂的技术人员集中起来，在成电系统提升。

学术研究力量汇聚整合，解决国家急需。1958年9月，成电102教研组（市内通讯教研室）在陈湖教授的带领下，吴兴吾、唐棣、陈明锐、吴世昌、洪福明、韩浩忻等人成功研制出我国第一部十门全电子交换机。随后，在1960年102教研组又成功试制采用时间分隔方式的100门电子交换机，并在7月经上级同意将全套资料交给国营734厂（国营南京有线电厂）使用。

张煦教授是长途通信方面的著名教授，从交通大学（上海）来成电以前已出版《长途电话工程》等多部著作，1957年又出版《长途电话电路设计基础》一书。张宏基副教授对信息论有深入研究，后来出版了《信息论基础》一书（北京科学教育出版社，1964年）。当时，成电对无线电多路

[①] 电子科技大学校志编委会：《电子科技大学志（1956—2015）（下卷）》。成都：电子科技大学出版社，2016：1200。

通信也有研究，主要是微波中继通信，后来出版了《无线电多路通讯》一书，作者是"陈明正"（北京科学教育出版社，1961年）。"陈明正"是陈尚勤、洪福明、张有正三位教师合起来的称呼。张有正还对信号与系统以及频率合成有研究。

李乐民当时在这个群体里面算是一个基础扎实的后辈，但他很快凭借扎实的理论功底和锲而不舍的攻坚态度崭露头角。

1959年，学校遥测遥控团队承担了一项科研任务，青年教师李幼平[①]（1999年当选为中国工程院院士）担任负责人，团队在做"脉冲式锁相环"的时候遇到了技术难题。

"锁相"用在通信中是在收、发信双方建立载波同步或位同步。因为它工作的过程是一个自动频率（相位）调整的闭合环路，所以叫"锁相环"。锁相环最初用于电视接收机的行同步和帧同步。20世纪50年代后期，随着空间技术的发展，锁相环用于对飞行目标的跟踪、遥测和遥控。60年代随着数字通信系统的发展，锁相环应用愈加广泛。"锁相"问题是技术前沿，李乐民从1957年就开始涉足。1961年，他的第一个研究生许姜南的毕业论文就是做"锁相"。

李幼平请李乐民加入项目共同攻克这个疑难，李乐民利用自己在时分多路通信方面的优势，为遥测遥控团队解决了脉冲式自动相位控制的问题。1962年，李乐民以此成果为基础在成电学报发表《脉冲式自动相位微调系统的稳定性》一文。李乐民说：

在这篇论文之前，我帮李幼平老师做一个科研项目，其中有一个脉冲式的锁相环，设计好了进行调试的时候发现有不正常的现象，即内部有振荡现象，一直不知道什么原因。后来只能从理论上分析分析，后来发现可以用理论的办法证明在什么条件下会发生不稳定。经

[①] 李幼平（1935-），福建省泉州市人，中国工程院院士，电子和通信技术专家。1953-1957年在南京工学院无线电系学习，1957-1959年在清华大学无线电系学习，1959-1964年在成电任教，1964年10月调入中国工程物理研究院从事研究工作。1999年当选为中国工程院院士。李幼平院士长期从事核武器电子系统技术研究，在无线电遥测、遥控和引爆控制系统的研究中建树颇丰。近年来主要围绕网络融合与网络信息服务，研究新一代信息网络体系结构及其关键技术。

过了这样一个背景，推导这些公式，就写了这样一篇文章，然后这个文章里面就介绍这个设备做实验，实验的结果和理论分析基本上是吻合的。①

1960 年，赫鲁晓夫下令撤走所有在华苏联专家。紧接着，"文化大革命"爆发，学校全面停课。国际政治形势动荡，国内工农业生产水平低、自然灾害频发，内外交困的形势考验着新生的人民政权。在困难时期，国家很多区域出现了吃饱肚子都困难的局面，但李乐民在科学研究的道路上依然艰苦跋涉，继续攀登高峰。

成功研制国内第一台
"载波话路用 9600bit/s 高速数传机"

电话是模拟通信，因为传送说话的电信号是"模仿"说话人的声音变化的。"模拟信号"在线缆中传输，随着传输距离拓展，信号会发生畸变和衰减，逐级放大中噪声引起的信号失真也随之放大，多级放大器的串联会引起失真的叠加，传输距离越大，信号失真越来越大。

后来，随着对保密等性能的要求，电话通信技术一步步走向数字化。所谓电话的数字化，就是在电话传送时先把模拟的电话信号变换成数字信号，在接受时再把数字信号恢复成模拟信号，这样做看起来增加了变换的过程，但这样做能提高电话通信的质量和效率，而且有时还更经济。实现电话通信数字化的一种技术叫作"脉冲编码调制技术"②，这项技术使得电话通信得以向高速、大容量、长距离发展。

---

① 李乐民访谈，2016 年 10 月 11 日，成都。资料存于采集工程数据库。
② 脉冲编码调制（Pulse Code Modulation）是最常用、较简单的波形编码。用于语音编码。它是一种直接、简单地把语音经抽样、A/D（模拟/数字）转换得到数字码的方法，是其他编码算法的基础。

这种转换的过程是"模拟信号"通过时间抽样和编码转换为"数字信号"。传输过程中,信号表达可用高电压和低电压代表1或者0,传输中,信号依然会由于能量的损失发生衰减,需加入一种"再生器",重新判断电压是"高"还是"低",即可重新生成信号,新的电压信号完全了消除了前一段的噪声和畸变。通过这个方法,搭建了现代通信的基础平台,即数字化(digitalization)。

第一个实际得到应用的数字化语音技术由贝尔实验室的研究人员设计,在第二次世界大战中用于盟军的高层通信。1949年,加拿大海军部门建造了能实现数字化长距离传输雷达数据的无线脉冲编码调制(PCM)系统。此后,美国和欧洲各自制定了不同的数字传输体制。

将数字化后的语音信号从一地传送到另一地,需解决数字传输问题。在有些场合,由于信道传输带宽小,或为了节省带宽,常希望把数码率进行压缩后再传输。由于语音中有多余度,使压缩成为可能。为此,现在已经推出了多种语音压缩编码技术。

在20世纪60年代末,成电研究的是将一路语音数码率压缩到9600bit/s或4800bit/s。

数字信号在传输中由于信道不理想,会产生码间干扰,例如,前面的数码所产生的信号抢到了后面数码的位置上,干扰后面数码的接收。数字通信系统的码间干扰是数字通信系统中一个很关键的问题,对整个数字通信系统的影响是很大的,非常不利于数字通信系统的信号传播。产生码间干扰的原因是信道畸变,因此对抗信道畸变的研究是其中关键。对抗信道畸变主要依靠均衡器,在有些场合,信道畸变可能随时间变化,因此用固定均衡器难以均衡得很精确,则"自适应均衡[①]"就尤为重要。

1965年,Lucky率先开展数字通信的自适应均衡技术研究,作为数字

---

① 自适应均衡:由于信道畸变引起的时延扩展造成了高速数据传输时码元之间的干扰。均衡技术是指在数字通信系统中插入一种电路可以校正和补偿系统特性,减少码间干扰的影响。这种起补偿作用的电路称为均衡器。采用增加信号电平的方法也无法降低时延扩展引起的误码率,只有采用均衡技术,才是根本的解决办法。自适应均衡器直接从传输的实际数字信号中根据某种算法不断调整,较能适应信道的随机变化,使均衡器总是保持最佳的工作状态,对畸变补偿的性能更好。采用时域均衡器时,它们的目标都是将抽头系数调整到最佳。

通信领域一项重大成果，促进了高速调制解调技术的迅速发展。与此同时，1966 年 Widrow 研制出了 LMS 算法，1969 年在 Proakis 和 Miller 的指导性论文中描述并分析了 LMS 算法在复值信号（即具有同相分量和正交分量的信号形式）自适应均衡方面的应用。1975 年 Proakis 总结完成了在 1965—1975 年的研究成果，发表了一篇有重要价值的论文，将自适应均衡技术推进到一个新的高度。1976 年 Ungerboeck 提出了网格编码调制技术，进一步促成了可商用的高速调制解调器的研制成功。这种调制解调器能在电话信道上实现 9600—28800bit/s 的传输能力。

与国际前沿研究几乎同时，我国也在进行"数字电话进长途设备"的研究，某研究所承担了该项任务，该所在全国范围内寻找有能力的科研院所共同研制，最终找到成电。1970 年，成电接到研制"数字电话进长途设备"的研究任务，"载波话路用 9600bit/s 数传机"是其中两大任务之一。据档案记载：

> 一九七〇年秋天，首长来我院（成都电讯工程学院）视察工作时，曾指示我院拟定"数字电话进长途设备"方案。经我们组织有关人员研究讨论，提出了数字电话的几个初步方案。一九七〇年九月十一日我院派魏中狱、陈明锐等同志带着这个初步方案，当面向电信工业办公室杜牟平副主任等汇报。一九七〇年九月三十日，正式通知我院和某研究所："要求尽快攻克数字电话机进长途的技术关，请你们共同承担这一攻关任务。这项任务是光荣的政治任务。"
>
> 一九七一年四月七日通知我院：要求学校组织得力技术骨干，并专人领导，力争在一九七一年"七一"前拿出全套样机两部向党的五十周年献礼。[①]

这项研究调集了成电近百名科研人员参加，研制工程持续近两年，最终成功研制出我国第一台"载波话路用 9600bit/s 高速数传机"，在国内首次

---

① 成都电讯工程学院革命委员会（74）革发字第 033 号。现存于电子科技大学档案馆。

解决了其中的自适应均衡技术。

要实现高强度保密通信，必须是在数字通信的基础上加密。当时中国通信核心技术、设备和基础建设非常匮乏。研究院所缺少数字通信技术的基础，只有清华大学在"文化大革命"前曾完成了"载波话路用4800bit/s数字传输"。

项目到成电后，当时院革委会高度重视，研究所也派了技术人员参加领导，整个"数字

图4-1　1970年，李乐民在成电做数传机实验
（李乐民供图）

电话进长途设备"研究工程分为"语音处理机"和"数传机"两个部分。在通信技术上，"语音处理机"项目把声音变成数码率为38.4kbit/s的数字码，再进行压缩，经过压缩后的9600bit/s可以通过电话线路传。"数传机"项目就是实现在载波话路模拟线路上传9600bit/s数字信号。

根据项目要求，"数传机"项目前期先进行充分的方案论证，老师们提出了三个方案，分别是：刘诗嵩老师提了一个方案，陈明锐老师提了一个方案，李乐民当时担任通信技术系103教研室副主任，也提了一个方案，即"相关编码"方案。项目组进行了充分的讨论，大家认为"相关编码"方案最符合当时研制情况，项目整体采用了"相关编码"作为总的技术方案。

李乐民进入"数传机"项目总体组，项目的总体目标就是研发具有

"均衡"能力的"数传机"。张宏基①负责另一个部分"语音处理机"压缩编码项目。

时值"文化大革命"期间，学校处于军管状态，该研究团队整体被编为一个连，最初由院革委会委员、一系副主任杨元良担任连长，后由院党委委员、二系总支书记崔泽峰担任。参加的老师编为八个班（叫专业连队）。第一个班是数码压缩班，第二个班是发送班，第三个班是接收班，第四个班是均衡班，做"自适应均衡"，第五个班是同步班，第六个班是滤波器班，第七个班是电源班，第八个班就是机械设备。李乐民具体负责"均衡班"的关键技术攻克。老师们都非常珍惜这次搞大科研项目的机会，任务的主体在一系，一系所有老师（除了正在参加电视攻关项目的人）都参加了研究，三系以及机械系等其他系也支援了一些人。

由于停课/停工闹革命，研究工作困难重重，老师很长时间没有搞科研，仪器设备故障较多，很多元器件和新式仪器严重不足。经过两年多的艰苦攻关，1973年上半年，李乐民带领均衡组真正完成"数传机"项目。

数传机研制的核心难点在于载波电话传数码信号的难度，数码频带比较宽，在模拟设备中传送容易产生畸变。如果距离比较长，比如几千公里的距离，经过多次转接，畸变就更严重，影响数据的正确接收。这种情况要使用"均衡器"将畸变的信号校正过来，实现信道均衡有两种方案：预均衡和自适应均衡。有的研究人员形象地说：预均衡是"雪中送炭"，自适应均衡是"锦上添花"。事实上，当畸变较大并随时间而变化、每赫兹传的比特数又高时，例如"载波话路9600bit/s数传机"是每赫兹传4bit，自适应均衡器是不可或缺的。

国内当时没人做过高精度的自适应均衡器，李乐民千方百计搜集国外文献资料，研究各种方案。经过日夜思索，掌握了自适应均衡技术原理。在看了相关文献后，他认为国外当时的技术还相对复杂，他想从基本原理

---

① 张宏基（1919-2003），广东省广州市人，致公党党员，教授。1942年毕业于广州中山大学。留学美国，入丹佛大学研究生院攻读数学，1950年获数学硕士学位。1951年回国，先后在华南联合大学、华南工学院任教。1956年调成电，曾任管理工程系首任系主任等职。长期从事数字通讯、信息论和数字处理的教学和科研工作。主要著作有《信息论基础》《信源编码》《数字通信数学基础》等。

出发，进行简化设计。

简化后行不行、会不会影响性能呢？要用大量的实验进行验证。他设计出自适应均衡器的方案和有关电路，还修改了文献中提出的数字式平均电路的设计。定下总体设计方案后，他把方案细化成很多部分，分给均衡组的老师。因为要用分立元件组成电路，整个均衡功能的实现需要40多块板，再将40多块功能板连通调试。联调后，如果能起到自适应均衡作用的话，示波器观察会明显出现六个"眼睛"。

刚开始，示波器显示总是不稳定，一团糟或者只有一两个"眼睛"，研究组仔细检查发现，分立元器件质量参差不齐，40多块板子上的元器件很多，只要一个元器件没有调好，电路就不能正常起作用。当时的研究工作困难一方面在于理论的理解、电路的设计，另一方面就是实验测试集成电路和元器件是不是功能正常。最终，在攻关工作进行半年时间之后，40多块板子连通起来，示波器终于出现了睁开的"眼图"，证明自适应均衡器设计成功了。再经过一年改进，得到了很清晰的"眼图"。

李乐民很兴奋，他说，以前只晓得会出现眼睛图，但从来没有见过，当时文献也没有六个"眼睛"的图片。这次终于在自己的手里做出来。"眼睛"不断睁大，当6个清晰的"眼睛"全部出现在示波器上的时候，说明数传机能正常工作，大家都欢呼雀跃："成功了！"廖昌明[1]说：

> 李老师的东西上去就调对了，眼睛一下子就张开了，开始眼睛模模糊糊的，这个自适应均衡一调就好了。解决难题还要靠李老师，因为李老师是高水平。
>
> 实际上这个方案（数传机项目）就是我们现在用得最多的modem（调制解调器）里面就有这个方案，当时我们那个modem是大机架，现在的modem很小。[2]

---

[1] 廖昌明（1940- ），研究馆员。1956年考入成电"长途通信设备设计与制造"专业，1960年毕业留校。他是李乐民的学生、同事。1960年至1987年，与李乐民同在电讯系（一系）、二大队（包含无线电通讯设备专业与雷达专业，后改称二系）、无线电技术系工作，曾任通信教研室副主任。1988年调往电子科技大学图书馆，任情报研究部主任、副馆长，2000年退休。

[2] 廖昌明访谈，2017年5月25日，成都。资料存于采集工程数据库。

李乐民不但要解决自适应均衡的问题，还要负责整机调试。任务艰巨、时间紧急，整个研究组在攻关中长期加班，几乎每天工作到凌晨2点。主楼广场上每周五给群众放电影，怕受影响，研究组在面向广场的窗户上挂上窗帘。

学校党政领导高度重视该项目的进程，负责该项目的政工干部常常在项目组加班的时候到现场，为大家加油鼓劲。某研究所在学校派驻了一队技术人员，每一班分派一个，协调解决设备、器件等问题。项目任务紧张，脑力体力劳动强度大，学校专门为该项目研究人员加了一餐馒头。一到晚上十二点，食堂职工就带着一大蒸笼热腾腾的馒头来到实验室，有的老师吃完馒头后还会继续工作，一直要到两三点才回家，睡几个小时后，起来又要上班了。在当时的条件下，能够吃上馒头十分不容易。

1970年到1971年，李乐民花了大量的时间做整机调试，他每天早上进实验室，几乎都工作到后半夜，有时候就在实验室连轴转昼夜工作，整机的每个部件他都摸得很清楚。1971年5月，试制的第一方案样机在成都做外线试验。试验结果证明方案可行，但具体指标较差，由于缺乏良好元件，就采用次品元件，导致机器性能不稳定。项目组不断改进，1971年10月进行了第二台方案样机的外线试验，1972年9月试制出了第三台试验样机，第三台样机真正实现了质量好、维护使用方便。1973年2月至4月，军委在北京进行了北京至各大军区间的迂回试验，试验证明，在合格的载波话音通道上，使用数传机的误码率小于1×10^{-4}。

图4-2 1972年，李乐民在阅读"数传机"相关学术文献
（李乐民供图）

组织开展"数传机"项目的三四年间,李乐民既要负责总体技术,又要负责解决联机中的技术难题,加班是最多的。廖昌明回忆,当时自己负责锁相环,这也是一项关键技术,看着书上的原理图,摸索着用多谐振荡器加晶体管自己做电路。他说,最初做出来"不起振,调了很久都不能振"。他多次请教李乐民,李乐民和他一起钻研直到振荡器平稳振荡。锁相环做好后,监视器上显示正弦的切换一直不稳定。李乐民不放心,他说:"老廖,你这个锁相怎么老是不稳,一直跳",廖昌明也不太清楚。最后,还是李乐民找到原因,因为发送端发来的信号直流分量在变化,是发送端的问题。他又和发送端一起解决问题。①

对于科研道路上的艰难险阻,李乐民并不以为苦,而以科研为乐,以解决实际问题为乐。多年后,李乐民偶尔听到年轻教师抱怨刚留校条件不好,他会轻言细语地给年轻教师讲述这段旧事,告诉他们为避免被人说"走白专路线",书只能带回家看。"现在已经好多了,我们六七十年代做科研才真的艰苦呢!"

1973 年,数传机送北京供总参领导检验。李乐民把每个板子都调到最佳状态,元器件在装上去之前一个个调对。送到北京后进行了一个多月的试验,试验证明,李乐民主持设计完成的数传机能对从北京到成都这样的远距离通信畸变问题进行校正。

我国第一台"载波话路用 9600bit/s 高速数传机"诞生,解决了自适应均衡的关键技术,获得了专家们的一致好评。1973 年 10 月,数传机在北京 7310 会议期间展出,受到了前来参观的领导们的高度赞扬。成电能攻克难关,李乐民能解决通信难题的名气给相关部委领导留下了印象,在通信研究的高校和科研院所的同行中传扬开来。

根据《电子科技大学 77 年革发字第 113 号文》,1977 年成电报送全国科学大会成果展览项目共 36 项,其中第 16 项为 9600bit/s 数传机"达到国内先进水平"。

成电数传机的成功联机在相关科研院所立即引起了高度关注。总参 55

---

① 廖昌明访谈,2017 年 5 月 25 日,成都。资料存于采集工程数据库。

所当时也在做数传系统，55所所长带队来参观，科研组毫不保留地展示了所有的核心技术。廖昌明说：

> 包括我们的电路图都拿给他们学习，我们真的是毫无保留，电路拿给他们了。他们的均衡方案曾是全数字的，条件比较好，但是调试效果不好。我们是半模拟半数字，模拟就要慢慢调，就是细致地磨，数字它是一档一档的调，我们是半模拟半数字的办法（适合当时器件情况），反而做得好，这是李老师提出的方案。①

李乐民非常注重工程实践，他把工程问题提高到理论层面。实验完成后，李乐民将自己的方案写成论文，从理论上阐释自己的"自适应均衡"方案为什么可以简化、如何简化等问题。论文发表在《成都电讯工程学院学报》。数传机做好后，国内经常有科研院所来成电调研学习，请教均衡器里面的关键技术，尤其以部队研究所的居多，频繁的时候常常三五天就接待一批参观交流者。

为了更方便深入地介绍这项成果，1980年4月，李乐民和30所的叶佳祥合作出版了《数字传输设备中的均衡器》一书。李乐民写了其中的自适应均衡部分，负责主编并统改该书。这本书是国内第一本系统介绍均衡器技术的专著，成为当时通信学子的入门、通信行业的技术员的案头工具书。20世纪90年代有关数字通信中均衡器技术的论文，大多引用该书。直到90年代还有学生在读这本书。李乐民说：

> 我想与其天天来介绍，还不如写一本书你们自己看……《数字传输设备中的均衡器》这本书的整个体制（基本理论）方面是我写的，第二部分就是固定均衡器部分是叶佳祥写的，最后一部分自适应均衡器是我写的。……反正后来人家来问我均衡器的事，我都说你们先去看看那本书吧。后来一直到很后来了，也有一些研究生来问我，他们说我在做自适应均衡器的时候看过你的书。……固定的、可变的

---

① 廖昌明访谈，2017年5月25日，成都。资料存于采集工程数据库。

均衡器历史比较早，而国内做自适应均衡器那可能是我们学校最早的了①。

后来，在李乐民评院士之前，张煦院士评价李乐民说，通信信道的核心问题之一就是均衡，李乐民老师在通信界很有名气，就是因为"自适应均衡"他确实钻研进去了。

项目完成后，数传机技术完全移交给 30 所继续完善，数传机在位于彭县的国营成都中和机械厂生产并持续多年。

参加中国自主彩色电视制式和设备研制

20 世纪 70 年代，当时世界主要国家已研发出了彩色电视制式和技术设备，而中国却还没有自己的彩色电视，在我国，黑白电视还属稀奇物件，彩色电视更是遥不可及。1970 年，在北京召开第一次全国电视专业会议，确定"要集中主要力量发展彩色电视，并适当发展黑白电视"。会后在北京、天津、上海、成都四地以"大会战"方式在全国范围内开展彩色电视技术集体攻关，一是研究、制定我国的彩色电视制式，二是开发、研制我国的彩色电视设备，包括电视发射机和接收机等。

成电早在 1958 年已设立了电视专业，并与中国电子学会成都分会联合建立了实验性电视中心，同时拥有像顾德仁教授等我国第一批从事电视技术研究的专家和行业领军人物。成电是彩色电视攻关成都会战的领导者和主力军的不二之选。1970 年 5 月 19 日，来自广东、广西、湖北、河南、陕西、甘肃、宁夏、云南、贵州、四川等十个省区的 210 余名代表来蓉参加彩色电视会战，攻关会战正式启动。

在成电顾德仁教授的带领下，包括李乐民在内的 200 多位科技工作者

---

① 李乐民访谈，2016 年 10 月 11 日，成都。资料存于采集工程数据库。

直接跳过黑白电视，开始了彩色电视大攻关。除了电视教研室全体教师参加之外，还从系内其他教研室和外系调来教师参与彩色电视制式的研究工作。李乐民负责做一个彩色编码电路板，他克服种种困难，几经辛苦最终研制出了这个板子。

彩色电视攻关连队一方面加快试播设备的研制和改进，另一方面对彩色电视制式进行选择和研究。在攻关之初，国家提出要靠我们自己的力量，研究出我们自己的制式。四大会战区都在制式的研究上下了很大功夫，研制出了四十多种制式方案参与了交流会。但受制于当时的历史条件，这些制式都没能克服当时世界上三种主流制式（美国和日本的 NTSC 制，欧洲的 PAL 制和 SECAM 制）的固有缺陷。1972 年 10 月，顾德仁教授代表成电参加了我国组成的彩色电视制式赴欧洲考察团，详细考察比较了 PAL 及 SECAM 两种彩色电视制式，并提出了自己的独到见解。在随后的全国彩色电视制式研讨会上，有学者直接宣布采用"换相制"作为国家制式，顾教授以求实务真的科研精神，据理力争，以严谨的科学分析和周密的数学推导证明了"换相制"不过是 PAL 制的简单转向。经过激烈的争论，最终，选定了 PAL 制式作为国家规定的暂行制式，并一直沿用至今。1973 年 10 月 10 日，全套设备投入成都电视台试播，性能较好，后来就将该设备留在成都电视台使用，并成为该台建台的基础设备。彩色电视攻关的成功受到四机部、四川省和成都市的表彰。李乐民说：

> 有的人讨论体制的问题，有的人出主意，有的人做板子，我是参加做板子，就是做"印制板"，所谓的"印制板"就是做一个电路来实现其中的一部分。我那个时候也很感兴趣，就是到底这个体制应该是怎么样的，我也参加了讨论，主要是顾先生。……体制的问题是很难的事情，要提出一个中国自己的体制是非常的难，我们也试验了一些体制，但是据我所知，最后顾先生他们一起讨论结果还是没有用自己的体制，而是用了德国的体制，所以体制没有创新，但是把国外的体制自己做出设备来，我们学校还是花了很大的力气。[①]

---

① 李乐民访谈，2016 年 10 月 11 日，成都。资料存于采集工程数据库。

通过参加这个项目，李乐民对科学技术的发展和一定范围内制式统一的问题有了更深的认识。

参与中国第一个地铁信息传输系统研制

20 世纪 50 年代末期，中国与苏联关系恶化后，国家规划在北京、沈阳、上海三座重要城市修建地铁，以作为平战结合的战备防御手段。北京地铁一期工程于 1965 年 7 月 1 日开工建设，1969 年 10 月 1 日建成通车。1970 年 3 月经中央批准，地铁环城线采用电子计算机自动系统指挥列车运行。地铁无线信息接续传输设备主要由中心传输设备、车站传输设备和列车传输设备三部分组成，其目的是能通过无线信号将运行列车的车次、车号、时间、地点的信息及时传送到控制中心的电子计算机。

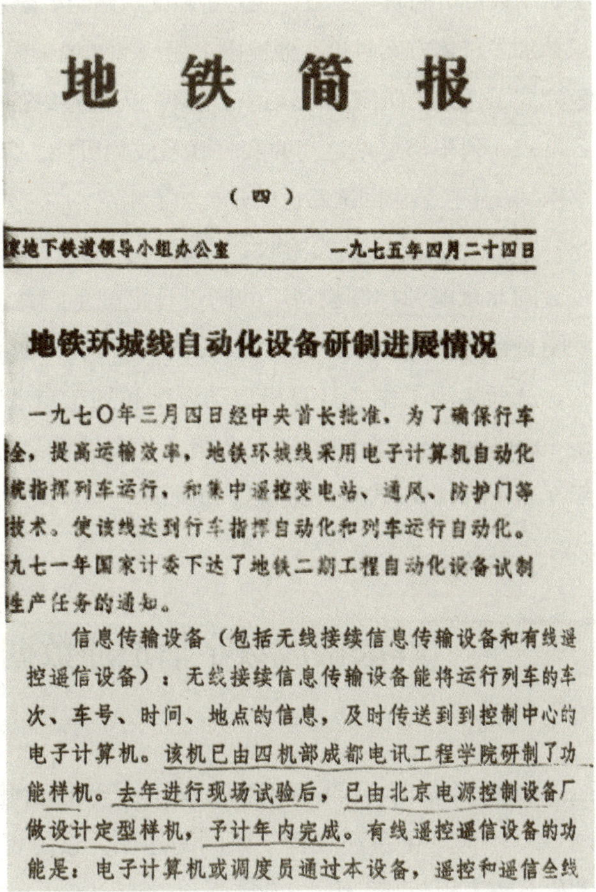

地铁简报

（四）

家地下铁道领导小组办公室　一九七五年四月二十四日

地铁环城线自动化设备研制进展情况

一九七〇年三月四日经中央首长批准，为了确保行车全，提高运输效率，地铁环城线采用电子计算机自动化统指挥列车运行，和集中遥控变电站、通风、防护门等技术。使该线达到行车指挥自动化和列车运行自动化。九七一年国家计委下达了地铁二期工程自动化设备试制生产任务的通知。

信息传输设备（包括无线接续信息传输设备和有线遥控遥信设备）：无线接续信息传输设备能将运行列车的车次、车号、时间、地点的信息，及时传送到到控制中心的电子计算机。该机已由四机部成都电讯工程学院研制了功能样机。去年进行现场试验后，已由北京电源控制设备厂做设计定型样机，予计年内完成。有线遥控遥信设备的功能是：电子计算机或调度员通过本设备，遥控和遥信全线

图 4-3　1975 年的《地铁简报》（局部）
（电子科技大学档案馆供图）

据“北京地铁无线信息接续传输设备”项目负责人之一、

电子科技大学原副校长吴小平教授回忆，由于学校开展的"载波话路用9600bit/s 数传机"科研项目中研制的数传机达到 9600bit/s 先进技术指标，给四机部王诤部长留下了深刻的印象，当四机部收到交通部的请求帮助函时，在部属不少实力很强的科研单位要求参与研制的情况下，亲自在装函的信封上批示要求成电负责该项设备的研制。

1973 年 1 月，交通部电务工程总队与成电正式签订"关于北京地铁无线接续信息传输设备"研制的技术协议书。学校以数字通讯连队为主组成二大队地铁科研组，由高家彭、皮德忠、张友端、华达芬、郭成清、赵必明、吴小平、殷世昌、刘荣富、李宝阳等科研人员迅速投入紧张的研发工作中。借鉴研制数传机的研究经验，成立了新的课题组。李乐民因要到干校劳动半年，只参加了总体方案讨论，他提出采用一种纠错编码方案，被采纳。课题组出色完成了任务，研制出地铁运行需要的无线接续信息传输设备，可使得地铁各站点、列车与总站之间的实时联系成为可能，保证地铁运行的高安全性。李乐民在干校结束回来后也部分参加了测试。

经过现场系统试验验收，完成了各项技术指标，满足系统功能，学校会同北京电源控制设备厂共同设计定型生产并于 1975 年年底投入使用。我国首台地铁无线数传机能把运行中各列车的各种信息及时可靠地传给中心，从而实现了中心计算机自动调度和列车自动驾驶，填补了国内空白，于 1978 年获得了全国科学大会奖。北京地铁经过一段时间运行后，1981 年 9 月 15 日，正式对外运营。

解决微波数字信道通数据的技术

1959 年 11 月，国防科学无线电电子学组召开专业会议，提出开展中国"××自动化系统工程"研制的建议，该工程是我国第一套"××自动化系统工程"，后因"文化大革命"而中断，1975 年重新正式启动。

"××自动化系统工程"是一项具有重要战略意义的工程。当时我国还在采用人工方法，不适应实际要求，迫切需要改变当时的落后面貌。四机部承担了"××自动化系统工程"全部电子设备的研制和生产任务，总体目标是在1977年年底完成一个雷达站的设备和建设。

1974年4月在北京举行了第一次专业会议。1975年6月四机部两次下文先后分两批将数据转接终端机和有线传输器、数据转接终端机（第二种方案）和八路报终端机四项任务分配到成电。此后，相关文件显示，成电还承担了车载移动散射接收机、高度数据自动录取设备（与784厂共同承担）两项任务。

工程总体设计是由当时的四机部1028所负责，通信分系统的技术要求也是他们制定的。研究任务到学校后，根据相关性分解为几个课题，组成工程研制小组，李乐民、徐台松、刘荣富、严瑞良、卢振华等参加研究，其中该工程用的核心通信设备"数据转接终端机等设备"组成"数字通讯小组"，由李乐民负责总体工作。

当时，国内已有多路数字电话微波通信机，每路电话采用增量调制，速率为19.2kbit/s。但是，传电话的数字信道的误码率较大，不能满足传数据的要求，而且，还需解决在接收端恢复和数据同步的定时信号等问题。为此，需要研制新设备，称为"数据转接机"。28所已提出采用多数判决来减小数据误码率，但是，他们的任务不是研制新的通信设备，这才把任务交给了成电。

1975年12月，在北京召开了数据转接终端机座谈会。

学校高度重视数据转接终端机等研制工作，任务下达到学校后的半年中，在党总支领导下，组成了工程研制小组，组织教师8人、应届毕业工农兵学员22人参加研制工作。老师们对实验室进行了必要的改装、维修和调整，维护和修理常用仪器，购置机架等，为1976年正式开始研制做了必要准备。研制组到兄弟单位学习和讨论技术问题，到技术接口单位进行技术协调，座谈研究技术方案。

1975年至1976年年初，李乐民对数据转接终端机进行了深入的调查研究，他请卢振华研究多路数据复用方案，徐台松研究军用被复线上的数据传输，刘荣富研究电传报接口，自己研究多数判决和定时恢复等问题，并协调大家的研究。到 1976 年年初，已经制订出初步方案，并开始对某些关键电路进行搭试工作。

1976 年 1 月 9 日，成电再次向第四机械工业部领导小组办公室上报关于"××自动化系统工程"成电部分研制情况汇报，报文包含三个附件：①关于数据转接终端机（两种方案）、有线传输器和八路终端机研制情况；②关于车载移动散射接收机研制情况；③关于高度数据自动录取设备成电部分研制情况。

李乐民代表成电二系 201 数字通讯小组撰写了"数据转接终端机（两种方案）、有线传输器、八路报终端机的研制进展情况"的汇报。四机部提出在研制后，终端机要在 1977 年生产 9 套、有线传输器要生产 13 部。

李乐民在汇报文件中介绍了人员准备同时也反映了存在的一些问题，提出建议和措施：

> 由于任务是下半年下达的，错过了订货时间。虽经四机部有关部门大力支持，成电物资部门在重点工程物资调剂会上订到了部分器材，但是关键器材中的固体集成电路块数量没有订够，且大多在 1976 年二、三季度才能交货，高稳定度晶体振荡器所需的晶体尚未落实，有可能影响研制进度，我们担心出现停工待料的现象。保证在关键器材基本备齐后的半年以内完成。
>
> 为了使方案立足于可靠的基础上，尚需进一步调查研究，例如对晶体的频率漂移情况的规律和实测数据、对八路报终端机的技术指标尚待协调、对电传电报机的性能等。同时在研制过程中，打算先在线路上进行试验，争取到成都军区所属部队进行试验，以便考验方案的正确性。①

文后附上了"有线传输器""数据转接终端机""多路数据复用方案"等技术方案。

---

① 档案存于电子科技大学档案馆。

1976年6月26日，成电再次向第四机械工业部领导小组办公室上报的"任务进展情况的禀报"文中包含了三个附件，分别是：附件1、数据转接终端机与有线数字传输器进展情况；附件2、高度录取设备进展情况；附件3、车载移动散射接收机进展情况。

李乐民亲自拟写了附件1。从附件中可以看出，项目已经取得了重要进展：

> 除近距接口电路外，有关电路已基本搭试完（某些电路正在继续改进），画出了印刷版黑白图。现正在院印制板车间加工。机架和小面板灯等的加工，有相当的工作量，正采取积极措施努力解决。

工作存在的问题则在于：

> 接口单位尚未提供对方的近距接口电路……有些元件尚未订到货……固体电路虽然订到了一些货，但大多要在三、四季度交货。如果在年底交货，今年就无法装配出来。

1977年3月1日，在四机部举行了"××自动化系统工程"领导小组第五次会议。四机部副部长、工程领导小组组长高峻主持会议，参加会议的有空军、总参通信部、民航总局、四机部、四机部十九院、四机部十院、四机部一〇二八所等单位领导。会议纪要显示"成都电讯工程学院研制的数据转接终端机，样机已经试制出来，并进行了模拟试验，性能良好。二季度安排实际线路试验。"

在当时的技术条件下，"××自动化系统工程"是一个系统庞大、技术复杂、设备量多、牵涉面非常广的重大国防工程项目。1977年4月20日至30日在广西南宁召开了"××自动化系统工程"第二次专业会议，据会议纪要记载，参加会议的有98个单位。其中高校有清华大学绵阳分校、西北工业大学、重庆大学、华中工学院、成都电讯工程学院、西北电讯工程学院。

会议复议了"××自动化系统工程"的总体方案和通信分系统方案、计算机通信控制器方案；审定了××数据传输设备、简易录取方案等。会议还对指挥引导、航行管制、交叉定位、反干扰电路、微波图传等进行了研究。会议要求1977年试制生产出团情报站的几项关键新设备。重点完成：

1. ×××系统的总体详细设计方案，×××程序的编制工作。

2. 生产两台184-1机（1977年装机内存28K，1978年视需要情况要增加存扩部件，内存增加到64K或128K），两台183机，完成通信接口的全部设计工作。

3. 投4台，力争生产出两台43公分综合动态显示器。

4. 四川地区生产一套平面录取设备，一套高度录取设备，一部简易录取设备。江苏地区力争完成一套平面录取设备。

5. 四种××试制出样机。

6. 两部数据转接终端机，提供部分通用通信设备。

这份材料证明了数据转接终端机在整个通信系统中的意义。

1977年5月，成都电讯工程学院试制出了数据转接终端机（多路和单路）性能样机各一套，并于6月在上海无线电24厂和厂里的六路数字电话终端机进行联试。9月到12月，经外线联试，证明已符合指标，正式用于云南昆明电视厂的生产样机中。

"××自动化系统工程"用数据转接终端机解决了在微波数字信道上通数据，数据转接终端机符合要求且性能良好，得到上级部门的高度肯定。1978年后，该数据转接终端机在云南电视机厂实现量化生产，李乐民到工厂参加技术指导，该厂给成电技术转让费4万元，该机型产值达到150万元[①]。李乐民说：

---

① 四川省委统战部关于进一步做好任务调查工作的通知（1986）。档案现存于电子科技大学档案馆。

这是一个很大的工程，包括雷达设备、通信设备，还包括指挥设备，是一个大系统，我们只参加了通信设备里面的一部分，就是关键的一些买不到的设备，是做了一部分。

1983年7月，"××自动化系统工程"通过现场考核，正式交付使用。工程在使用中效果很好，为我国作出了贡献，取得了重大的社会效益。

1993年，机电部28研究所副总工程师、"××自动化系统工程"总设计师刘曙阳说：

"××自动化系统工程"为解决计算机信息不经模拟变换、直接上微波数字信道问题，由电子科技大学李乐民主持研制了两种数据转接终端机，称为单路器和多路器。通过对比试验，选定单路器方案。在李乐民的指导下，单路器共生产34部，供全系统各数字信道使用，效果很好，使信道传输数据的误码率下降了一个数量级，保证了信号传输的畅通。该系统荣获1984年电子部科技进步特等奖、国家一等奖。

由于不负责总体工作，成都电讯工程学院和参与的研究人员都没有在获奖名单里。

第五章
访美突破"抗窄带干扰"

1979年年初，邓小平率团访问美国，在与美国总统卡特所签的协议中，将中美关于派遣留学生的口头谅解作为正式协议加以签署。此后，中国政府和民间教育代表团纷纷出访日本、加拿大等国，同时也接待了各国访华代表团，商谈互派留学生事宜，签订了一系列合作协定和执行计划。随之，赴美、英、日、德、法等西方发达国家的中国留学生陆续踏上求学征程，掀起了中国近现代以来最大规模的出国留学热潮。这一时期，国家公派出国留学的学生和学者，都是从各高校和科研院所千挑万选，留学多是"精英"出国。

李乐民是开放国门后较早出国访学的一批中国学者。美国访学两年使李乐民在通信基础理论方面进一步提升。他在美国期间围绕抗窄带干扰方向在IEEE（美国电气与电子工程师协会）通信学报发表了三篇论文（IEEE通信学报的每一篇论文均需经过三位专家严格审核，认为有一定创见才能发表），均达到了国际先进水平。文章启发了一代抗窄带研究，一直到80年代末，在国际范围内的研究仍不断引用他的文章成果。

访学阶段为他回国后担纲重任奠定了坚实的基础。正是以李乐民为代表的这一代学者，他们有深深的国家使命，担当了中国1980—2000年的技术储备和发展的中坚力量。

抗窄带干扰 3 篇论文达到国际先进水平

在美国加州大学圣迭戈分校，丰富的学术资料使李乐民的思维迅速打开，产生很多思想的火花。他的导师 Milstein 教授从事扩频通信和数字通信研究，在这两年时间里，李乐民将 Milstein 教授的扩频通信中抗窄带干扰研究和自己的自适应均衡信号处理研究结合起来，取得了良好的效果。

图 5-1　1980—1982 年，李乐民访美期间发表了 3 篇国际领先的文章
（采集小组王晓刚供图）

扩频系统由于其抗干扰能力而在通信系统得到广泛应用。但如果干扰太强，仍会影响通信质量。当系统的固有处理增益不能提供足够的干扰抑制时，就需要采用进一步措施来抑制干扰，特别是对于强干扰的情形，更加如此。Milstein 教授当时在用声表面波器件来抑制直接序列扩频通信系统中的窄带干扰方面，已经做了研究并写出了论文。

李乐民在国内研究自适应均衡器，他想可以用"自适应滤波"的方法来抑制窄带干扰，于是集中精力开始了该领域的研究。

当时，文献中采用预测滤波器来抑制窄带干扰。因为窄带干扰信号有较大的前后相关性，可以用预测后相减的办法来抑制。但是，如何定量评价抑制效果，还有没有封闭的解析计算式呢？

李乐民琢磨，预测只是利用前面的信号，为什么不能同时利用后面的信号呢？于是，他提出用双边横向滤波器来抑制干扰。经过反复思考、研究，李乐民进行了理论分析和计算机模拟验证，证明了双边结构的性能的确会比预测结构好。这项研究还解决了如何求出性能评价的解析计算式。李乐民说：

> 我觉得抗干扰可以用国内做的自适应均衡器的办法来抗干扰，但是他（Milstein教授）没有做过这个。我就自己想自己的办法，就是用所谓的横向滤波的方法来解决抵消干扰的问题。我想出了方案，理论分析，做成功了就拿给他看，他说这个很好。他也给我出了主意，说你要发表的话最好再加一个图，就是把一个频率响应的图加上去。我按照他的办法加上图，后来就把论文投出去。实际上那个成果首先就在国际会议（全球通信会议）上发表了，这个叫作"会议文章"，会议文章比较短一点，然后把它加长了以后投到IEEE通信学报。[①]

1981年，李乐民的研究成果被"全球通信会议"接收。11月，他受邀到美国南部举行的"全球通信会议"大会上作报告。中国人在国际学术会议上宣读论文还很少见，为了做好第一次国际会议报告，李乐民做了充分的准备，对自己研究工作的自信、深入和扎实的英文使得李乐民丝毫不感觉紧张。李乐民说：

> 当时做报告的时候，我的导师Milstein教授还有点着急，怕我讲得不好下面有意见，后来我讲了以后还是可以，下面都鼓掌了，导师也很高兴。

---

① 李乐民访谈，2016年10月11日，成都。资料存于采集工程数据库。

《用横向滤波器抑制扩频系统中的窄带干扰》发表在 IEEE Tras. on Communications 的 1982 年 5 月号。这是李乐民的第一篇 IEEE 论文。文章实现了两项创新,第一,在国际上首次提出性能较好的抑制窄带干扰的滤波器结构:双边抽头横向滤波器来抑制窄带干扰,文章证明了在单频和多频窄带干扰下,此种滤波器性能优于文献中提出的预测误差滤波器性能;第二,在国际上首次推导得到了单频干扰下信噪比的解析式,使所有此方面研究在作性能比较时有了理论依据。

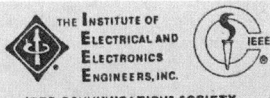

图 5-2　1982 年 10 月 26 日,*IEEE Transactions on Communications* 期刊编辑 Charles E.Cook 给李乐民和 Milstein 教授的稿件录用回信(电子科技大学档案馆供图)

李乐民认为:"在这项研究以前的分析没有得出信噪比改善的简练解析式。本文所用的分析方法较清晰,并易于推广。这个成果可用于扩频通信需要抑制强干扰的场合"[①]。

美国 IEEE 通信学报上的每篇论文必须有足够的创见,要经三位专家严格审稿并获一致通过才可以发表。

美国 IEEE 信息论学报副主编 E. Masry 教授在给成电院长顾德仁教授

---

① 李乐民访谈,2016 年 10 月 11 日,成都。资料存于采集工程数据库。

的信中这样写道：

> 该论文作出了重要的贡献，并且常被该领域中其他一些研究者所引用；该文对单频及多频干扰存在下扩频接收机的性能给出了分析和数字结果。李博士在数学方面的熟练技能，以及把这些技能用于分析通信系统方面的才能无疑是令人钦佩的。

李乐民在论文中的 2 项突破都是原始创新。文章发表后，扩频系统中抑制窄带干扰的研究一直较为活跃，在网络结构、理论分析和制作实物方面有不少发展。但是在求信噪比改善的方法方面，几乎都采用了该文的技巧，滤波器结构方面也常选用具有线性相移的网络（双边横向滤波器在抽头系数对称时具有线性相移特性）。

国内外学者在此基础上做了大量的推广理论工作或制作出的试验样品都受到该文影响。例如，美国 Rensselaer 多科性工学院 1983 年后研制的干扰抑制器采用了双边抽头（IEEE Trans.Commun，Nov.1984），美国的 Masry 教授在他的论文（IEEE Trans. Commun，AUG.1984）中说，"抗窄带干扰问题迄今未见有解析式，唯一的例外是 1982 年 5 月的那篇文章"，文章得到了美国、日本、西德、南朝鲜（韩国）和中国学者在论文中多次引用，引用次数到目前为止达 400 余次。

据 1988 年统计，国际高级学报和国际会议引用的初步统计有 30 多篇。在 1988 年，仍有多篇论文引用，例如，H. J. Lee 等在 Electronics Letters 1988 年 5 月的论文中引用该文，并采用了该文理论计算的数据。

1988 年 10 月，重庆邮电学院副院长窦瑞华教授评价认为：

> 李乐民和 L. B. Milstein 联名发表（绝大部分工作是李乐民同志所作）的这篇论文受到了国内外学者的高度重视，后来 IEEE 通信汇刊和其他一些杂志上发表的不少关于扩谱系统中试用滤波器抑制干扰的论文都引用了这篇论文。李乐民是这方面的开创性的工作之一，这篇论文在学术上达到了国际先进水平。东南大学无线电工程系毕光国教

授认为，该论文对扩频系统干扰抑制技术的发展具有推动作用，具有较高的学术价值和实际意义，达到较高的水平。[①]

在扩频系统中用自适应滤波器抑制干扰，将数字信号处理技术和扩频抗干扰技术结合起来，是 1980 年以来引起国内外注意的新课题，李乐民继 1982 年的研究进一步深入。

1983 年 1 月，IEEE 通信学报发表了李乐民的第二篇 IEEE 论文《用复数自适应滤波器抑制伪噪声扩频系统中的脉冲式连续波干扰》。

文章提出了在脉冲正弦干扰情况下，用自适应滤波器可在扩频系统的处理增益之外，得到额外的信噪比改善，分析了复数预测误差滤波器和复数双边横向滤波器两种情况，得出了一些重要的结论，如用这种滤波器可以改善信噪比十几分贝，以及双边横向滤波器比预测误差滤波器好四分贝等。文章还用最小均方误差自适应算法推导了静态条件下的抽头加权系数，给出了最不利干扰条件下信噪比改善的表达式。

论文在理论上证明了在扩谱通信系统中用复数自适应滤波器可以提供较好的抗干扰能力，这对进一步推动扩谱技术的研究，完善扩谱通信系统具有指导意义，这篇文章的理论研究深度在国内外具有较高的学术水平。被苏联科技情报研究所出版的信息快报摘译。

1983 年 4 月号的 IEEE 通信学报上，又发表了李乐民的论文《用判决反馈滤波器抑止 QPSK 通信系统中的连续波干扰》，这是李乐民的第三篇 IEEE 论文。在数字通信系统中常遇到各种干扰，论文研究在 QPSK（四相相移键控）通信系统中抗连续波干扰的方法，分析了有附加判决反馈抽头的单边与双边横向滤波器的性能。研究用判决反馈抵消横向滤波器带来的码间干扰，使性能改善。论文从理论上做了详细分析，特别是解决了有错误判断反馈下近似误码率的计算方法，既有理论依据又有操作性。

[①] 对"关于扩频系统利用横向滤波器抑制窄带干扰"的学术评价。资料存于采集工程数据库。

IEEE TRANSACTIONS ON COMMUNICATIONS, VOL. COM-31, NO. 4, APRIL 1983 473

Rejection of CW Interference in QPSK Systems Using Decision-Feedback Filters

LOH-MING LI AND LAURENCE B. MILSTEIN, SENIOR MEMBER, IEEE

Abstract—**In this paper, the performance of QPSK systems using complex transversal filters with additional decision-feedback taps, in the presence of Gaussian noise and a single CW interferer, is analyzed. Both one-sided (with lagging taps) and two-sided transversal filters with additional decision-feedback taps are considered. Analytic expressions for the tap weights and the minimum mean square errors are obtained. The effect of error propagation on the error probability is discussed and an approximate solution for the error probability is obtained. The transient behavior of the filters using the LMS adaptation algorithm is analyzed. It is shown that if the filter is used for rejecting CW interference only, the one-sided decision-feedback filter is preferred.**

I. INTRODUCTION

DIGITAL communication systems often encounter various kinds of interference. Recently there have been some results showing the implementation of improved receivers for operation under the condition of narrow-band continuous wave (CW) interference. Reference [1] discusses a maximum likelihood receiver for an *M*-ary PSK system in the presence of both Gaussian noise and a single sinusoidal interferer, but the implementation of the ideal receiver is quite complicated. Reference [2] uses both prediction error filters and two-sided described. In Section III, the tap weights and minimum mean-square error for both kinds of filters are calculated. In Section IV, the effect of error propagation on the error probability is analyzed. In Section V, the transient behavior of adaptive decision-feedback filters using the complex LMS algorithm is analyzed. The final section is for the conclusions.

II. SYSTEM MODEL

The system considered is the QPSK system shown in Fig. 1. $d_1(k)$ and $d_2(k)$ are independent random binary data sequences. The pulse shaping for band-limited transmission is done in the transmitter. The bandpass filter and the low-pass filters in the receiver have flat frequency responses in the passband. The cascaded frequency response of the above filters in the transmitter and the receiver is assumed to satisfy Nyquist's criterion for zero intersymbol interference. Although the shaping, when divided equally between the transmitter and the receiver, can yield better performance, the system shown in Fig. 1 is easier to implement and has certain practical applications. In the following analysis, we limit the interference to a single sinusoidal interferer, although multiple tone interferers can be rejected as well. However, we have

图 5-3 1983 年，李乐民在 *IEEE Transactions on Communications* 上发表论文（采集小组王晓刚供图）

论文部分内容曾在 1983 年国际通信会议（美国）上宣读，引起了国内外同行专家的极大兴趣。李乐民说：

> 此研究提出了一种实用的抗连续波干扰的新方法，根据国内外同行审议，认为有创新之处：第一，提出的方法比前人好，结构简单；第二，运用马尔可夫链的方法得到有错误反馈时的误码率计算解析式与计算机模拟的结果相符；第三，分析了自适应滤波器的调整过程，与计算机模拟相符。此文对通信系统抗干扰有实用价值，处于国际上对此研究的领先地位。①

1984 年，李乐民的论文《用判决反馈滤波器抑制 QPSK 系统中的连续波干扰》获得电子工业部科技理论成果二等奖。1986 年，“用复数自适应滤波器抑制扩频系统中的脉冲式连续波干扰”项目获得电子工业部科技进步二等奖。1989 年，李乐民申报的“用横向滤波器抑制扩频系统中的窄带

① 李乐民访谈，2016 年 10 月 11 日，成都。资料存于采集工程数据库。

干扰"获得机械电子工业部的科技二等奖。

对于以上三项研究，美国加州大学圣迭哥分校电气工程与计算机科学系主任 Milstein 教授评价说："在所有的三项研究中，李博士独立地做了大量极重要的研究，从题目的选定和推演出详细数学方程和意义上来说，都是如此，李博士研究的水平是最高质量的，他的工作对此领域的贡献是重大的"。

通过以上研究，李乐民在自适应抗窄带干扰的研究方面，取得了创造性的成果，达到了国际水平，得到了国内外同行的一致认可。李乐民回国后，美国 IEEE 通信学报在 1982 年下半年、1983 年从美国寄来有关通信抗干扰方面的论文，邀请李乐民担任评审。到 1984 年，李乐民为通信学报评审论文 9 篇，该刊物在年终公布的审稿人名单中将李乐民列为审稿人[1]。

比李乐民小 10 岁的 Milstein 教授对他的这位中国合作者的 3 篇论文十分赞赏。有一次吃饭，Milstein 教授对李乐民说："过去我对中国大陆学者不了解，现在看到了你的工作是出色的，很了不起！"他说完后，对李乐民竖起了大拇指。李乐民也很高兴，为祖国争了光。国外抗干扰的技术首先应用在军事方面，因为李乐民的研究工作，吸引了 Milstein 教授实验室中的另一个博士继续从事相关研究。

留美博士、上海交通大学一级教授归绍升认为，李乐民的第三篇 IEEE 论文在理论上解决了消除单频连续波干扰的问题，对数字通信系统来说，李乐民的方法可以试用，有很大的实际意义。

李乐民研究的深入，离不开出国前他在通信专业领域常年深厚的积累，离不开他主持或参与多项国家重点工程所获得的经验。在美国的两年时间里，李乐民目的明确、针对性强的学习，使他掌握了数字通信领域的新知识，也学到了新的思维方法。

两年时间里，李乐民发表了 3 篇 IEEE 文章和 2 篇 IEEE 国际学术会议文章，在国际学术界引起广泛关注。已是中国科学院院士的张煦教授对自己学生的 3 篇文章也是赞誉有加。此外，美国东北大学电气工程系

---

[1] "四川省教委关于推荐'四川省职工劳动模范'代表的通知"。资料存于采集工程数据库。

J.G.Proakis，我国蔡长年教授、张宏基教授、张有正教授对这些论文都有很好的评价。这 3 篇 IEEE 论文后来得到了推广研究和应用，直到现在还有引用。

对此，李乐民认为：

> 这方面的研究在国际上还算是比较新的，做好的研究要紧跟国际先进，他（Milstein）做的都是国际水平的课题，这是一方面。另一方面，我正好在国内就是做这个方向的，因为我是做自适应均衡器，横向滤波、判决反馈我都有基础的，所以我把国内经验正好用到了他的课题上，所以才变成了这样子。①

李乐民的博士、北京邮电大学网络技术研究院执行院长、973 首席科学家张宏科教授在上博士期间曾参与李乐民院士申报材料整理工作，虽然过去多年依然记忆犹新。张宏科说：

> 在咱们的通信（研究）领域，早期大学老师在国外顶级的学术刊物上刊登论文的很少，（现在在国外顶级刊物刊登论文的学生们都比较多），可以说二三十年前我们的科学研究"跟随性"的比较多，作出自己特色的还是非常少，几十年前跟随理解了就不错了，那么李乐民院士在跟随理解的基础上又做出自己特色的东西，应该说当初在国内在这个领域是佼佼者了。②

心系家国回成电

到美国的第一年，李乐民和南京大学的一位老师合租了一室一厅的房子。两个人相处得很好，交换着住卧室和客厅。第二年，和 5 个前来做访

---

① 李乐民访谈，2016 年 10 月 11 日，成都。资料存于采集工程数据库。
② 张宏科访谈，2017 年 7 月 17 日，北京。资料存于采集工程数据库。

问学者的中国人，合租了三室一厅的房子。主卧约有 10 平方米，李乐民和成电 1980 年出国访学的陆荣鑫同住。国家每月给李乐民 390 美元生活费，扣完医保后只有 370 美元了，房租 100 多美元。李乐民自己做饭，一个月生活费 100 多美元。他生活简朴，几乎没有什么娱乐，所有的时间都投入研究工作中。

1981 年，李乐民跟随 Milstein 教授参加了在 New Orleans 召开的国际学术会议，并在会议上宣读了论文，赢得了在场听众的热烈掌声。在去 New Orleans 之前，他为了省钱，没有与其他教授乘飞机同行，独自一人搭乘长途汽车前往。

已经 48 岁的李乐民深知来美访学机会不易，来到美国，他发现美国的大学师资雄厚、设备先进，教授们的研究工作非常前沿，学术交流也十分频繁。而且，美国的学生都特别勤奋，有的是凌晨一两点才睡觉。这些让李乐民钦佩不已，他暗地里想，一定要搞好教学和科研，奋起直追。

他比年轻时候更加珍惜时间，利用美国大学文献、设备的先进条件，向更深更远的科研道路前进。当时美国是 5 天工作制，国内还是 6 天工作制。而对李乐民来说都没有区别，他把大多数周末和晚上的时间用在图书馆或实验室，刻苦勤奋地攀登科学的高峰。

加州大学圣迭戈分校的国际中心还给每位非英语区的访问学者安排了一个英语辅导教师（English tutor），以提高这些访问学者的英语水平。英语辅导教师每星期会约访问学者谈话。

李乐民先后遇到了两位十分热情友好的英语辅导教师，每个星期都会来辅导李乐民，约他到不同的地方，而且还带着他到公园和博物馆边参观边练习英语，教了他很多美国文化和风俗。有时还邀请李乐民去家里做客吃饭。在美国的两年里，李乐民的英语有了很大长进，在国际会议上可以自由交流发言。

不仅仅是两位和蔼的英语教师，在李乐民看来他所接触的美国人都很热心和友好，他们爱护公共卫生、守秩序，最重要的是他们还很懂得珍惜时间。

然而梁园虽好，非久留之地。

担纲信息系统研究所

1982年8月下旬,年过五旬的李乐民结束在圣迭戈的访学,从美国加州旧金山国际机场启程回国。他带着从加州大学圣迭戈分校学到的经验和技术,带着美国导师那里学到的思维方法,更是带着对祖国的一片赤诚之心,回到了成电,依然从事他执着热爱的通信工程的教学与科研工作。

回国后,学校任命他担任无线技术系102教研室主任,他向同事们介绍美国大学的教学和科研工作,将自己在交通大学读书期间学到的管理经验用到信息所的管理中,请教师们分担有关的工作,请大家来管理教研室。他希望大家都动起来,搞好教学科研,把差距拉近。

学校党委和各级党组织也非常关心李乐民的工作,教研室副主任严瑞良(教研室党支部书记)从学校年轻干部中选拔了1978级无线电技术系通信专业毕业、已经留校工作两年的曾大章担任李乐民的助手。24岁的曾大章专业扎实,工作投入,他对李乐民在数字电路方面的功底十分佩服。

李乐民耐心指导曾大章,曾大章也花了大量时间深入研究,很快就能在科研项目帮上忙,以出色的能力和扎实钻研的态度成为李乐民最倚重的膀臂。后来,李乐民把从美国学来的经验面向研究生开设课程《随机过程及应用》,曾大章担任助教上辅导课。曾大章说:

> (80年代)我们搞科研主要是数字电路,李老师对数字电路的逻辑功能很熟悉、很清晰。比如要完成什么功能,需要什么器件来搭很快就能告诉我们。从图上画出来我们就要找实际的电路做实验板。调试的时候李老师也很清晰,就是按照设计,功能能不能完成,他也很熟。总结一句话就是,他的理论知识很扎实,实际动手能力很强,这给我的印象特别深。[1]

---

[1] 曾大章访谈,2017年6月7日,成都。资料存于采集工程数据库。

1978年"科学大会"召开之后，国内科技教育界也逐渐复苏，从高校管理者到每一个普通科学工作者，都憋着劲要尽快尽早提高水平，把失去的时间找回来。1979年，成电调整机构，率先成立了三个以科学研究为主要任务，同时培养研究生的研究所——高能电子研究所、应用物理研究所以及微型计算机研究所，成为我国相关领域最重要的研究力量之一。

1984年，时任成电院长的顾德仁教授审时度势，提出创建一个信息系统研究所。在物色所长人选的时候，刚回国不久的李乐民成为他眼中的不二人选。

当时，李乐民是国内较早做国外有关学术期刊的审稿人，已为IEEE通信学报审稿10多篇[1]。他掌握了本学科范围内的国内外学术发展动态，多次参加电子工业部有关通信科研的规划会议，如"七五"通信科技发展项目规划等。他在科研上能对通信设备作系统设计与部件设计，理论联系实际，做出先进水平的科研产品，能用计算机做模拟实验，写出了具有国际水准的创新性学术论文。

1984年7月11日，成电院长办公会讨论通过，任命李乐民为信息系统研究所所长。

李乐民承担起筹建信息系统研究所的重任。研究所以他所在的通信教研室为基础，又从其他教研室调来一些老师，组成了信息系统研究所的核心研究力量。李乐民和大家进行深入的学术研讨和规划，根据他在美国期间接触了解的信息科学前沿，结合学校师资现状，制订了信息所的研究架构和发展规划。信息系统研究所下设三个研究室。一室由陈尚勤[2]为首，团队研究方向为通信与信号处理。二室由洪福明、查光明等组成，研究方向为无线通信与扩频通信（抗干扰通信），后来二室带出了年轻的研究生李正

---

[1] "四川省委统战部关于进一步做好任务调查工作的通知（1986）"。档案现存于电子科技大学档案馆。

[2] 陈尚勤（1926-2017），重庆市人，中共党员，教授。1948年毕业于交通大学电机系，先后在山东大学、山东工学院、交通大学任教。1956年调成电工作。长期从事通信及信号处理的教学和科研工作，有较深的造诣。在自适应快速均衡、声音识别与控制、1亿次以上专用信息处理机及无限脉冲响应型自适应滤波等高新技术方面有深入的研究。曾参与"9600bit/s数传设备"的研制。主要著作有:《线性网络综合理论基础》《数字网络与噪声网络》《数字通讯的数学基础》《模式识别》等。

茂、李少谦。三室是原来的通信教研室,由李乐民负责,吴诗其、李宝扬等组成,研究方向为通信传输与网络,研究内容方面偏卫星通信和光纤通信。

信息系统研究所成立后,大家都以百倍的热情投入科研中去,李乐民所在的三室年均科研经费达100多万元,整个研究所的年均科研经费更是超过300万元。

研究所产生了一批高显示度的科研成果,如李乐民等人完成的"140Mbit/s数字彩色电视光纤传输系统"课题获得了电子工业部科技进步一等奖。

图5-4　1985年12月,获电子工业部科技进步一等奖的国内第一台"140Mbit/s数字彩色电视光纤传输系统"(右一为李乐民)(李乐民供图)

信息系统研究所聚集了成电从事通信领域研究的精英,他们在科学的征途上不断探索前进,科学研究活动有声有色,在国内外产生了一定影响,吸引了很多优秀人才,进一步壮大了信息系统研究所的实力。李乐民负责研究所工作时,有一项主要的任务就是组织申报科研项目,支撑研究室发展。他主动想办法申请经费,来源主要是电子工业部。李乐民说:

我去申请了好多个项目,项目申请来了以后就分给有关的老师,实际上有的时候申请是我和其他老师一起申请的。

那个时候我相信研究所对学校还是有很重要的贡献的，就像我所在的信息系统研究所，第一个研究室就是陈老师的短波通信，做得很好，得到了国家奖。第二个研究室做无线通信与抗干扰，现在就变成了国家级的重点实验室。第三个研究室是做卫星通信和光纤通信。后来光纤通信和五系合在一起，成立了国家级的重点实验室，但后来慢慢地衰退了。但是吴诗其老师做的卫星通信还比较知名，所以那时候信息系统研究所里面做的东西在国内算是相当好的。①

1987年，学校在第二研究室的基础上，申请建设通信抗干扰国家重点实验室。1989年，第三研究室和五系部分研究室联合申请成为宽带光纤通信国家重点实验室。

回顾信息所的工作，李乐民认为，由于学校领导看准科技春天的大趋势，筹划建设了"信息系统研究所"，在关键时期汇聚了优势科研力量，鼓励了科研人员创新。他在信息所的管理中，秉持了集中力量支持学术发展和支持研究室自由探索的方针，在信息所营造了既能独立钻研又能良好合作的研究氛围。研究所存续期间，各室均有长足发展，更难能可贵的是，研究所孵化孕育出了宽带光纤传输与通信系统技术国家重点实验室、通信抗干扰技术国家级重点实验室两个国家级科研平台，"这个成长过程，是很不容易的"。

在信息所期间，宽带综合业务数字网是当时通信发展的主要趋势。李乐民带领三室研究人员还完成了"34GDS-4型光纤传输设备"，1990年通过机电部鉴定，获得科技进步二等奖，这是实用化三次群光纤传输设备，在国内多个工程应用，性能良好，该项目由成电负责研制关键技术，交机电部南京734厂进行试制生产；"宽带综合业务局域网关键技术及实验系统"1991年通过机电部鉴定，1992年获得机电部科技进步一等奖；"B-ISDN宽带综合业务数字网网络节点接口设备"，经费240万元，成电

---

① 李乐民访谈，2016年10月11日，成都。资料存于采集工程数据库。

为牵头单位;"155Mbit/s SDH（同步数字系列）光纤通信系统研制"实用化项目，得到机电部和730厂支持。以上项目是宽带综合业务数字网的基础关键性的研究课题，具有理论和实际意义。

其中，宽带 ISLN（综合业务局域网）关键技术及实验系统完成了宽带 ISLN 的网络体系结构、多种业务的综合方法、介质访问控制协议及用户网络接口等关键技术，并设计研制出一个能体现上述关键技术的"宽带综合业务局域网实验系统"，实验系统的传输速率为 155.520Mbit/s。该成果为国内首创，达到了 80 年代末期国际水平，对加速我国通信建设及密切跟踪国际通信技术有重大意义。

李乐民认为，自己在两个项目中做出了一定水平并具有重要意义的研究工作。第一个是回国后的最初十年间，带领通信、电视专业、光纤等几方面力量共同完成的数字彩色电视光纤传输研究，使成电成为国内第一家做出高质量光纤数字电视传输系统的单位。第二个是研制光纤通信设备和局域网关键设备，实现量产，解决国内发展急需。在这一时期，李乐民和吴诗其共同申请的"卫星通信广播体制研究"，项目后来就演变为卫星通信的体制研究，数年积累，团队在国内卫星通信研究领域具有一定影响。

将光纤技术和数字技术结合传输彩色电视信号

1984 年，成电科研处整合校内研究力量申报研究选题，科研处处长杨鸿谟认为，国外已经有了彩色电视，国内数字电视还不普及，主要在于传输问题。他鼓励相关团队把光纤通信和数字电视的研究结合起来，开展彩色电视光纤数字传输研究联合攻关。大家推测如果能完成产品研发，不但在技术上为国内首创，而且可以满足人民群众对观看彩色电视的需求。

项目任务是将彩色电视信号数字化，利用光纤进行传输，构成一套传输系统，研制出一部科研样机。这是一个涉及光纤通信和电视信号数字化的系统，李乐民觉得这个思路很有挑战性。

学校任命李乐民担任"140Mbit/s 数字彩色电视光纤传输系统"课题组组长，负责总体设计，李乐民联合了一系电视专业胡先和教授，胡教授是从苏联留学回来的，还有电视教研室的李树明、张鑫镜两位老师，他们负责电视信号的编码、解码；联合了五系参与"723 机"项目对光纤通信有深入研究的梅克俊教授、陈福深老师解决光纤传输问题，梅克俊负责光纤传输接收机，陈福深负责光发射机。而中间部分（即信道编码和解码电路设计）由李乐民带领的 102 教研室负责。项目在学校的支持下，组织整合全校相关的力量攻关，直接参加项目的人员近 20 人。

"140Mbit/s 数字彩色电视光纤传输系统"是联合了通信和光纤两方面的大系统，每个部分都是前无来者，面临很多待解难题。李乐民在理论上研究得很透，实际调试当中能一针见血地指出问题给予指导，使研究工作顺利进行。他在和大家的相处中非常谦虚、谦和，但他以技术水平赢得其他老师的尊重和敬佩，"因为他可以帮助解决问题"。

为了攻克难关，已经五十多岁的李乐民一如既往地忘我投入。曾大章回忆，项目期间，1983 年的除夕，师徒两个人还在实验室里忘我地调机器，一直调到六七点钟，才各自回家吃年夜饭。该机在 1984 年 7 月调试完毕，解决联试中的难点，顺利完成了任务。

"140Mbit/s 数字彩色电视光纤传输系统"是成电在国内较早研制成功的一个四次群的、具有长短波长兼容的、完整的光纤通信系统。该系统具有稳定可靠、传输质量好、抗干扰能力强、通信容量大等一系列优点。系统的研制成功使我国数字电视光纤通信向国际先进水平迈进了一步。

项目研制成功科研样机系统，包括 140Mbit/s 数字彩色电视发端机、收端机各一套，以及中间的光纤信道。主要内核包括三部分：电视图像、伴音的编码与解码部分；数字信号传输有关的部分；光端机（含 140Mbit/s 的光发射机、光接收机以及光纤部分，每部分均设短波长和长波信道）。

这个系统的成果研制具有广泛的现实意义和推广应用价值。系统可以用于电视台的高质量彩色电视传输、加中继后长距离彩色电视传输、国防军事方面的保密电视传输、宽带数字综合业务网。李乐民说：

各个部件连起来，并连通光纤组成了一个系统，效果的确很好，因为数字化了以后电视没有什么损失，接收恢复出来的电视质量非常高，达到了比较好的水平。①

作为"文化大革命"后第一届毕业的研究生，陈福深1981年留校工作，参加"140Mbit/s数字彩色电视光纤传输系统"项目时是讲师，他花了大量工夫完成了光纤传输的发射端，最终位列获奖人员排名第5。陈福深②说：

他（李乐民）虽然不自己动手调试，但是他看一眼就知道问题在哪里，这说明他年轻的时候动手做很多，他才有那个真功夫。而且他原来是搞电的，他对光不懂，我们是搞光的，我们和他交流以后，很快他就把概念消化了，说得头头是道。他是组长，最后鉴定会都是他讲，讲得很好。③

项目验收由电子工业部教育局主持，桂林电子工业学院院长裘明信教授担任组长，项目的成功吸引了当时国内几乎所有相关单位同行的关注，除派出专家和技术人员参加验收测试专家组观摩技术，电子工业部730厂设计所所长商祥中、成电刘树杞教授、华南工学院罗惠明副教授、兵器工业部209所韩凯高级工程师、电子工业部教育局副局长冯世常副教授，以及上海交通大学、重庆大学、四川省邮电管理局、四川省电视台、邮电部5所、电子工业部3所、电子工业部13所、电子工业部30研究所、电子工业部34研究所、电子工业部44所、电子工业部46所、兵器工业部209研究所、武汉邮电科研院、南京无线电厂、成都电视设备厂、武汉无线电厂、国营730厂、国防科工委重庆无线电测试仪器厂、国营871厂、四川省科技顾问团、四川省广播电视厅等单位的代表都来了，并由成都电视设

---

① 李乐民访谈，2016年10月12日，成都。资料存于采集工程数据库。
② 陈福深（1945-)，教授、博士生导师，我国集成光学领域专家，在电子科技大学通信学院任教至退休。陈福深曾与李乐民一起参加"数字彩色电视光纤传输"的研究工作，在课题成果验收的作者列表中排第五位。此后，陈福深调至光纤重点实验室，此时李乐民为实验室主任。
③ 陈福深访谈，2017年6月23日，成都。资料存于采集工程数据库。

备厂、南京有线电厂、电子工业部 3 所等八家单位组成复测组，对样机进行了多次测试。

经过考察，专家组一致认为：

该系统传输的彩色电视图像和伴音质量提升，与模拟系统相比，信噪比高，抗干扰能力强，系统展示了高质量的 PCM 彩色电视经过光纤传输后的全面效果，是国内第一个提供鉴定的 140Mbit/s 数字彩色电视光纤传输系统，其主要指标视频信噪比达到国际水平。

四川省广播电视厅 702 台技术科、电视机房、微波机房工作人员在一份说明中表示：

成都电讯工程学院研制的数字彩色电视光纤传输系统，在国内还是首次将数字技术和光纤技术用于广播电视领域……由于采用数字信号，图像更清晰、画面更干净，从而能提高电视播出质量；抗干扰性强。在当时使用的广播电视内部模拟系统中，由于设备、环节众多且复杂，设备与设备之间的级联机房之间容易引起和混入各种各样的干扰，这些干扰直接影响了电视播出的质量，若采用数字电视系统，由于系统对干扰具有较强的抑制作用，将会使以上问题迎刃而解……希望能尽快用于广播电视领域，为提高我国电视的质量而作出贡献。

这个项目在学术上的意义有两方面：第一是在国内实现了彩色电视的数字传输，在当时是领先技术；第二是在国内实现了彩色电视的远距离光纤传输，在当时光纤传输全靠从美国进口设备，也具有划时代的意义。该项目为现在普遍应用的宽带数字电视打下了基础。

这个项目对李乐民来说，也有两方面的意义：一方面，李乐民把通信信道编码的国际前沿技术成功运用到国内；另一方面，也是最重要的方面，李乐民通过此次合作，很快消化吸收了光通信方面的研究。鉴定会上，李乐民对项目情况进行了全面介绍，讲解非常深入。陈福深说：

这个项目使课题组的声誉在全国打响了，学校当时用很少的钱做了大事。当时我们声望很高，很多大学生、研究生都来拜访，李老师是课题组长，他是课题组领军的，我是五个获奖人之一，获奖名单取前五名，后面的人还有十多个。①

"140Mbit/s数字彩色电视光纤传输系统"使李乐民又一次在国内通信界广为人知。各类前沿攻关项目纷纷找到他，他瞄准国际前沿，带领研究室完成其中最有挑战性的项目。曾大章说：

他要接的项目基本上都代表国际先进水平、国内最高水平，所以在通信界，很多院士（比如通信光纤之父赵梓森）对他都是非常崇敬的，而且也经常交流一些技术问题。②

由于李乐民在光纤数字通信研究的先驱工作，1983年至1985年，李乐民受电子部委托主持"光纤通信传输码型与体制研究"项目，担任课题组长。项目系统地对光纤传输的编码和体制进行了研究，完成论文和技术报告多篇，其中《光纤数字传输系统的线路编码》发表于《电信科学》（1986年5月），李乐民在文中系统介绍了光纤数字传输系统中将信息码转换为适用于光纤线路的码型（线路编码方案）应该考虑的因素，全面介绍了两种重要的编码方案的优缺点。他在文末感谢张煦教授和武汉邮电学院赵梓森③高级工程师对文章的帮助，这篇文章被业界评价为"论述充分，对实际应用有指导意义"。

李乐民在专业工作中的优异成绩，逐渐在同行中享有广泛赞誉。《中国大百科全书电子学》卷聘请李乐民撰写通信分支条目（约8000字）含"数据通信"条、"调制解调器"条、"均衡技术"条、"基带传输"条。

---

① 陈福深访谈，2017年6月23日，成都。资料存于采集工程数据库。
② 曾大章访谈，2017年6月7日，成都。资料存于采集工程数据库。
③ 赵梓森（1932- ），广东中山人，武汉邮电科学研究院高级技术顾问，中国工程院院士，国际电气电子工程师协会会士，他是我国光纤通信技术的主要奠基人和公认的开拓者，被誉为"中国光纤之父"。

1986年，国务院学位委员会批准了成电"通信与电子系统学科"的博士学位授予权，李乐民为该博士点唯一的指导教师。

早在1974年，李乐民的老师张煦就对光纤通信进行了了解，开始发表相关文章，将国外的光纤通信技术介绍到国内。1979年，张煦调回上海交通大学，此后他出版了《光纤通信技术》一书。由于长期跟踪研究前沿领域，李乐民也注意到了这些变化，他通过光纤彩色数字电视项目亲身体会到了光纤通信的特性、能力以及光纤通信的高性价比和远大前景，逐渐意识到通信技术和光纤结合的广阔天地。该项目是他的研究逐渐转向光通信方向的转折点。

研制光纤通信设备和局域网，解决通信"卡脖子"问题

1990年前后，国内电话通信仍采用的是电缆一次群、二次群传输。如果能实现光纤传输，可以提升传输速率，承载更多的电话线路。要实现光纤通信就要根据光纤的特性重新编码、解码，把四个二次群组成一个三次群，这方面需要一整套系统设备才能实现。

1990年，光通信传输系统由国外大公司垄断，国内研发和生产技术均比较落后。随着语音通信和数据通信的发展，国内各行各业都急需的大容量光通信系统都要依靠从国外进口，国家每年花费大量外汇购买该类产品，在进口中，常常会被限制购买。

国家在"七五"攻关项目中列了"通信传输系统"相关研究，要做中国自己的三次群通信实用系统。1988年，南京有线电厂（734厂）承担了国家"七五"攻关项目"实用化三次群光纤通信系统"研究，但系统的关键部分即"实用化三次群光纤通信系统中的线路编码与上、下区间通信"工厂技术人员无法攻克。

了解到成电李乐民团队能做硬件，734厂把这个"硬骨头"交给李乐

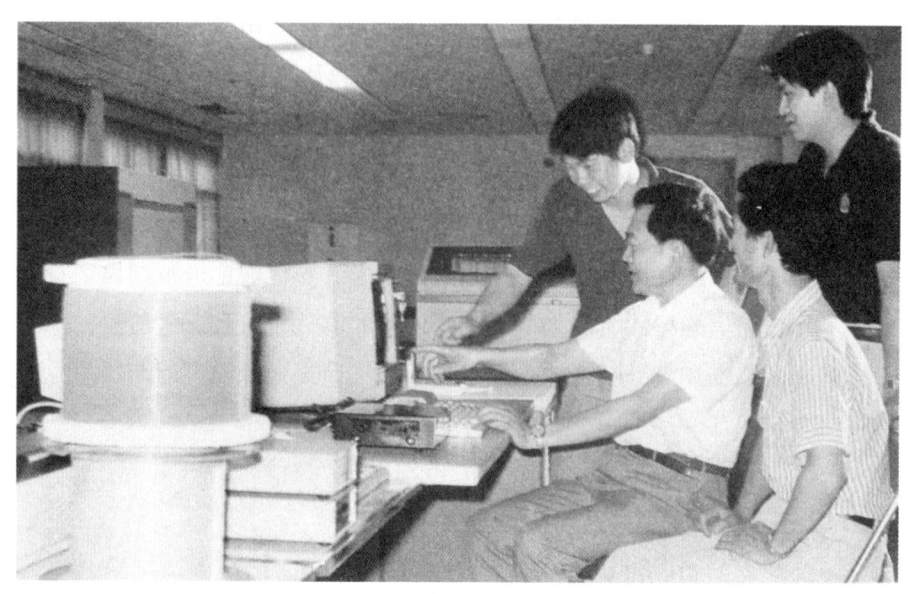

图 5-5 1986 年，李乐民在研制光纤以太网设备（李乐民供图）

民做。李乐民带领曾大章等课题组成员，花了一年时间攻克了电路设计难关，最后调通系统。

项目针对当时的骨干网现状解决了大容量的通信系统。一次群只能够同时通 30 路电话，四个机器加在一起称为二次群，只能通 30×4 路电话，也就是 120 路电话。三次群可以通 480 路电话，使线路的承载能力翻几番，这在当时的条件下是国产大容量通信系统的开端。

该项目在骨干网进行光纤通信，实现了长距离、大容量传输，从技术上突破了国外的封锁，产品达到了国际同步先进水平，在国内生产将大大降低售价，设备市场需求量巨大。研制完成后，团队将图纸移交给南京 734 厂，734 厂迅速投入大量生产，解决了市场急需。项目的经济意义和社会意义都很大，成果由 734 厂申请了国家科技进步二等奖。

该项目的迅速攻克，以及产品的大量上市，使更多的通信行业内专家了解了李乐民团队在光纤通信方面的研究实力。由此李乐民团队在通信网络方面的研究和制作能力名声在外。

20 世纪 80 年代末，国有大型企事业单位逐步实现信息化，用上了各种电子化设备，建设了内部网络。最初设备之间由铜芯或者铁芯的电缆组成局域网相连。由于雷电等因素，网络容易被击毁而出现问题。

这种情况发生的概率比较小，但一旦发生，对于承担重要任务的企事业单位则会产生比较大的影响。某铁路局里的局域网饱受雷击困扰，经常被雷击中损坏设备，影响业务，铁路局打听到李乐民能做设备，就找上门来寻求帮助，希望李乐民团队能开发一套抗雷击的局域网系统。

如何抗雷击，李乐民马上想到国际上另一种局域网载体，即由光纤架构局域网。光纤介质抗干扰性强，不会被雷电击毁，如果能将团队擅长的"光纤网络"技术用于计算机局域网组网，那么将打开了一个新的世界。李乐民指导谭真平和曾大章一起，摸索着把铜线去掉换成光纤，完成接口设备，组成光纤"以太网"①，装上去以后不怕打雷了。

看到项目潜在的巨大实用前景，团队继续深入研究。1989年，团队和成都华联电子有限公司共同合作研发"多结构可单芯光纤3+网络系统"系列产品。李乐民和曾大章、梅克俊、陈思珍、黄晓、邱琪、谭真平等人参加项目。

经查阅文献得知，当时国外已经有相关的产品，将光纤技术用于计算机网络，但西方发达国家在这方面一直对我国采取技术和产品封锁，我国的研究和市场都是空白。

"多结构可单芯光纤3+网络系统"是对计算机局部网络系统"3+网"的再次开发，它用光纤传输介质代替原来"3+网"的部分或者全部电缆传输介质，使其结构更加灵活，网络性能更加完善，适用范围更加广泛，成本大大降低。

经过半年多的攻关，项目攻关完成系列产品。产品系统采用IEEE802.3标准，在不改变任何软件的情况下，用光纤代替了原来"3+网"的部分或者全部电缆，可组成线型、星型、环形、混合型等多结构网络，最大站间传输距离4.5km而无需中继器，网上最多可挂站数1024个，可用单光纤完成双向传输。

---

① 以太网的核心思想来源于夏威夷大学ALOHA系统。1973年初，世界上第一个个人计算机局域网络开始运行。7月，梅特卡夫和博格斯发表了著名论文《以太网：局域网的分布型信息分组交换》。1977年，梅特卡夫及其合作者获得相关专利，此后，以太网就正式诞生了。

电子科技大学微机研究所罗宗彭："由于把原介质中传输的电信号变成了光信号，使得信号在信道上传输不受电磁环境的影响，提高了抗干扰能力。同时光信号在光纤中的传输损耗小，加大了传输距离，打破了原 3+ 网络的距离限制，在无须中继器的情况下，把距离延长到 4.2km，试用表明，该光纤传输系统对用户是完全透明的，在工作运行上与原 3+ 网没有什么不同，且传输速度快、稳定可靠，完全达到了实用化程度。"

"多结构可单芯光纤 3+ 网络系统"光传输设备，实际上是计算机网络的光纤传输项目，这是因为当时很多单位的迫切需要，特别是大型计算机之间联网需要快速通信的需求。这样的光纤网络适用于高电压区的电力部门、有火花和强电磁干扰的钢铁冶金部门、电气交通部门和铁路运输部门，具有保密要求的军事部门和公安部门的计算机网，一般企事业单位局部网的室外传输，也适用于网径大于 0.5km 大企事业部门的计算机联网。

该系统有多项创新，多项指标达到了国际同期先进水平。其中，能适应多种拓扑结构以及能用单芯光纤传输双向信息属国内首创，美国的几种同类产品也不具备多结构和单光纤传输功能。该产品能完全替代美国 American Photonics Inc 公司的"RL500 Ethernet Expander Model 2"、美国 Xerox 公司的"FONET"及美国 DEC 公司的"Fiber Optic Repeater"，而且产品在拓扑结构方面比上述产品还更加灵活方便，价格比上述产品便宜，功耗更小。

系列化实用化的"多结构可单芯光纤 3+ 网络系统"产品的研制成功标志着我国光纤传输技术应用于计算机网络已进入实用化阶段，打破了西方封锁。

项目的一台光端机可以通过一段细电缆把多至 100 个用户连接起来，充分而且有机地综合利用了光纤的远距离传输（比电缆廉价）和拓扑结构灵活的特点，以及细电缆连接用户更方便（比光纤抽头廉价）的特点，使产品的性价比十分优异。

产品定型后，1989 年就有北京航天部二院、北京燕山石油化学工业公司、吉林化工总公司购买了产品进行计算机联网，航空航天单位购买此产品装备在战术 C3I 系统中。

当年机电部 30 所、四川攀钢、红光电子集团、锦江宾馆等近百家企事业单位待购。香港得实公司闻讯积极参加生产和销售工作，并准备赴澳大利亚展销，开拓国际市场。

该产品是集光纤传输、通信、计算机及其网络技术于一体的高科技产品。它的研制成功具有全国性的影响，推广应用此产品极大地推动了我国计算机网络技术的进步和计算机局域网络的应用和发展，加快了我国办公自动化进程。据测算，当时国内正处在局域网快速发展的阶段，预计五年内将建 1.8 万个局域网，如果在全国范围推广"光纤 3+ 网"，国产产品性能完全可以代替国外产品，而且成本远低于国外产品。例如，建一个站间距离为 4 千米的计算机局域网，用粗电缆联网的传输介质费用需 20 万元左右，而用此产品联网，则成本可低至 4 万元，至少可以为用户节约 16 万元。如果国内 20% 的新建用户用上光纤局域网，可节约用户成本 20 多亿元。

产品技术转让给成都时代电子厂生产，被批准为"国家级"火炬计划项目，同时列为"四川省科技成果重点推广计划"，在投产初期五个月内，已新增产值大于 50 万元。

在当时，网络刚刚兴建，网络设备还没有标准化，不同的网络都是一个火热的课题。不管是石油、航天、核物理、大型计算机运算的应用场景，运算之间都要交换数据，需要有传输网络，很多单位找上门来请团队协助做网络传输。

此后，团队做的光纤通信网络设备应用到了中石油的计算机中心、绵阳九院计算所、航空航天二院等大型计算中心。

由于项目切实解决了重要的生产和使用问题，获得 1989 年四川省科技进步二等奖，设备获得了 1990 年四川省发明展览会发明金牌奖，四川省"七五"期间计算机开发应用成果展览会优秀项目等荣誉。

在做该项目的过程中，曾大章跟随李乐民在研究中吃苦奋斗，面对难题锲而不舍，他在科研方面的能力很快获得了李乐民的信任和更深入的指导。同时，曾大章在对外交流方面非常灵活。受到其他厂家将设备量产的启发，看到了这个产品的广阔商机，曾大章筹划成立了"成都曙光光纤网络有限责任公司"，公司第一个产品就是抗毁光纤系统关键设备，产品投入市场后正适应了很多企事业单位的需求，公司很快发展壮大。1990年前后，曾大章离开成电，全心经营公司。

1986年左右，总参28所委托李乐民完成既能通电视又能够通数据、能通电话的光纤网络系统设备，设备由曙光公司生产。产品供电子部南京28所使用，用于国防装备。邮电部5所教授级高工李侗等专家在鉴定中认为"成果在国内属首创，对我国现代化建设和发展高新技术有重要作用，可在民用与军用场合推广应用。"

成都曙光光纤网络有限责任公司现已发展为曙光集团，曾大章为曙光集团董事长，并任成都市政协委员。

1990年，李乐民与来光明、曾大章等学生根据前一阶段的研究工作撰写的论文在"数据通信学术会议"上发表，《高性能交换结构》《光纤3+网络系统的研究与实现》被中国电子学会评为优秀论文。

20世纪80年代末到90年代末，李乐民和团队为中国当时落后的通信网络、局域网的提升作出了突出的贡献，他的研究改变了很多行业的数据传输速度和质量。他在宽带通信网络技术研究、方案探索、理论分析和设备研制方面一直紧跟国际前沿，"140Mbit/s数字彩色电视光纤传输系统"获电子部科技进步一等奖、"宽带综合业务局域网关键技术与系统"获机械电子工业部科技进步一等奖。

中国卫星传输体制研究

1970年，中国第一颗人造卫星（东方红1号）发射成功。14年后，1984年，中国东方红2号试验通信卫星成功发射。1986年，中国东方红2号实用通信广播卫星发射成功。1988年，中国研制的实用通信卫星东方红

2号A成功发射。

卫星广播是由设置在赤道上空的地球同步卫星,接收卫星地面站发射的电视信号,再把它转发到地球上指定的区域。该区域内的家庭电视机有两种方式接收来自卫星的电视节目:①用户需加装卫星接收天线和户外单元。户外单元将接收卫星电视信号的频率(根据国际电联ITU的建议,卫星电视采用Ku频段)和制式转换后,才可供该用户的普通家用电视机收看。这就是卫星直播电视,即直接到户(DTH-Direct To Home)的广播服务。②另一种所谓分配式卫星直播电视,是由该区域的电视台接收卫星电视信号,并实现频率和制式的转换,然后通过区域内已有的完善电视网(通常是光纤网)传送到各家各户。

但无论哪种传送方式,通过卫星信道传输的电视制式如何选择,是一个关键的技术问题。如果电视信号未经模拟/数字转换和压缩,直接通过卫星转播,每台卫星转发器只能转发一套电视节目,一套节目就要占用一个转发器的带宽和功率,是十分不经济的。所以,卫星直播电视通常都要数字化和压缩,如何数字化和压缩就是直播电视的制式问题。

利用通常的固定卫星业务(FSS)提供卫星电视直播,于1974年首先在美国试播成功,但在美国长期没有得到实际应用。我国地域辽阔,海岛、山区和少数民族区域多,人口众多且分布不均,是最适合发展卫星直播的国家。1974年,可能促成日后中国卫星直播市场的第一个动议产生了。当年,中央广播事业局认为,要从根本上解决我国广播电视的覆盖问题,应该发展卫星广播电视。

建立覆盖全国的广播电视网,对于丰富人民的精神生活、宣传中央的方针政策。促进文化教育的发展有重大意义。而用卫星直播系统来建立覆盖全国的广播电视网,比建立地面覆盖网更加经济,而且见效快,不受地理条件限制。

1978年12月和1983年3月,中央曾两次批准从国外购买广播电视卫星,但因种种原因而停滞。其后十余年间,直播卫星一直没有发射,卫星直播广播电视业务未能开展,但卫星广播事业却取得了飞速发展。

对于一个国家或者地区(如欧洲),需要通过论证和试验最后确定一

图 5-6　1989 年，"卫星直播电视与伴音体质研究"荣获电子工业部科技进步三等奖（电子科技大学档案馆供图）

个最优的制式。只有在制式确定后，整个电视行业、产业才有统一标准遵守，卫星数字电视广播标准逐渐在全球各国（地区）形成。

别的国家的体制相继产生，中国的卫星通信采用什么体制？李乐民认为，卫星通信体制的决定不是哪一个科研团队所能决定的，最终应由全国委员会来决策。作为研究人员，成电要从研究上弄清楚各种信号、各种条件下相关体制的特性，再把这些研究成果提交给相关委员会，没有哪一种体制能在实验阶段体现绝对最优的性能，应由委员会选择两三种体制，交给行业和厂家试制推广，在推广中再改进，最后才能确定中国卫星广播电视的体制。

由于吴诗其[①]、李乐民在卫星传输编码上的研究在国内处于领先位置，相关部委将中国卫星通信体制的研究项目交给团队。1984 年 10 月，以李乐民为首的课题组申请了电子工业部"卫星直播电视与伴音体制研究"项目研究。项目 1987 年 9 月完成结题，有吴诗其、李乐民、李宝杨、曾大章、严瑞良等人参与研究，电子工业部 54 所、3 所是协作单位。项目获

---

① 吴诗其（1938- ），男，四川乐山人，中共党员，教授，博士生导师。1960 年毕业于成电长途通信专业，任教期间为李乐民团队成员。1992 年晋升教授，2003 年退休。长期从事卫星通信与广播方面的教学和科研工作，在国内率先开展卫星移动通信方面的研究。

1989 年电子部科技进步三等奖。

在 1986 年 10 月的全国广播电视年会上，李乐民发表了两篇论文：《数字电视中量化失真对微分增益和相位微分的影响》和《电视信号通过带限调频信道后的交调失真》（第二作者，第一作者为吴诗其）。这两篇论文经年会评阅，均被推荐到 1987 年在中国举行的国际广播电视会议，其中第二篇论文被评为优秀论文一等奖。

1987 年 1 月，李乐民、吴诗其、冯钢共同申请了"非线性卫星链路的均衡与补偿"项目，项目持续到 1990 年年底。"非线性卫星链路的均衡与补偿"是机电部电科院 1987 年下达电子科技大学的"七五"军事预研课题。项目对数字卫星通信链路的非线性均衡与补偿进行研究，得到一些数字卫星广播电视信号通过卫星信道的性能结果。完成了 13 篇论文，提出了一种新的采用符号算法的自适应预失真器，还提出了一种具有较好性能的 Volterra 自适应均衡器结构，开发出数字卫星通信计算机模拟软件包。项目组结合 1965 年以来的零星研究成果，编制出了通用的"数字信号形成滤波器设计手册"，当时国内外未见到类似的设计手册。

通信系统计算机模拟软件包、数字信号形成滤波器设计手册和信道群延时均衡软件等成果可用于包括卫星通道在内的所有数字通信系统，具有广阔的应用前景。机电部 30 所李振邦研究员以及总参 57 所、机电部 54 所、邮电部 5 所等单位专家评价认为"软件包通用性好，功能强，是数字卫星通信系统设计的有力工具，具有实用性价值。"

成果很快在邮电局 5 所、总参 57 所、机电部 730 厂、铁道部成都通信设备厂得到了应用。其中成果"滤波器设计手册"可直接应用于工程设计，被机电部 54 所、30 所和四川省邮电管理局保留。

"非线性卫星链路的均衡与补偿研究"获得了 1992 年机械电子工业部科技进步三等奖（图 5-7）。

20 世纪 70—80 年代，在中国卫星通信地球站设备与相关产品的开发和制造中，有关高等院校、研究所、企业科技人员和生产部门做了极大努力，他们积极投入新技术、新体制、新系统的开发、研究设计和研制，各种不同类型的地球站设备均为国内制造。

图 5-7 1992 年,"非线性卫星链路的均衡与补偿研究"荣获机械电子工业部三等奖(电子科技大学档案馆供图)

中国从 1985 年开始利用通信卫星向全国传送中央电视台的节目,打破了过去广播电视节目完全依赖微波、超短波等传统地面无线传输的束缚,开创了中国卫星广播电视的新纪元。当时国家主要依靠租用的方式租借别国卫星开展广播电视节目传输。

直到 2000 年,"广播电视直播卫星系统"被列入国家"十五"计划的 12 项重点高新技术产业发展项目以及《广播影视科技"十五"计划和 2010 年远景规划》。2006 年 10 月 29 日,我国发射首颗直播卫星"鑫诺二号"。2008 年 6 月 9 日,我国成功将"中星 9 号"广播电视直播卫星送入太空。至此,中国才有了自己的电视直播卫星。

由于多项工作出色的业绩,1985 年,李乐民被四川省通信学会推荐为有成就、有贡献的科技人员。1989 年 5 月,李乐民被批准为"四川省职工劳动模范"。1989 年 10 月,李乐民被评为"全国先进工作者"。

第六章
培养研究生和编写教材

从 1978 年改革开放开始，李乐民的科研工作迎来大丰收，教学工作也迎来了"明媚的春天"。在这个新的阶段，他的教学工作发生了较大的变化，开始为国家培养硕士和博士研究生。

李乐民曾于 1960 年以讲师身份招收过一名研究生，但从 1966 年到 1977 年，学校在"文化大革命"期间停止招收研究生，研究生教育中断。直到 1978 年我国研究生教育恢复，培养研究生的工作才开始真正步入正轨。

李乐民从 1983 年开始招收改革开放后的第一位硕士研究生，直到现在，总共为国家培养了 200 余名硕士和博士。这一时期，他在成电通信学科课程建设、教材建设、博士点申报等方面做了许多工作。

访美期间留心学习美国的教学经验

1977 年 9 月，国家恢复全国统一考试招生制度，教学工作恢复正常。1978 年年初，按新教学计划的要求，成电进一步整顿教学组织，重建技术基础课和专业课教研室。1978 年 10 月，学校恢复并被认定为全国重点高等学校，各项工作得到迅速恢复发展。

通过落实政策、平反冤假错案、安排工作、恢复职务、提拔干部、发展党员、调整工资、改善住房条件、清理档案、评定技术职称、安排子女就业、解决夫妻分居等一系列工作，学校极大地调动了干部和教职工的积极性。

为了提高教学质量，学校在教学方面也采取了许多有力的措施，加强了师资队伍建设。一方面，在校内努力提升教师的教学能力，加强专业外语的训练，并建立主讲教师审批制，安排教学经验丰富的教师为主讲教师。另一方面，学校推进国际学术交流，邀请来自美国和日本的陈干教授、高桥实教授、金子秀夫教授等5位专家来校讲学。又先后邀请了美国麻省理工学院的顾毓秀教授、加州大学集成光学专家张慎四教授、法国计算机专家索西埃博士、日本光纤通信专家神裕之教授和美国海军研究所著名专家朱国瑞博士等20余名专家学者来校讲学或进行学术交流。

同时，学校支持教师积极地"走出去"。1978年和1979年，均公派教师出国考察访问和进修。[①] 李乐民在美国加州大学圣迭戈分校访学期间，一方面努力做科研，另一方面也密切关注美国的教学，深入国外大学教授的课堂，研究美国同行们到底是怎么上课的。

Milstein教授讲授的通信原理、Helstrom教授讲授的信号检测、客座教授Modestino讲授的随机过程等，他都去听，还认真地做了笔记，仔细体会中外教学的异同。

李乐民发现，在加州大学圣迭戈分校的研究生课堂上，老师出的作业题目都很难，而且作业很多，讲的内容都比较深。他以前认为，在美国大学很容易获得研究生学位，这次实地考察改变了这种认识。

1982年8月，李乐民访学结束。回国后的第一件事，就是把他在美国

[①] 1978—1983年，成电还派出近40人先后到美国、英国、法国、日本和德国参加各类学术会议，为国际交往和学术沟通开辟了新路。李乐民正是在这种背景下，于1980年8月第一次走出了国门。同年，经四机部批准，成电刘盛纲、林为干教授首次赴美讲学，为探索国际学术交流和合作迈出了重要一步；学校还首次派出以宋大凡为团长，顾德仁、张志浩、裘明信为团员的"成都电讯工程学院代表团"赴美访问了加州大学、伊利诺伊大学，为学校与国外一些著名大学的校际交往与合作创造了条件。

学到的、看到的、想到的，毫无保留地和同事们交流分享；第二件事，就是借鉴加州大学圣迭戈分校的课程设置和讲授方法，为成电的研究生开出了"随机过程及应用"和"信号估计与自适应处理"两门课程。

在讲授的内容和方式上，他都借鉴了圣迭戈分校的经验。同时，在美国访问期间的科研突破，也为他回国后将教学与科研相结合准备了丰富的"素材"，尤其是在对硕士研究生和博士研究生的培养方面，他都能够将学术与科技前沿的知识及时传递给学生，在引导学生确定研究方向、把握科技发展趋势、寻找突破的灵感等方面都十分有益。

"随机过程及应用"是基础课，共60个学时、3个学分。李乐民吸收了国外类似课程内容，着重基本概念、分析与解题方法，使学生掌握各种随机过程模型特点和分析方法，作为今后深造的坚实基础。选这门课的研究生逐年增加，1985年达到了80人，讲第一课时，有的学生来试听，没有座位，就站着或坐在地上听。

回顾讲授"随机过程及应用"的经历，李乐民说："这门课是学通信专业或者有关专业的基础课程，如果这门课学得好，对将来搞科研很有利，所以学生都愿意选这个课，尤其是要读博士的学生，博士入学考试就有这门课"[①]。

"信号估计与自适应处理"是专业基础课，共60个学时、3个学分。现有档案显示，李乐民讲授这门课程，至少从1983年一直持续到了1989年。1986级硕士生冯钢和谭真平、1989级硕士生胡钢都上过李乐民讲的这门课程，谭真平和胡钢的成绩都达到了90分以上。

信号估计是研究对信号的各种参数进行估计的算法。自适应信号处理是研究能随场景而自适应调节的算法。这些都是信号处理方面的基础知识。李乐民讲这门课时，还结合了他在国外访学时取得的研究成果。研究生李正茂听了这门课后受益匪浅，影响了他的博士论文选题，促使他进入了通信中自适应抗干扰领域。

在教学方面的突出成绩，使李乐民不仅赢得了学生的喜爱，也使他赢

---

① 李乐民访谈，2016年10月13日，成都。资料存于采集工程数据库。

图 6-1 1985 年 9 月，电子科技大学庆祝第一个教师节（电子科技大学档案馆供图）

得了社会的认可。1985 年 8 月 22 日，成都市庆祝第一个教师节表彰优秀教师、先进教师、先进教育工作者，李乐民名列其中，他还多次获得学校和省部级优秀教师荣誉称号。

1992 年 1 月，为了纪念《中华人民共和国学位条例》颁布十周年，四川省教委表彰了一批在博士、硕士以及在研究生教育方面作出突出贡献的优秀教师、优秀管理干部。其中，李乐民与林为干、刘盛纲、黄香馥、张有纲、陈星弼、刘锦德、张其劭、唐明光、向敬成、李宏福等 12 位成电的教师因在研究生教育方面的突出贡献而受到大会表彰。

指导研究生工作全面步入正轨

在开展课程教学的同时，李乐民对研究生的指导也步入了正轨。

改革开放后的第一位硕士

1983年2月,李乐民任无线电技术系102教研室主任。同年,他招收了一名硕士研究生樊丰。这是李乐民自1978年恢复正常教学以来招收的第一名研究生。

李乐民到现在还记得:"樊丰很努力,个儿也很高,有1.84米,他考进来以后,很用功。"李乐民给樊丰讲过"随机过程及应用",这门课樊丰得了90分。后来李乐民让樊丰做助教,还把这门课程三分之一的课时费给了樊丰。

在学术研究方面,李乐民指导樊丰很快找到了学术门径。由于李乐民在美国从事数字通信研究,因此,他指导樊丰选择了有关数字调制与解调方面的课题,并确定了一个有创新空间的研究问题。

当时研究生很少,因此,师生之间有较多的时间可以进行讨论。樊丰还记得:

> 我在硕士论文的初期和中期,去我校图书馆、四川省图书馆、四川科技情报研究所的图书馆查到了20多篇与我的硕士论文相关的参考文献,最后发现还是李老师推荐的论文最有参考价值。[①]

经过两年半的努力,樊丰出色地完成了硕士学位论文《卫星直播电视数字伴音副载波调制制度的研究》。这是电子工业部下达给李乐民的科研项目《卫星直播电视与数字伴音体制研究》的一个组成部分,很有应用价值。

在李乐民的指导下,樊丰阅读了大量的国内外文献,在比较各种数字调制解调方式的基础上,认为我国K波段卫星直播电视数字伴音副载波调制可以采用QPSK或OQPSK[②]方式。他分析得到了各种系统参数不理想对

[①] 樊丰访谈,2017年8月7日,成都。资料存于采集工程数据库。

[②] QPSK(Quadrature Phase Shift Keying)即"正交相移键控"或"四相相移键控",是一种数字调制方式,目前已经广泛应用于无线通信中,成为现代通信中一种十分重要的调制方式。OQPSK(offset-QPSK)也称为"偏移四相相移键控",是QPSK的拓展型。

第六章 培养研究生和编写教材

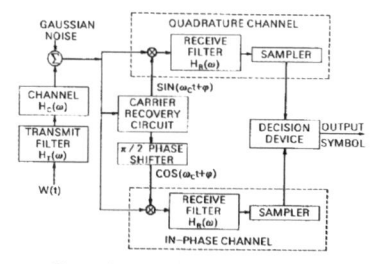

误码率影响的综合计算公式，补充了国外学者 Gitlin 和 Ho 的结论。

Gitlin 和 Ho 分析了相位误差对判决样值均方误差的影响，而没有分析误码率，结论是在相位误差下，OQPSK 总是优于 QPSK。樊丰的论文讨论了相位误差对误码率的影响，结论是当滚降系数较大时 OQPSK 优于 QPSK，而当滚降系数较小时 QPSK 优于 OQPSK。这个结论是有理论参考价值的。

在论文中，樊丰还采用级数计算法编制了计算误码率的一套计算机程序，又编制了一套计算信噪比劣化量的计算程序，给出了计算机模拟结果，都有参考价值。

1986 年，樊丰硕士毕业。他根据硕士论文内容撰写了一篇题为 *Effect of Noisy Phase Reference on Coherent Detection of Band-limited Offset-QPSK Signals* 的英文学术论文，被 *IEEE Transactions on Communications* 录用。

李乐民说："在今天看来，硕士生能够在 IEEE 学术刊物发表论文，也是不容易的。他通过硕士生学习，对研究有了浓厚兴趣。"[1]

图 6-2　1990 年，樊丰与李乐民在 *IEEE Transactions on Communications* 发表论文
（采集小组王晓刚供图）

---

[1] 李乐民：26 年来我是怎样培养研究生的。见：中国研究生院院长联席会编：《我看研究生教育 30 年——纪念中国恢复研究生招生培养 30 年征文选》。北京：北京大学出版社，2009：361。

樊丰毕业后留校任教，现在在电子科技大学信息与通信工程学院（原来在电子工程学院）工作。1990 年 6 月，他申请到了比利时 Gent 大学的奖学金，到那里攻读博士学位，从事数字图像处理研究。

图 6-3　1991 年，《数字通信系统中传输性能与抑制窄带干扰的研究》荣获国家自然科学奖四等奖（电子科技大学档案馆供图）

1991 年，由李乐民、刘飞、樊丰、沈晓讯、冯钢共同完成的《数字通信系统中传输性能与抑制窄带干扰的研究》项目荣获国家自然科学奖四等奖。樊丰的那篇被 IEEE Transactions on Communications 录用的论文，是该项目成果的一个组成部分。

改革开放后的第一位博士

1986 年 4 月 30 日，李乐民晋升为教授。7 月 28 日，李乐民成为成电"通信与电子系统"博士生导师，是成电在该学科的首位博士生导师。

1986 年，"通信与电子系统"获准为博士学科点，并且是首批获准能招收博士后的学科。从此，李乐民开始为国家培养博士研究生。也正是在这一年，第一位博士生龚光考入他门下。

龚光生于 1956 年 12 月，江苏无锡人，是恢复高考后的 1977 级本科生，学应用数学专业，毕业后到西安电讯工程学院（现西安电子科技大学），师从肖国镇教授攻读密码学硕士学位，硕士毕业后到成电的应用数学系当老师。

1986 年，我校获得"通信与电子系统"博士点，她有志在我校攻读该博士点学位。当时，只有我一人是该学科的博士生导师。我对她说："我对密码学不熟悉，您自己选择研究数字序列的理论与应用是好的，但这主要依靠您独立从事研究，我只能从旁边尽可能地给您些意见。"我又说："序列理论可用于密码学，也可用于扩频通信，我对扩频通信倒是感兴趣的。"这样，龚光就进入了博士生研究工作。①

序列理论要用抽象代数知识，而龚光有很好的数学基础，思路灵活，更重要的是她对研究非常投入，达到了入迷的境界。李乐民说，那段时间，龚光常常过一段时间就来高兴地对他说，她又有了一个有趣的新思路，由此可以解决序列研究中的某某问题。

图6-4　1996年，李乐民（中）访问美国密苏里大学堪萨斯分校时与龚光（右）合影（李乐民供图）

经过三年多的努力工作，龚光以优秀成绩通过了博士论文答辩。她的博士论文研究的是"前馈序列线性复杂度和相位的分析与综合"问题。前馈网络是当时密码技术里常用的一类秘钥流生成器，该文对前馈网络的线性复杂度与相位的选取问题做了全面、深入的研究。

李乐民在对龚光的学位论文评价中认为：

这项研究对于研究保密通信中的加密序列、扩频通信中的扩频码

---

① 李乐民：26年来我是怎样培养研究生的。见：中国研究生院院长联席会编：《我看研究生教育30年——纪念中国恢复研究生招生培养30年征文选》。北京：北京大学出版社，2009：361-362。

序列等，有重要的理论意义，并有应用前景。论文对前馈序列线性复杂度问题进行了评述，列举有关的参考文献，表明她对重要文献资料和发展动向有全面的了解。①

李乐民对龚光的评价是，“她在近代代数、信息论与通信理论，特别是密码学方面有坚实宽广的理论基础。”“独立工作能力强，数学基础好，善于思考，思路敏捷，在密码学等研究方面，有出色的科研能力。”

龚光毕业后，先是到意大利某研究所做博士后，继续从事序列方面的研究。博士后出站，又到美国密苏里大学堪萨斯分校（University of Missouri，Kansas City）做研究。在国外期间，她有机会认识了美国加州大学从事序列理论研究、国际知名的 Golomb 教授，到他那里从事合作研究，由此更上了一个台阶。

1998 年，龚光加入北美名校加拿大滑铁卢大学（University of Waterloo）电子与计算机工程系，由于工作出色，被滑铁卢大学正式聘任为终身教授。

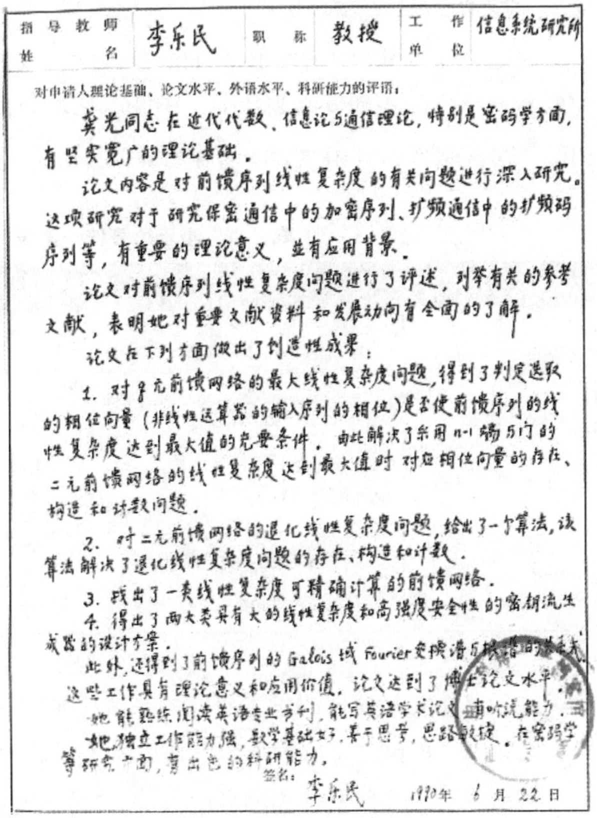

指导教师姓名	李乐民	职称	教授	工作单位	信息系统研究所

对申请人理论基础、论文水平、外语水平、科研能力的评语：

龚光同志在近代代数、信息论与通信理论，特别是密码学方面，有坚实宽广的理论基础。

论文内容是对前馈序列线性复杂度的有关问题进行深入研究。这项研究对于研究保密通信中的加密序列、扩频通信中的扩频码序列等，有重要的理论意义，并有应用背景。

论文对前馈序列线性复杂度问题进行了评述，列举有关的参考文献，表明她对重要文献资料和发展动向有全面的了解。

论文在下列方面做出了创造性成果：

1. 对g元前馈网络的最大线性复杂度问题，得到了判定选取的相位向量（非线性运算器的输入序列的相位）是否使前馈序列的线性复杂度达到最大值的充要条件。由此解决了采用n-1端与门的二元前馈网络的线性复杂度达到最大值时对应相位向量的存在、构造和计数问题。

2. 对二元前馈网络的退化线性复杂度问题，给出了一个算法，该算法解决了退化线性复杂度问题的存在、构造和计数。

3. 找出了一类线性复杂度可精确计算的前馈网络。

4. 得出了两大类具有大的线性复杂度和高强度安全性的密钥流生成器的设计方案。

此外，还得到了前馈序列的Galois域Fourier变换谱与根谱的关系式。

这些工作具有理论意义和应用价值，论文达到了博士论文水平。

她能熟练阅读英语专业书刊，能写英语学术论文，有听说能力。

她独立工作能力强，数学基础好，善于思考，思路敏捷，在密码学等研究方面，有出色的科研能力。

签名：李乐民　1990年 6 月 22 日

图 6-5　1990 年，李乐民对龚光的博士学位论文的评价
（电子科技大学档案馆供图）

① 龚光学位档案。存于电子科技大学档案馆。

编写教材和著作

从 20 世纪 80 年代开始，为了满足教学对教材的需求，李乐民也致力于总结研究成果，组织编著教材。

1978 年四机部召开的电子工业教育工作会议提出：要"适应建设现代化的发达的电子工业的需要，专业设置、教学内容和教材等必须符合现代化科学技术发展的需求……"

成电也逐步开展了教学内容的改革，教材建设进入了新阶段。李乐民深感教材建设的重要性和紧迫性，因此，他把科研与教学紧密结合，先后出版了多部著作，其中主要的著作有 4 部（如表 6-1）。

表 6-1 李乐民著作一览表

年份	编著	著作名称	作者	出版社
1980	合著	《数字传输设备中的均衡器》	李乐民 叶佳祥	人民邮电出版社
1986	主编	《数字通信传输系统》	李乐民等	人民邮电出版社
1995	合著	《ATM 技术——技术、概念、原理和应用》	孙海荣 李乐民	电子科技大学出版社
1996	合著	《数字信息系统中的网络优化技术》	李乐民 吴诗其 冯　钢	国防工业出版社

这些著作既是对他的学术研究的系统化梳理、总结和升华，也为通信专业莘莘学子提供了良好的学习参考，对人才培养产生了积极的作用。

1979 年，李乐民被评为副教授。这一年，他迅速着手编了一部 25 万字的《通信原理》教材，以满足当时教学工作对教材的需求。这是他在改革开放之后编的第一部教材，主要满足当时本科生教育对教材的渴求，带有一定的普及教育色彩。编著此书对李乐民而言是一次必要的演练，为他后面的编著和出版积累了经验。在编《通信原理》的同时，他还主审了 30 万字的

《通信系统》一书，此书后来由国防工业出版社出版。

1980年3月，李乐民与叶佳祥合著的《数字传输设备中的均衡器》由人民邮电出版社出版。这是我国通信科技从"模拟阶段"向"数字阶段"转变过程中的一部著作。

此书是对李乐民成功研制"载波话路用9600bit/s数传机"的进一步理论梳理与升华。对于此书的意义和目的，李乐民在"前言"中解释道：

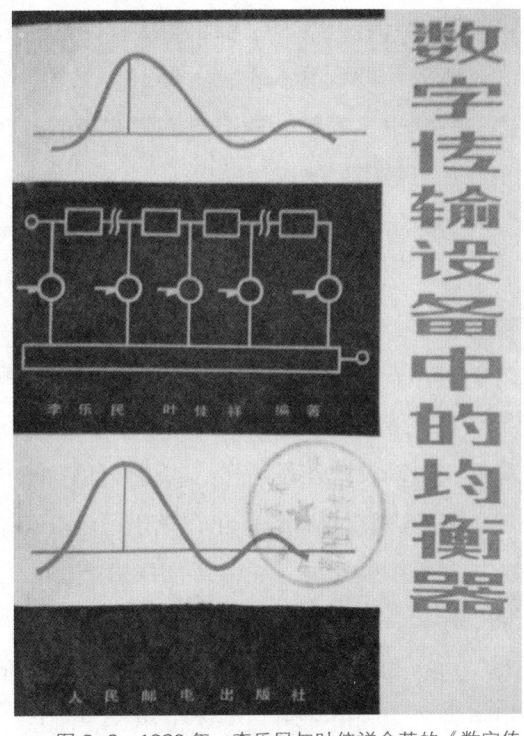

图6-6　1980年，李乐民与叶佳祥合著的《数字传输设备中的均衡器》书影（采集小组王晓刚供图）

> 随着电子计算机的日益广泛使用，提出了远距数据终端与计算机间或计算机与计算机间的通信问题。这种通信属于数据通信。计算机输出或输入的是数字信号。进行数据通信，要解决数字信号的传输问题。电话、传真、电视信号本来是模拟信号，现在也常常变换为数字信号来传输。
>
> 为了解决数字信号的传输问题，需要各种数字传输设备。……利用载波通信的一个话路（或高次群）传输数据，需要加用调制解调器，将数据变化为适合于模拟电话信道传输的信号形式。原有载波电话信道主要是考虑传输模拟信号而设计的，存在幅度频率畸变、相位频率畸变等缺陷。传输数字信号时，幅、相畸变使波形发生畸变，造成码间干扰，如果畸变较大，就需要进行均衡。[1]

---

[1]　李乐民，叶佳祥编著：《数字传输设备中的均衡器》。北京：人民邮电出版社，1980年版前言。

《数字传输设备中的均衡器》一书对各种均衡器的原理和设计做了一次系统的梳理和深入研究。李乐民在书中还前瞻性地关注到，自适应均衡器在数字卫星通信、视距数字微波通信、数字光纤通信等当时的尖端通信领域都有着广泛的应用前景。

1984年，李在铭等3位教师编写了一本30万字的《数字通信原理》教材。在这本教材中，李乐民参编了部分章节，约为3.5万字。之所以参编这本书，是因为当时学校开设了这门课程，但却没有合适的教材。清华大学、西安电子科技大学等都有各自的自编教材，但李乐民认为，西安电子科技大学的教材内容太多，不可能完全照着讲，因此，还需要更加精炼。相对来说，还是用自己的讲义比较好，"因为讲义上面写的内容都是比较重要的内容。"[①] 这一年，李乐民还参加了电子工业部无线通信专业科技情报网组织编写的《无线通信技术教材》，获1982年度电子工业情报网成果二等奖。

1986年10月，李乐民与赵梓森、翁则贵（重庆邮电大学）、杨知行、吴慕龙（中国电子科技集团公司54所副总工程师）、骆正彬等国内多位专家编写了45万字的《数字通信传输系统》一书，由人民邮电出版社出版。此书是由中国通信学会主编的"通信工程丛书"的第二卷。李乐民为主编，编写了其中20余万字并修改了其余25万字。

《数字通信传输系统》全书共分8章，其中，第1—4章由李乐民编写。书中认为：

> 从发展方向上来看，地面通信系统，特别是大城市间，将以光纤通信为主，并用微波中继通信相配合。长距离通信，特别是国际通信，卫星通信将起重要作用。国内卫星通信可解决边远地区通信。除了光纤、微波中继、卫星通信外，在目前已存在的市话电缆上采用多路数字电话传输，是有经济价值的。[②]

[①] 李乐民访谈，2016年10月12日，成都。资料存于采集工程数据库。
[②] 李乐民等编著：《数字通信传输系统》。北京：人民邮电出版社，1986：2。

中国通信学会在丛书前言中介绍道：

> 这套丛书的主要读者对象是从事通信工作不久的大专院校通信学科各专业毕业生、各通信部门的助理工程师、工程师和其他通信工程技术人员。""这套丛书的特点是力求具有理论性、实用性、系统性和方向性。丛书内容从我国实际出发，密切结合当前通信科技工作和未来发展的需要，阐述通信各专业工程师应当掌握的专业知识，包括有关的系统、体制、技术标准、规格、指标、要求，以及技术更新等方面。力求做到资料比较丰富完备，深浅适宜，条理清晰，对专业技术发展有一定的预见性。①

图6-7 1986年，李乐民等编著的《数字通信传输系统》书影（采集小组王晓刚供图）

此书水平较高、影响较大。出版四年后，即1990年9月，由于需求较大，该书进行了第二次印刷。

1995年10月，孙海荣与李乐民编著的《ATM技术——概念、原理和应用》一书由电子科技大学出版社出版。1996年7月第二次印刷，两次共印4500册。全书全面系统地论述了ATM（Asynchronous Transfer Mode，异步转移模式）技术的概念、原理、协议和应用。此书可作为大专院校通

---

① 李乐民等编著：《数字通信传输系统》。北京：人民邮电出版社，1986年，"前言"。

图 6-8 1995 年，孙海荣与李乐民合著的《ATM 技术——概念、原理和应用》书影
（采集小组王晓刚供图）

信或计算机专业的本科生、研究生教材，也可供从事通信技术研制、开发、应用的人员学习、参考。

ATM 是被国际电联选定的 B-ISDN 中的转移模式。ATM 网络是信息高速公路中重要的通信平台。20 世纪 80—90 年代，美国"信息高速公路"（National Information Infrastructure）的建设引起全球性关注。高速信息网络中的信息是多样化的，如图像、数据、话音等，各种信息的速率差别大，而且还会不断出现新的信息类型。在多种速率信息的情况下，需要寻求一种合适的传输与交换方式。对于这种情况，交换速率单一的传统电路交换遇到了困难。分组数据交换很适合低速率数据，在已建立的分组数据网中，数据以不等长度的分组进行传输和交换。但是，由于这种分组数据网在交换节点中要进行复杂的处理，使得端点到端点的总时延增加，不适合实时性要求高的业务。因此，国际电报电话咨询委员会（CCITT）（已由 International Telecommunication Union-Telecommunication Standardization Sector，简称 ITU-TSS 接替）在已有研究的基础上，提出了 ATM。

当时，在美国，为了加速 ATM 的发展，解决工业界的合作和设备互通等，成立了 ATM 论坛（ATM Forum），制定有关标准，接纳国际会员。该会出版的书中认为，"在信息时代，ATM 已与通信同义。"在学术界，ATM 也成为一个讨论的热点。而且，虽然最初提出 ATM 是为了用于宽带综合业务数字网（一般采用光纤传输），但随着无线移动通信的发展，为了解决综合业务运用，提出了"无线 ATM"，开辟了新的研究领域。总之，在20世纪90年代，ATM成为了通信发展的重要内容，是当时通信领域研究和开发的热点。

由于该技术是80年代末发展起来的一项新技术，国内当时还没有一本系统全面介绍ATM技术的专著。正是在这种情况下，李乐民在给研究生授课的基础上，结合他在ATM技术方面的研究成果及开发经验，建议写此书。其中，李乐民撰写了第一章并主审了全书，他指导的孙海荣博士主编并撰写了第二至第十章。此书面向研究生和高年级学生，也可供有关工程技术人员参考。为了便于读者阅读和理解，此书的撰写力求深入浅出，而且，每一章都相对独立，并附有参考文献供读者进一步查阅。①

1996年6月，吴诗其、冯钢邀请李乐民合著出版了《数字通信系统中的网络优化技术》一书。李乐民为主编，吴诗其负责通稿，并编写第五章和第六章；冯钢编写了第一、三、四、七章；胡剑浩编写了第二章，吴晓文编写了第八章。在这个团队中，冯钢、胡剑浩都曾是由李乐民指导的、毕业留校工作的学生。

"前言"的结尾处还特别说明："于德泳、戴柏林和王继业等在研究生

图6-9　1996年，李乐民、吴诗其、冯钢等合著的《数字通信系统中的网络优化技术》书影（采集小组王晓刚供图）

---

① 孙海荣、李乐民：前言.《ATM技术——概念、原理和应用》.成都：电子科技大学出版社，1995：1-2。

学习期间做了出色的工作，本书的部分数据、图表来自他们的硕士论文。"由此可见此书的作者在著书立说的过程中，能够积极培养学生、肯定学生，吸纳学生参与研究并充分肯定学生的优秀成果。而此书也将最终用于人才培养，使更多的学生从中汲取知识和营养。

此书"前言"中写道："在数字通信系统中，网络的设计是十分重要的。……本书系统地阐述了用于数字通信系统的网络，主要是各类形成滤波器和信道群延时均衡器的理论和计算机优化设计方法，以及网络特性对通信系统性能的影响问题。本书还给出数字通信系统中不同用途和各种类型网络的工程设计数据、图表，其中大部分数据、图表是编著者多年来相关科研成果的积累"[①]。

为国家培养 200 余名研究生

1983 年至今，李乐民共培养了 200 余名研究生，其中，博士研究生有 89 位（包括在上海交通大学培养的 3 位博士研究生），硕士研究生有 120 位（见表 6-2）。如今，这些学生广泛分布在国内外的信息产业、科研、教育等行业，为产业的发展壮大、科技进步和人才培养作出了应有的贡献。

毕业的博士中，已成为正教授或正研究员的有 27 人，在国外工作的有 13 人；有 44 人（大约占一半）做了教师，其余人去了研究所或公司工作等（见表 6-3、表 6-4）。

如果对李乐民培养的研究生按去向进行细分，可以大致分为以下四类，分别是：①国内信息产业领军人才；②国内其他高校或科研机构工作的学术精英；③毕业后留在电子科技大学从事科研教学工作的成电中坚力量；④出国发展、为信息与通信事业作贡献的人才。

---

① 李乐民、吴诗其、冯钢编著：前言.《数字通信系统中的网络优化问题》. 北京：国防工业出版社，1996 年。

图 6-10　2002 年，李乐民 70 岁生日时在成都朝阳湖与研究生合影（左起：张毅，谭伟，向兵，温海波，李乐民，刘颖，×××，周朝荣，余贞侠）（李乐民供图）

表 6-2　李乐民院士指导研究生一览表

毕业年份	硕士人数	姓名	博士人数	姓名
1985	0		0	
1986	1	樊　丰	0	
1987	7	陈晓丹　郭　游　黄　俊 雷　鸣　刘　飞　马义德 徐海翔	0	
1988	5	陈田明　冯　钢　欧斗非 王颖蕊　于德泳	0	
1989	1	刘鹤鹏	0	
1990	5	曾大章　刘　朴　罗青松 谭真平　滕　军	1	龚　光
1991	1	邓　涛	5	胡财君　来光明　孙海荣 万明坚　张　铭
1992	3	胡　钢　王　灿　王　英	4	吕光宏　舒光恒 唐　军　张宏科
1993	1	叶伟平	0	

第六章　培养研究生和编写教材

续表

毕业年份	硕士人数	姓名	博士人数	姓名
1994	2	胡　明　钱炜宏	2	蒋志刚　谭立军
1995	0		1	曹世文
1996	1	丛永华	7	董晓峰　何家福　廖建新　石　星 魏　平　姚　昆　郭　南
1997	2	徐效明　周信宽	4	胡　明　李一武 钱炜宏　吴晓文
1998	3	曾苏蓉　张舸帆　张　雷	3	马逾钢　唐　瑜　许　都
1999	5	苟利平　王　令　虞红芳 赵学知　周　彬	4	景志钢　王　晟 王　捷　胡剑浩
2000	3	高献伟　王浩波　伊学文	2	李立忠　徐世中
2001	3	杨　海　芶　益　高　嵩	4	陈前斌　李方伟　涂晓东　王　烨
2002	3	王彬蔚　温海波　张　毅	6	何荣希　金明晔　王　宇 温蜀山　张　雷　张治中
2003	7	鄢述荣　李　颖 苏恭超　肖　原　余贞侠 刘靖永　张翼德	0	
2004	5	宋　欢　罗　俊　殷国泉 贺　蓓　黄锡兵	6	江　虹　宋　舰　温海波 阳小龙　姚兴苗　朱旭东
2005	13	胡　冰　李　婷　李意平 刘　涟　刘懿涛　罗朝军 马婉秋　吴　强　杨　平 杨照宇　张　庚 张　林　张　翔	5	陈　远　潭　伟　向　兵 张　品　张　殷
2006	13	陈　娟　陈兴林　何靖桐 李劲龙　林蓉平　刘　颖 漆　澍　唐治果　向　健 谢仁贵　张　伟 唐雪冬　杨永昌	6	郭　磊　陆　斌　罗洪斌 虞红芳　张翼德　赵太飞
2007	6	任　鹏　王艳清　杨　飞 杨　静　张遵福　赵　亮	7	曹　劲　李永刚*　廖　丹 廖露华　鲁　才 王　宏　章小宁
2008	8	秦　臻　危学涛　冯　为 胡　雷　解志军　彭　雩 文　琪　周　茜	3	陆明泉　王　雄　吴援明
2009	6	狄　浩　冯子木　凌惜沫 荣　芳　王　丽　邹少义	3	王　宇　张　棪　周朝荣

续表

毕业年份	硕士人数	姓名	博士人数	姓名
2010	1	安利华	3	戴 睿 陈 翰* 刘靖永
2011	3	龚 昕 罗 坤 熊 思	1	汪文勇
2012	5	李玮婷 罗岚楠 谭淑芳 张 弛 张胜远	6	鲍宁海 牛长喜 孙 罡 张石清 施侃晟* 秦 臻
2013	3	邓建春 佘腾腾 徐凌飞	2	曾 帅 狄 浩
2014	0		0	
2015	1	罗 丹	0	
2016	1	黄勋辉	2	苏恭超 罗寿西
2017	0		0	
2018	1	胡翔宇	1	陈 欢
2019	0		0	
2020	1	吴雨聪	1	有超群
总计		硕士120人		博士89人

备注：1.李乐民于1979年评为副教授，1986年晋升教授、博士生导师；2.李永刚、陈翰、施侃晟（有*标注）是李乐民在上海交通大学培养的博士。

表6-3 李乐民院士培养的博士研究生毕业去向统计（高校）

毕业年份	姓名	工作单位	职称
1990	龚 光	加拿大Waterloo大学	正教授
1992	张宏科	北京交通大学	正教授
1992	吕光宏	四川大学	正教授
1996	郭 南	Tennessee大学	研究员
1996	廖建新	北京邮电大学	正教授
1996	魏 平	电子科技大学	正教授
1998	许 都	电子科技大学	正教授
1999	胡剑浩	电子科技大学	正教授
1999	王 晟	电子科技大学	正教授
1999	王 捷	东南大学	研究员
2000	徐世中	电子科技大学	正教授
2001	陈前斌	重庆邮电大学	正教授
2001	李方伟	重庆邮电大学	正教授
2002	何荣希	大连海事大学	正教授

续表

毕业年份	姓名	工作单位	职称
2002	张治中	重庆邮电大学	正教授
2002	张 雷	北京邮电大学	正教授
2004	阳小龙	北京科技大学	正教授
2004	江 虹	西南科技大学	正教授
2006	罗洪斌	北京航空航天大学	正教授
2006	郭 磊	东北大学	正教授
2006	虞红芳	电子科技大学	正教授
2006	赵太飞	西安理工大学	正教授
2007	廖 丹	电子科技大学	正教授
2007	章小宁	电子科技大学	正教授
2008	陆明泉	清华大学	正教授
2008	吴援明	电子科技大学	正教授
2011	汪文勇	电子科技大学	正教授
1997	胡 明	电子科技大学	副教授
2001	涂晓东	电子科技大学	副教授
2004	姚兴苗	电子科技大学	副教授
2005	张 品	杭州电子科技大学	副教授
2007	李永刚	重庆邮电大学	副教授
2007	鲁 才	电子科技大学	副教授
2008	王 雄	电子科技大学	副教授
2009	王 宇	成都理工大学	副教授
2009	周朝荣	四川师范大学	副教授
2010	陈 翰	东南大学	副教授
2012	鲍宁海	重庆邮电大学	副教授
2012	孙 罡	电子科技大学	副教授
2012	张石清	台州学院	副教授
2012	秦 臻	电子科技大学	副教授
2013	曾 帅	重庆邮电大学	副教授
2016	苏恭超	深圳大学	副教授
2016	罗寿西	西南交通大学	副教授

表 6-4　李乐民院士培养的博士研究生毕业去向统计（研究所或公司）

毕业年份	姓　名	研究所或公司
1991	万明坚	国虹公司
1991	孙海荣	国外公司
1991	来光明	国外公司
1991	张　铭	南京声准科技有限公司
1992	唐　军	国外公司
1992	苏光恒	自开公司
1994	蒋志刚	四川联通
1994	谭立军	国外公司
1997	钱炜宏	广州云系信息科技有限公司
1995	曹世文	57 所
1996	石　星	10 所
1996	何家福	国外公司
1997	李一武	国外公司
1998	马逾钢	国外公司
1998	唐　瑜	国外公司
1999	景志刚	国外公司
2000	李立忠	57 所
2001	王　烨	Cisco 公司
2002	金明晔	投资
2002	王　宇	国外公司
2002	温蜀山	国外公司
2004	温海波	上海贝尔实验室
2004	朱旭东	上海贝尔实验室，已跳槽到华为
2004	宋　舰	长虹公司
2005	张　毅	北京 IBM 研究院
2005	向　兵	四川电信规划设计院
2005	谭　伟	中兴通讯
2005	陈　远	10 所
2006	陆　斌	创业

续表

毕业年份	姓　名	研究所或公司
2007	曹　劲	中国电子科技集团公司10所
2007	王　宏	中国电子科技集团公司30所
2007	廖露华	四川移动
2009	张　棪	中科院声学所，现转中科院信息工程研究所
2010	戴　睿	四川电力科学研究院
2010	刘靖永	中国联通有限公司广州分公司
2012	牛长喜	30所
2013	施侃晟	创业
2013	狄　浩	中国电子科技集团公司50所

引领产业发展

1987年毕业硕士、原摩托罗拉亚太区总裁刘飞，1990年毕业硕士、四川曙光集团董事长曾大章，1991年毕业博士、原TCL集团股份有限公司董事万明坚，1996年毕业博士、东信北邮信息技术有限公司董事长廖建新等，毕业后在通信产业领域卓有建树。

刘飞于1984年从成电的七系（原电子科技大学电子工程学院）本科毕业，1987年在李乐民的指导下研究通信与电子系统，获得了硕士学位，其硕士论文《在QPSK系统中采用自适应滤波器抑制有限带宽干扰的研究》分析和解决了在QPSK通信系统中采用自适应FIR和IIR滤波器抑制有限带宽干扰这一问题，首次解决了采用自适应判决反馈横向滤波器抑制有限带宽干扰的问题。

该课题被纳入国防"七五"基础研究项目。毕业论文的部分内容写成论文2篇，分别在1985年全国通信与信息理论会议（福州）和1986年全国电路与系统会议（上海）发表；用论文内容写成的另一篇英文论文被1987年国际通信会议（美国西雅图）接受。另有2篇论文投到了有关的国际性通信会议。

图6-11 2017年11月2日，李乐民在上海南京路与刘飞合影（左起：彭水贞，李乐民，刘飞）（李乐民供图）

硕士毕业后，刘飞赴美国加州大学进行联合培养。此后，他在通信产业方面取得了良好成绩，2008年8月25日，他加盟摩托罗拉，2013年升任摩托罗拉亚太区总裁。回顾李乐民对他的教育和影响，刘飞说：

> 在科研学习中领悟科学思想的真谛并做到触类旁通，这正是跟随李老师学习的真正收获所在。……也许李老师都不曾知道，他的教导与关怀不仅在很大程度上提高了我在通信领域专业的造诣，甚至让我有机会、有可能从此改写并成就了自己的人生。[1]

曾大章是四川省隆昌县人，1982年从成电通信专业本科毕业后留校工作，成为李乐民的助手，与李乐民一起做科研工作，深受李乐民的影响，并且很受李乐民的欣赏。据曾大章回忆：

---

[1] 陈伟编著：《李乐民传》。北京：人民出版社、航空工业出版社，2015年，第169页。

李老师很爱才，实际上他喜欢做事很认真、刻苦钻研的人。他本身就是以工作为中心的，在其他爱好、社交上花的时间很少。我和他一起搞研究的时候基本上天天都在实验室，节假日甚至除夕都在实验室，所以他的兴趣就在于研究。我对研究也很有兴趣，而且我年轻，在调试电路等方面动作比较快，所以他在这方面还是比较喜欢我。①

1988年至1989年，曾大章在李乐民的带领下参与完成了"七五"攻关项目"实用化三次群光纤通信系统"核心课题。1990年，曾大章硕士毕业。两年后，曾大章辞职创业，创立成都曙光光纤网络有限责任公司，如今公司已发展成为立足成都、迈向世界，在北京、上海、广州、香港以及澳洲、美国设有子公司的高新技术企业集团。曾大章也被媒体称为具有"儒商风范"②的业界翘楚。

而在曾大章自己心里，如果说自己有一点"儒商风范"，那也是来自于李乐民的影响。他说：

包括我后来的性格，很多都是受李老师的影响。商界评价说我有"儒商性格"，其实是因为李老师常说要与人为善，人家都有优点，都要虚心向他们学习，李老师是这样说的，也是这样做的，我和他在一起时间很长，所以受他的影响很大，哪怕出来办公司都和他的影响关系很大。有时候做梦的时候都梦到还在教研室搞研究、在教研室活动，所以这段时间对我以后的风格影响是极其重要的。所以，李老师不仅是从技术上给我指导，同时在做人上，我也应该永远向李老师学习。③

万明坚生于1964年3月，是四川省犍为县人。他师从李乐民得益于

---

① 曾大章访谈，2017年6月7日，成都。资料存于采集工程数据库。

② 张华永、张俭：儒商风范——记成都曙光光纤网络有限责任公司总裁曾大章。《中国公路（交通信息产业）》，2000年第1期，第18页。

③ 曾大章访谈，2017年6月7日，成都。资料存于采集工程数据库。

1987年他的硕士生导师肖先赐教授的推荐。李乐民说：

> 肖先赐教授对我说，万明坚很优秀，建议到我处攻读博士学位，我欣然同意。他在随后的培养中发挥了原硕士专业的特长，在学生时期就表现出热爱事业、全身心投入事业的精神，后来以优秀成绩获得博士学位。①

万明坚于1991年获工学博士学位，其博士论文题目为《高分辨测向系统研究》。这篇论文"对把现成高分辨测向理论应用到实际系统所遇到的若干难题进行了研究，提出了十多种新方法。论文的主要贡献是：提出了对相干信号源的测向技术；提出了在短数据和低信噪比情况的测向技术，以及快速提取信号子空间的LD分解法和利用天线阵列特征提高分辨率的方法；提出了三种校准通道不一致性的新方法；提出了一种校准阵元位置误差的新方法；也提出了一种校准互耦的新方法；推导出了较为完整的数学模型。"

李乐民在评价意见中写道：

> 万明坚同学的博士论文主要是关于把高分辨率测向理论应用于实际测向系统。论文中提出了多种新方法，有创造性。他曾在国际国内会议以及刊物（AMSE Periodical: Modelling, Simulation and Control, 通信学报，电子科学学刊，信号处理，电子科技大学学报，声学与电子工程）发表或被接收文章16篇。他的博士论文有些内容就是综合这些文章而成。②

博士毕业后，万明坚进入深圳桑达电子工业总公司担任工程师，直至1994年8月加入TCL。1999年3月起，他历任TCL移动通信有限公司董

---

① 李乐民：26年来我是怎样培养研究生的。见：中国研究生院院长联席会编：《我看研究生教育30年——纪念中国恢复研究生招生培养30年征文选》。北京：北京大学出版社，2009：363。

② 万明坚学位档案，现存于电子科技大学档案馆。

事总经理、TCL集团股份有限公司董事、TCL金能电池有限公司董事长、TCL工业研究院董事等职务，一直到2004年12月。2005年，被四川省人民政府任命为四川长虹电子集团有限公司董事至今。

廖建新是四川宜宾人，出生于1965年。1991年3月从电子科技大学通信与电子系统专业硕士毕业，1993年考上电子科技大学的博士，师从李乐民。廖建新曾在回忆文章中写道：

> 两年半的博士生涯，因与先生的朝夕相处而格外充实。先生为人谦和，但在学术上对学生要求极为严格。我虽有幸得到先生的肯定，成为先生的第一位在两年半的时间内完成学业的学生，但在提交论文后仍心有忐忑。好在论文审阅、答辩都获得了全优，总算没有辜负先生的信任。①

廖建新的博士论文题目是《ATM网络中的业务量控制研究》。李乐民在评价意见中指出：

> 博士论文对ATM的信源特性及其业务模型进行了讨论，就业务量成形、使用参数控制、连接接纳控制进行了较为深入的分析，对成形器和漏桶算法的输出流建模作了深入的研究，分析了具有业务量控制的ATM复接器的性能，分析了业务量控制对等效带宽的影响并进行了计算机模拟。该论文对ATM网络的业务量控制功能的评价功能单元的合理设计，以及ATM网络的性能改善具有实际意义，也有理论参考价值。有关论文一篇已被《通信学报》接收录用，两篇已投《电子科学学科》录用。②

1996年，廖建新博士毕业后，李乐民力荐他到北京邮电大学国家重点

---

① 廖建新：桃李不言、下自成蹊。见：陈伟编著：《李乐民传》。北京：人民出版社、航空工业出版社，2015：174。
② 廖建新学位档案。存于电子科技大学档案馆。

实验室做博士后，师从陈俊亮院士。1998年博士后出站，在北京邮电大学网络与交换技术国家重点实验室工作，1999年起先后任北京邮电大学智能网中心、网络智能研究中心主任，是国家杰出青年科学基金获得者、教育部"长江学者"特聘教授，现为教育部"创新团队"带头人、东信北邮信息技术有限公司创始人。

在陈俊亮院士的引导下，廖建新进入了方兴未艾的智能网领域，这也是他自"十五"以来主要从事的研究方向，并且从移动智能网到业务网络、再到未来网络和普适服务逐步扩展，作出了许多突破性研究成果。尤其是在移动智能网、业务网络智能化领域的成果，已应用于国内20多个省及海外市场，提供业务60余种，服务用户近4亿户，创造直接经济效益逾20亿元，利税4亿多元。其中，CMIN02系统击败诺基亚、爱立信等跨国企业的同类产品，为我国完全采用自有技术，建设全球规模最大、业务最丰富、技术先进的移动智能网系统作出了直接贡献。

2000年，廖建新创立了东信北邮信息技术有限公司并任总裁。现在，媒体在报道中常把廖建新称为"中国首位从事移动智能网研究的学者"[①]，但在廖建新自己看来，这都源于读研究生期间李乐民的启发和指导，甚至包括"此后，每一次攀登时都寻求先生的指点。"

攀登学术高峰

李乐民培养的研究生，大部分都奋战在科技战线，为我国的科技进步作出了重要贡献。1992年毕业博士、北京交通大学张宏科教授，2002年毕业博士、大连海事大学何荣希教授，2006年毕业博士、北京航空航天大学罗洪斌教授，2006年毕业博士、东北大学郭磊教授等一批学生毕业后选择了科学研究和教书育人的工作。

张宏科于1988年在成电获得电路信号与系统专业的硕士学位，导师是张有正教授。1992年在成电获得通信与电子系统专业的博士学位，由李

---

① 廖建新：机遇只敲一次门。《软件世界》，2006（9）：57。

乐民和张有正共同指导。

我在读硕士时受到张有正和李乐民两位老师的影响，张有正老师偏电路，李乐民老师偏通信，所以我的博士论文题目选的"非线性滤波"方向既属于通信方面，也属于电子线路方面。当时国内研究的人很少，我自己研究了大量的资料，认为这个方向做博士论文可能好一点，容易出成果。

张宏科在博士论文《现代非线性滤波》中，在进一步探讨非线性滤波理论、性质和实现的基础上，导出了一些有意义的新算法、新结构和新结果，研制出了有实用价值的"比特串中值滤波器"，并获得国家专利。张有正教授在评价意见中赞扬张宏科"在科学研究方面，能独当一面地从事高难度的科学研究，成果累累。最近几年，曾先后发表论文30多篇，获得国家专利及我校的博士生奖学金'赛格奖'。"

图6-12　2010年11月6日，李乐民（前排左三）作为评估专家，参加由张宏科教授主持的"973"项目"一体化可信网络与普适服务体系基础研究"项目结题预评估会议（李乐民供图）

回忆起两位老师的指导,张宏科说:

我的博士论文两位老师看了很多遍,那个时候不像现在计算机这么发达,每改一遍论文,誊一遍就要一个多月,写一遍再要一个多月。这样的话我也很受益,两位老师在我的成长过程中起到非常重要的指导作用,他们教我怎么样搞科学研究、怎么样凝练科学问题、怎么样进一步努力地工作。我在学术上有今天的粗浅成果,他们两位老师的教导使我终生受益,不仅包括怎样做学问,还包括怎样做人。[1]

张宏科现为北京交通大学(原北方交通大学)电子信息工程学院教授、博士生导师,在"新一代互联网"领域主导了国际学术潮流。2006年8月,关于新一代网络的"一体化可信网络与普适服务体系基础研究"被列入国家"973"项目之中。申请这个项目时,张宏科聘请李乐民为该项目专家组专家。在项目开展过程中,每次研讨会,李乐民都不远千里拨冗出席,提出宝贵意见。[2] 现在,项目已经初步构建了具有自主知识产权的新一代标志分组网络原型系统,多次获得国家科技奖项。

何荣希现为大连海事大学教授。他本科、硕士都在大连海运学院(今大连海事大学)学习,1995年硕士毕业后至1999年在大连海事大学任教。1999年3月至2002年3月,他在电子科技大学宽带光纤传输与通信系统技术国家重点实验室攻读博士,师从李乐民院士,获通信与信息系统博士学位。

何荣希还记得第一次与李乐民见面的情境:在沙河校区通信大楼9楼的办公室里,李乐民简单寒暄之后,便讲起了他目前的一些研究情况,着重介绍了几个可以作为博士论文的研究方向。但他并没有为何荣希指定具体做什么,而是给何荣希介绍了一些相关的杂志,让何荣希先去图书馆找些资料读一读,进一步了解这些方向,过一段时间再去找李乐民谈谈自己

---

[1] 张宏科访谈,2017年7月17日,北京。资料存于采集工程数据库。
[2] 张宏科:严谨求实,爱生如子。见:陈伟编著:《李乐民传》。北京:人民出版社、航空工业出版社,2015:170。

图 6-13 2006 年，李乐民在大连海事大学与已毕业博士何荣希合影（李乐民供图）

的看法和打算，再慢慢定下研究方向。

何荣希在回忆文章中写道：

> 通过 3 年的博士生活，我深深地感到李老师是我们学术上的引路人，他总是用他渊博的学识、超凡的智慧和敏锐的感知，为我们指明方向，推荐我们可做哪方面的研究，但他会尊重我们自己的选择，绝不会主观地为我们决定。①

博士毕业后，何荣希赴东北大学计算机科学与技术博士后流动站作博士后研究。2004 年 4 月至今在大连海事大学信息科学技术学院通信工程教研室任教，2006 年 9 月至 2007 年 9 月在加拿大滑铁卢大学宽带通信实验室做访问学者。2006 年，他入选辽宁省"百千万人才工程"。目前，主要从事无线通信与网络技术的相关研究，涉及无线通信系统的设计与研发、通信网络协议的设计与实现、性能分析以及仿真研究等。

罗洪斌现为北京航空航天大学教授、博士生导师，也是"国家优秀青年科学基金"获得者，并入选教育部"新世纪优秀人才支持计划"。他于 2001 年考入电子科技大学硕博连读，2007 年 3 月获得博士学位。

刚开始读博士时，罗洪斌没有确定具体的研究方向，后来李乐民及时点拨，让他"拨云见日"。他曾在回忆文章中感激地写道："是您，在我人生的启蒙路上当了不离不弃的引路人；是您，在我跌跌撞撞的时候指明了

---

① 何荣希：科学研究的领航人。见：陈伟编著：《李乐民传》。北京：人民出版社、航空工业出版社，2015：174。

前进的方向。"[1]

在读博期间，罗洪斌在李乐民的悉心指导下，先后参加了国家自然科学基金"网状智能光网络的生存性研究"、国家自然科学基金"光网络多播机制及算法研究"和四川省青年科技基金"光网络多播"等科研项目的研究工作，发表了 10 余篇论文，其中有 4 篇被 SCI 检索的期刊录用，6 篇被 EI 检索的期刊录用，发表论文的期刊有 IEEE Communications Letters、Computer Communications、Journal of Optical Networking 等。博士论文的内容后来又发表于 IEEE JSAC、IEEE/ACM ToN。

罗洪斌的博士论文题目是《抗毁 WDM 光网络中的保护算法研究》，答辩的时候，答辩委员会主席是张宏科。最后的答辩决议对此文给予了充分肯定："抗毁 WDM 光网络的生存性技术是当今国内外相关领域中的研究热点之一。选题对保证国家信息网络的畅通有重要的理论与实际意义。"[2] 该论文后来被同时评为 2009 年的四川省优秀博士论文和全国优秀博士论文提名奖[3]。

与罗洪斌同一届的郭磊博士，现为东北大学计算机科学与工程学院教授，入选国家人才计划，获教育部自然科学奖、辽宁省科技进步奖、中国通信学会自然科学奖、中国通信学会青年科技奖各 1 项。

郭磊是四川眉山人，生于 1980 年。2002 年 9 月硕士入学，2004 年转入硕博连读，师从李乐民院士。读博期间，他先后在 Optics Express、Optics Communications、IEEE/OSA Journal of Light-wave Technology、IEEE Communications Letters、ETRI Journal、European Transactions on Telecommunications、Journal of Network and Computer Applications、AEU International Journal of Electronics and Communications 等期刊上发表了 12 篇 SCI 检索源刊论文。

郭磊的博士论文《网状 WDM 网中的抗毁保护算法研究》是国家自然

---

[1] 罗洪斌：谆谆教诲 深深关爱。见：陈伟编著：《李乐民传》。北京：人民出版社、航空工业出版社，2015：211。

[2] 罗洪斌学位档案。存于电子科技大学档案馆。

[3] 《电子科技大学志（1956-2015）》，成都：电子科技大学出版社，第 522-523 页。

科学基金的纵向项目成果，属于应用基础研究。李乐民在评价中认为："郭磊的博士论文结合国家自然科学基金进行，提出一种新的混合共享保护算法，使资源利用率更好。"[1] 这篇出色的论文在 2006 年被评为四川省优秀博士学位论文。目前，郭磊主要研究通信网领域。

化身成电中坚

1986 级硕士冯钢、1995 级博士王晟、1996 级博士胡剑浩、1997 级博士徐世中、2001 级博士虞红芳、2006 级博士汪文勇等，毕业后留在了电子科技大学工作，如今他们都已成为相关学科的骨干，在科研和人才培养方面发挥着重要作用。

图 6-14 2002 年，李乐民在成都朝阳湖与研究生合影（前排左起：王晟，王烨，许都；后排左起：徐世中，胡光岷，李乐民，胡明，胡钢，陆斌，金明晔，虞红芳）（李乐民供图）

冯钢现任电子科技大学信息与通信工程学科教授、博士生导师。他于 1986 年及 1989 年在电子科技大学无线电技术系获学士及硕士学位，毕业

---

[1] 郭磊学位档案。存于电子科技大学档案馆。

后在电子科大通信与信息工程学院从事教学和科研工作，于1993年破格晋升为副教授，曾获国家自然科学四等奖、四川省科技进步一等奖、电子工业部二、三等奖。1998年获香港中文大学博士学位，曾任新加坡南洋理工大学副教授。

冯钢回忆："那个时候硕士生比较少，一个学院大概只有二十几个人，我非常荣幸成为李老师的学生。在求学期间，李老师给了我太多的帮助和影响，是我一辈子从事学术研究的最重要的领路人，我的学术生涯应该是从李老师的指导开始的。"①

在确定论文题目的时候，李乐民与冯钢一起商量，并告诉他"即使你是硕士生，我们也要做到最前沿的科技，不能故步自封，不能局限于国内，而是要放眼世界，去看世界上在本领域前沿研究的课题是什么。"最后，他们选定了"卫星通信信道"方面的课题。当时，在美国、欧洲、意大利，有很多学者围绕这个领域在世界一流的期刊和会议发表论文。

冯钢说："作为研究的开头，李老师把我带到图书馆，一样一样地告诉我这些前沿的论文，在哪里可以找到最有用的内容。从那个时候开始，他给了我一个非常好的研究起点，方向上有前沿性，具有比较大的理论意义和应用前景，是很有价值的一个课题。"②

1995年，冯钢赴香港学习并于1998年在香港中文大学信息工程系获博士学位，1998年至1999年在香港城市大学电子工程系及新加坡信息通信研究所做博士后研究，2000年12月至2007年9月任新加坡南洋理工大学（NTU）电子电气工程学院助理教授及副教授，曾获NTU2005年度杰出研究成果奖（Research Outcome Award & Recognition, ROAR）。2011年，冯钢入选四川省学术与技术带头人后备人选。

截至目前，冯钢在国际国内学术期刊及重要国际学术会议发表学术论文200余篇，其中50余篇IEEE期刊论文，其中3篇论文被列为ESI高被引论文，总引用次数超过2300篇次。多次担任国际会议大会主席及应邀在多个国际学术会议上作特邀报告。现主持多项自然科学基金（NSFC），承

---

① 冯钢访谈，2016年12月10日，成都。资料存于采集工程数据库。
② 同①。

担国家重点基础研究发展计划（973 计划）课题、863 等课题。曾获 2016 及 2017 年度华为高校合作优秀科研项目奖。他还是 IEEE 高级会员，并应邀担任包括 ICC、Globecom 等几十个国际学术会议 TPC/PC 成员。

文光俊现为电子科技大学信息与通信工程学院教授、博士生导师。1992 年 4 月，他获得重庆大学光学仪器专业硕士学位，1995 年 2 月考入电子科技大学物理电子学与光电子学专业攻读博士，1998 年获博士学位。1998 年 7 月，博士毕业后留校工作，并在导师刘盛纲院士的推荐下，申请到通信抗干扰技术国家级重点实验室做李乐民院士的博士后。

文光俊回忆："当我怀着崇敬和紧张之情走进李院士的办公室接受他的面试时，可爱可亲的李院士起身微笑着招呼我坐下，我即感受到一位硕果累累、蜚声海内外的学术大师平易待人的谦和，一下子就轻松多了。先生详细询问了我的教育背景、学术研究情况后，还要求我读一段英文来考察我的外语能力，我第一次感受到了先生的认真与严肃，领悟到了早已耳闻先生做事一丝不苟的真谛。"[①]

做博士后期间，文光俊在李乐民的指导下，参加了多项"863 计划"重大和重点项目以及电子工业部和国防科工委预研项目的科学研究，主持了信息产业部科学基金和中国博士后科学基金项目研究。[②] 文光俊回忆：

> 进入博士后工作站后，李先生根据我博士生期间的研究基础，指导我从事高功率微波在通信对抗中的应用机制研究，并亲自带我到通信抗干扰技术国家级重点实验室郭伟教授的办公室，安排我参加郭伟教授负责的相关项目。当我将准备的博士后科学基金申请书交给先生审核，先生逐字逐句修改了申请书的错别字，与我讨论项目重点应研究什么内容、采用什么研究方法等。在先生的指导下，我第一次申请的博士后科学基金项目即获得立项支持。没有先生宽广的学术视野、

---

① 文光俊：大爱如山。见：陈伟编著：《李乐民传》。北京：人民出版社、航空工业出版社，2015：182。

② 王君锋：十年辗转 一心报国——记通信学院博导文光俊教授。电子科技大学新闻网，网址：http://www.news.uestc.edu.cn/?n=UestcNews.Front.Document.ArticlePage&Id=17214。

严谨的研究方法的指导，我的申请是不能成功的。[1]

2000年5月，文光俊博士后出站后，赴韩国电子通讯研究院（ETRI）传输与交换技术研究室做博士后；2001年5月赴新加坡，先后任南洋理工大学（NTU）GPS中心研究员、新加坡VS电子公司高级射频设计工程师；2002年11月—2003年4月，在日本住友电工公司（SEI）电气研究室任高级射频设计工程师；2003年5月—2005年8月，任新加坡VS电子公司高级射频设计工程师/项目经理；2004年6月回电子科技大学工作至今。目前，他主要研究无线与移动通信、集成电路技术、物联网器件与系统、微波毫米波电路、电磁超材料技术等方向，取得了突出成果。

王晟现为电子科技大学信息与通信工程学院教授、博士生导师。1988年，王晟被保送至电子科技大学电子工程系（时称"七系"）读本科，该系下设三个专业，王晟学的是当时比较新的专业——图像传输与处理。1992年本科毕业，1995年硕士毕业，保送本校读博，进入电子科技大学光纤传输与宽带通信国家重点实验室学习。

因为我的硕士论文评了优秀，因此保送博士生。我当时的博士生导师是吴诗其，是副博导，李乐民老师是这个领域的博导。所以，按照最正式的说法，我应该是李乐民老师和吴诗其老师联合指导的博士生。读博士之后半年左右，吴诗其老师跟我说他现在主要做卫星通信研究，李乐民老师在做ATM网络，是比较前沿的领域，李老师需要人，问我愿意不愿意到那儿去，相当于转一个导师。所以，那个时候我才真正进入李老师门下。面试是我们第一次比较深入的接触，李老师到我们办公室来坐着和我聊了几句，问我硕士期间做了一些什么、是怎么想的、自己觉得贡献在哪里等。[2]

---

[1] 文光俊：大爱如山。见：陈伟编著：《李乐民传》。北京：人民出版社、航空工业出版社，2015：182。

[2] 王晟访谈，2017年7月14日，成都。资料存于采集工程数据库。

读博期间，李乐民给了三个在当时很有发展前景的研究方向建议王晟选择，其一是拥塞控制，其二是 ATM 交换机的性能分析，其三是自相似业务流模型。王晟最后选择了拥塞控制，并作了深入研究。他的博士论文题目就是《ATM 网络中 ABR 业务的拥塞控制研究》。1999 年，王晟获得博士学位并留校任教。

从读博士开始到现在，王晟的研究领域随着时代而发展，博士毕业后他进入"WDM 光网络"领域，之后又探索"光交换"，现在已侧重"IP 网络"。他主持了包括 973 项目课题、国家自然科学基金重大项目子课题 10 余项，发表学术论文 80 余篇，其中 SCI/EI 检索 40 余篇，已获授权专利 14 项（含美国专利一项）；在光网络规划和优化技术方面，重点研究了多约束 RWA、业务量疏导、抗毁保护等技术问题，相关成果应用于华为公司合作项目中，取得了良好的效益；在光突发交换技术方面，主持完成了国家 863 重大项目和一般项目各 1 项，完成的实验系统处于当时的国际先进水平；在突发冲突解决方案、混合光交换网络体系结构等方面提出了创新性思路。

胡剑浩现为电子科技大学通信抗干扰技术国家级重点实验室副主任、教授、博士生导师，主要从事无线与移动通信新技术和通信集成电路设计及关键技术研究工作。

胡剑浩于 1993 年本科毕业留校，被分配到电子科技大学通信与信息工程学院信息所三室，先后担任助教和讲师工作。李乐民此时是信息所所长。李乐民、吴诗其等正在编写《数字通信系统中的网络优化技术》一书，胡剑浩有机会参与编写了该书的第二章。这本书于 1996 年 6 月出版，并于 1998 年获得电子工业部科技进步二等奖。这段插曲，让胡剑浩至今记忆犹新：

> 我真正和李老师一起做研究，是在 20 世纪 90 年代做信道均衡、信号滤波方面的工作。当时李老师给我们很多理论指导。我们一起完成了一部专著，但是我做的工作非常少。……这部专著后来获得了电子工业部的科技进步奖。当时，获得这个奖是不容易的，因为它没有

太多的应用证明，就是靠一个很基础的理论成果拿的奖。这是我参与获得的第一个奖，是我自己拿到手上的第一个科技奖励，所以也非常感谢李老师给我的帮助和支持。①

1996 年，胡剑浩在电子科技大学获得硕士学位，并开始攻读博士学位，师从李乐民。1999 年，胡剑浩和王晟、王捷同届毕业。胡剑浩的博士论文题目是《卫星移动通信星座设计和具有星际链路的卫星网络研究》。谈起李乐民对博士论文的指导，胡剑浩说：

  当时我很想做星际链路网络，就是支持卫星移动通信的星际链路网络的一些研究工作。在国内业界，大家都认为我国发射一颗卫星就已经不容易了，如果还要发几十颗卫星甚至上百颗卫星在天上组成一张网络，这件事情是不大靠谱的。但我不这么认为，李老师在这件事情上是很支持我的，因为我去跟他聊这个事，他觉得这个是可以的。另外，陈芳允院士也很支持我的观点。所以，当时支持这件事情的人不太多。

当时，中国的国力还不够强大，通信卫星数量十分有限。学界业界认为卫星组网不现实，确实情有可原。甚至胡剑浩自己也觉得，自己研究的"具有星际链路的卫星网络"是一种"屠龙术"。于是：

  我做完了以后，到我博士毕业，都认为我的博士论文是没有意义的，就扔在那儿了。后来，等到我从香港回来，到了 2005 年、2006 年的时候，国内做星际链路网络方面研究的人越来越多了，他们还跟我打趣说，如果你当年把这个方面很好写的文章都写完了，我们要做的东西就少多了。所以，当时也是靠李老师的指导，让我对具有星际链路的卫星网络有了前瞻性的研究，这对我有很多的指导意义。②

---

① 胡剑浩访谈，2016 年 11 月 19 日，成都。资料存于采集工程数据库。
② 同①。

1999年，胡剑浩博士毕业后到香港城市大学进行博士后研究工作，研究方向为 Internet 无线接入；2000年通过首批香港特区输入内地优秀人才计划进入香港大学 3G 研究中心，任高级系统开发工程师，从事 3G 手机芯片的研发设计工作；2004年至今，任电子科技大学教授；2006年获教育部"新世纪人才培养计划"支持。目前，他主要在移动通信、卫星通信、ASIC 设计、SoC 领域开展学术研究和人才培养工作。

徐世中本、硕、博都在电子科技大学，博士毕业后留校工作，现为信息与通信工程学院教授、博士生导师。1997年，他在无线电技术系信号与信息处理系统专业硕士毕业，2000年在宽带光纤传输与通信系统技术国家重点实验室通信与信息系统方向博士毕业。

读硕士期间，徐世中在图书馆查阅资料时，就经常看到李乐民的学术论文，而且经常见到李乐民"逛图书馆"，所以印象很深刻。硕士即将毕业时，他经过同学介绍找李乐民谈了自己的想法。李乐民了解他的学术背景和成绩之后，欣然同意了。但读博之后，才发现选择方向并不容易。在这件事情上，李乐民十分尊重学生自己的选择，对学生放得很开，但徐世中经过一年的纠结，也不知道自己应该深入研究什么，反而更加迷茫了。就在他最"抓狂"的时候，他去找李乐民诉苦："我找不到方向了，我可能还会再花点时间去找，如果找不到我就不读博士了。"

有一次李乐民出差回来对徐世中说："我申请到一个项目，你有没有兴趣做？"徐世中说："什么方向？"李乐民说："是我们团队以前从来没有人做过的项目"。徐世中喜出望外："可以呀！具体怎么做？"李乐民说："这是我写的申请书，你看一下，具体怎么做，看完之后你来找我讨论"。这件事让徐世中至今感慨："李老师在培养过程当中对我最大的帮助就在于充分的信任和充分的放手，有什么问题可以随时去找他，没有问题或者觉得能够往前推进的时候你直接往前推进就完了"[①]。

徐世中最后选择的是"波分复用光传送网中的选路和波长分配算法研究"，并作为自己的博士论文题目。论文深入研究了"固定选路下的波长

---

① 徐世中访谈，2016年11月7日，成都。资料存于采集工程数据库。

分配问题，固定选路的优化问题，备用选路下的选路和波长分配问题，动态选路和波长分配问题，支持服务质量/优先级的问题，以及光层的通路保护问题"。

2000年博士毕业后，徐世中赴香港大学电机电子工程学系从事博士后研究工作，2005年加入通信与信息工程学院宽带光纤传输与通信网技术教育部重点实验室任职。目前主要研究下一代网络体系、光网络与无线网络的设计、优化技术（从数据链路层到应用层，不含物理层技术）等。

虞红芳的硕士和博士指导老师都是李乐民，合作发表论文达30余篇。1996年，虞红芳从西安电子科技大学本科毕业考入成电读研，指导老师是来光明教授。不久，虞红芳转入李乐民门下，从此结下深厚的师生情谊。1999年，虞红芳硕士毕业，学位论文题目是《ATM用户信令的设计与实现》。

2001年，虞红芳继续在李乐民指导下读博，接触到了更多的项目，也得到了李乐民的更多的帮助。她博士期间写的第一篇论文，被李乐民逐字逐句地作了修改。此后，她的学术研究渐入佳境，读博期间发表了十余篇论文。2006年，虞红芳博士毕业，论文题目是《网状WDM网络中的生存性研究》，深入研究了使用GMPLS作为控制平面的智能网状WDM网络中的生存问题，包括SRLG分离约束下的保护设计算法、稀疏波长变换网络中的保护设计问题、设计可行的支持区分可靠性的实现方法、P-cycle的优化设计和ASON下的多层网络动态恢复等问题。

毕业留校后，虞红芳申请自己作为项目负责人的第一个项目《光网络业务量工程》，李乐民更是手把手地教她怎样写申请书、怎样答辩，并请她的师兄王晟来指导和协助。对此，虞红芳至今感激在怀，她说：

> 李老师为了辅助我们年轻人，都是把我们推到第一负责人的位置上，所以，这个项目从申请到立项、到研究和最后的结题，李老师都是手把手教我的，使我在科研这条路上快速成长。[①]

[①] 虞红芳访谈，2017年6月20日，成都。资料存于采集工程数据库。

现在，虞红芳任电子科技大学英才实验学院副院长。此前，她曾任通信与信息工程学院副院长，主管学科建设、研究生教育和国际合作与交流工作。

汪文勇现为电子科技大学计算机科学与工程学院教授、博士生导师。1984年，他在北京航空航天大学计算机系读本科时就从报纸上看到过李乐民作为全国人大代表的大量新闻报道。令汪文勇印象深刻的是，这位人大代表在会议的间隙去北京邮电大学查资料找文章，那时候他就觉得"这个老师一定很厉害！"1988年，汪文勇考入电子科技大学计算机科学与工程学院读研，对李乐民有了更多的了解，"校内外听到李老师的事情，无人不说李老师是勤奋的人、做学问的人"，"偶尔还能在校园里碰见，打个招呼聊聊天，李老师总是春风拂面令人欣喜"。他没有想到，三年后（即2006年）他会成为李乐民指导的博士研究生。

由于汪文勇是从计算机学科跨界攻读通信学科的博士，因此，李乐民在面试汪文勇的时候故意出了一些侧重计算机和计算机网络的题目，并告诉汪文勇要多看看《信号与系统》和《通信原理》等书籍。后来，在博士论文写作过程中，李乐民的指导更加细致。汪文勇还记得：

> 在关于电路交换分组交换问题的讨论中，我常常偏执地认为电路交换的可控可管性应该捡回来。李老师提醒我，电路交换很难处理突发流量。一句话让我无言以对。我想他并非反对什么，只是告诉我考虑问题要有全面性。在关于网络确定性的讨论中，我又常常偏执地认为，事件触发的TDM方式好得不得了，李老师立刻指出"问题是在大网上怎么办呢？"我想，他也并非反对确定性，只是告诉我考虑问题要有全局观。[①]

博士期间的跨学科学习和提升，让汪文勇在此后的学术研究中受益匪浅。他目前主要从事计算机网络和无线传感器网络的研究与应用开发，先后主持或参与若干"973"、"863"重大专项、国家发改委重大工程CNGI

---

① 汪文勇：冰心一片化春风。见：陈伟编著：《李乐民传》。北京：人民出版社、航空工业出版社，2015：215。

项目等重大项目，获得教育部科学技术进步一等奖（1次）、国家科技进步二等奖（1次）等奖项。他还是 IEEE 会员、中国计算机学会高级会员、中国计算机学会互联网专委会、软件工程专委会、高性能计算专委会委员、中国互联网协会理事、中国教育和科研计算机网（CERNET）专家委员会委员、中国下一代互联网（CNGI）专家委员会委员、教育部下一代互联网技术创新团队成员、下一代互联网核心网国家工程实验室（清华大学）技术委员会委员。

回顾李乐民对自己的指导，汪文勇说：

> 一个好教授大概就是这样吧，谦谦君子，学术楷模，内心清净，言行温和，像春风一样熏陶自己的学生。李老师就是这样的教授。能做李老师的学生，也是大家的幸运。①

迈向世界舞台

李乐民的一部分学生，如今成了在国际学术舞台或行业领域知名的人物。目前，除了李乐民的第一位博士生龚光外，曾经去过国外发展和现在正在国外发展的学生还有 1991 年毕业博士张铭②、1991 年毕业博士来光明、1991 年毕业博士孙海荣、1999 年毕业博士景志钢、1990 年毕业硕士谭真平、1990 年毕业硕士滕军、1997 年毕业硕士周信宽等 20 余人。

张铭是李乐民指导的国际化人才之一。他是安徽合肥人，在 1988 年获得国防科技大学通信与电子系统专业硕士学位，并投师李乐民，研究信号处理方向，杨万麟副教授为副导师。在李乐民心目中，张铭的"理论基础好，在论文研究工作中，表现出在随机过程、线性代数等数学基础方面

---

① 汪文勇：冰心一片化春风。见：陈伟编著：《李乐民传》。北京：人民出版社、航空工业出版社，2015：213。

② 2009 年当李乐民写《26 年来我是怎样培养研究生的》这篇文章时，张铭正在美国创业，因此被列入在国外发展的学生。2011 年因工作变动，张铭又回国发展了。

第六章 培养研究生和编写教材

很扎实"。张铭的博士论文题目是《单次快摄的空间谱估计技术研究》，对阵列信号只进行一次性摄取（或称单次快摄）情况下的空间谱估计问题进行了深入研究。

当年，高分辨力的空间谱估计研究一直很活跃，但文献中常考虑多次摄取情况下的效果，而对单次快摄的效果则很少见。然而，单次快摄有利于实时处理，尤其适合于高速目标的场合。采用单次快摄的阵列信息处理，由于可利用的数据少等原因，使精确谱估计困难。因此，研究单次快摄空间谱估计算法，有重要的理论和现实意义。

李乐民指导张铭在博士论文中"对单次快摄的空间谱估计提出了一系列新方法，这些方法都有创新，每种方法都进行了计算机模拟。对每一种新算法，写出了单独的论文，投学术刊物，其中有2篇发表于电子学报（1991年第1期）、国际信号处理会议（1990年，北京），还有2篇被IEEE Trans.AP 和 IEE Proc.F 接受，表明这些论文的水平是比较高的。"

1991年，张铭顺利通过博士毕业答辩，到南京航空航天大学工作，一年后破格提为副教授，成为南京航空航天大学当时最年轻的副教授之一。2001年3月底，他接受索尼美国公司的聘请，前往美国硅谷任主任工程师。2001年底，他作为联合创办人与美国著名华人企业家 Dr. Paul Huang 在美国硅谷一起创办 Fortemedia 公司，担任公司技术副总裁和 CTO。

张铭既是 Fortemedia 公司的技术奠基人，也是该公司语音处理芯片技术的第一发明人。这项技术革命性地改变了自1876年贝尔发明电话以来的电话机只用一个麦克风的历史，开创了多个麦克风在电话中应用的先河。作为发明人，他获得21项美国发明专利及10多项待批的美国专利，在音频/语音处理领域获得过诸多国际国内奖项，包括第十届亚洲创新奖，与微软、HP 及 IBM 等世界著名大公司和研究机构 PK，成为第十届亚洲创新奖唯一的 IT 类获奖者，也是唯一来自中国的获奖者。

2011年6月，张铭回国创立南京声准科技有限公司，任董事长和总经理；2012年，被遴选为江苏省"双创计划"领军人才。

在学术研究方面，张铭的成果也十分卓著。他在 *IEEE Trans*、*AES* 等国际著名的学术刊物上发表了80多篇学术论文，其中多篇论文作为领域里的经典论文,被国际同行引用达 200 多次。目前,他是 IEEE Trans. 等众多国际著名刊物的特邀评审人,以及新加坡科技发展局特邀国家科技项目评审人。

与张铭同一届毕业的来光明是湖北蒲圻人,1987 年在电子科技大学信息与通信工程学院信号处理专业获得硕士学位,并在李乐民的指导下攻读博士学位,研究综合业务数字网(B-ISDN),其博士论文《B-ISDN 中交换技术和交换结构的研究》,"从灵活性、通道利用率等方面对各种交换技术在综合业务环境下的优缺点进行了论述,提出了一种衡量突发交换话音性能的新指标,在一条相同容量的话音/数据复用链路上对突发交换和快速分组交换的话音/数据性能进行了比较"。

李乐民认为,B-ISDN 是通信的重要发展方向,其研究当时在国外很受重视、在国内正在起步。来光明的博士论文为 B-ISDN 的研究作出了四个主要贡献,包括"提出了淘汰式交换机新的实现方法"[1]等。

孙海荣本科在上海交通大学少年班学习,1988 年在上海交通大学取得硕士学位。李乐民回忆:

> 当我得知他想到我校攻读博士学位后立即表示欢迎。他非常顺利地通过了入学考试。他在攻博期间,表现出理论基础好、思路灵活、理论联系实际等优点。他发表了多篇有关宽带通信网络的学术论文。我发现,他的文笔很好,中、英文都很流畅。他告诉我说,他喜欢看小说,高中毕业时曾想去读文科。美国 Motorola 公司一位和他后来共事的华裔专家对我说,孙海荣英语很好,他的英语文章不用修改。[2]

孙海荣博士毕业后留校任教,很快破格提升,直到正教授。他也很快开出了新课,上课语言生动,深得学生好评。从 1993 年到 1995 年,李乐

---

[1] 来光明学位档案,现存于电子科技大学档案馆。
[2] 李乐民:26 年来我是怎样培养研究生的。见:中国研究生院院长联席会编:《我看研究生教育 30 年——纪念中国恢复研究生招生培养 30 年征文选》。北京:北京大学出版社,2009:362。

民与孙海荣一起承担了国家自然科学基金项目"宽带综合业务数字网中的拥塞控制研究",1995年他们合作出版了专著《ATM技术——概念、原理和应用》。1998年,孙海荣到美国杜克大学(Duke University)做通信网络研究,之后在美国的一家公司担任科学顾问。

回顾与李乐民相处的日子,孙海荣说:"从1991年攻读博士,到1998年出国,从学生成长为教授,我在李老师的言传身教下学习、工作了7年多。我的科学研究态度和方法,很多是在这7年中逐渐形成的。在国外10多年,虽然学习了新的知识和技术,但是,技术的底子还是在这7年中打下的"[1]。

1990年毕业硕士谭真平、滕军、刘朴都选择了出国发展。其中,谭真平在1986年考上研究生,在李乐民的指导下帮助曾大章研发光纤以太网,他也有机会参与了李乐民主持的"光纤宽带局域网原理模型"项目,得到了很好的锻炼。研究生毕业后,谭真平留在李乐民身边继续从事科研工作,直到1997年到美国硅谷的一家Startup公司工作。该公司主要做ASIC芯片开发,老板是来自中国内地的刘政博士。谭真平回忆:

> 刘政知道国内有一位李乐民教授。我没有博士学位,在美国也没有读过书,但得到了刘政的信任,被他安排在公司做ASIC芯片的Architecture设计工作。ASIC芯片开发成本较高,如果Architecture出问题损失会较大。我想,我被安排这样重要的工作与刘政知道我是李老师的学生有关。刘政曾经叫我与李老师联系,准备由公司出面邀请李老师来公司访问,后来因为经济危机没有成行。经济危机开始后,刘政回到上海成立了一家新公司Opulan,他开创这家公司后,多次专程去成都拜访李老师。刘政的这家公司很成功,后来以7200万美元的高价被美国公司Atheros收购。[2]

---

[1] 孙海荣:师恩难忘。见:陈伟编著:《李乐民传》。北京:人民出版社、航空工业出版社,2015:188。

[2] 谭真平:谦谦君子。见:陈伟编著:《李乐民传》。北京:人民出版社、航空工业出版社,2015:191。

1997年毕业硕士周信宽现居美国硅谷；1992年毕业博士唐军和舒光恒，一个定居新西兰，一个定居加拿大；1994年毕业博士谭立军现在美国波士顿工作；1996年毕业博士郭南现在美国田纳西理工大学（Tennessee Technological University）无线网络系统实验室做研究工作；1996年毕业博士董晓峰现居美国；1996年毕业博士何家福在美国波士顿市某公司工作。

乐见"青出于蓝"

李乐民和学生的故事不胜枚举，他曾感慨，"我有幸遇到不少优秀青年"①。这些优秀的学子，大多在各自所从事的领域取得了丰硕的成绩。但李乐民从不以学生的成绩标榜自己。汪文勇博士曾感慨地说："认识李老师这么多年，他从无一个字标榜自己，也无一个字抱怨他人"。

继往开来，回顾培养研究生的经验，李乐民认为，自己之所以能够教出这样优秀的学生，首先归功于学生本身的优秀，以及他有幸能够吸纳优秀的生源。除了他自己亲自主持或参加研究生面试，这也得益于其他老师向李乐民推荐优秀的研究生。李乐民说："多年的研究生培养经验使我深深体会到，选拔和发现优秀的生源非常重要"。

2004级博士生廖露华就是李乐民亲自面试挑选的优秀学子之一。她本硕都在电子科技大学原电子工程学院，曾多次获得各种奖学金（其中人民奖学金特等奖3次），并获优秀学生十部称号。在博士入学复试环节，她不仅圆满回答了问题，而且在用英语回答问题时用语准确、口语十分流利。李乐民很高兴地录取了她，并且觉得"她获得博士学位很有把握"。

果然，廖露华入学一年多后（第一年还要学课程）就写出一篇英语学术论文，李乐民帮她仔细地作了修改，并告诉她撰写学术论文的注意点。后来，廖露华再写论文时几乎不用李乐民修改。这样，在3年不到的时间里，廖露华就发表了多篇有关光网络中多播算法的论文（英文撰写居多），

---

① 李乐民：26年来我是怎样培养研究生的。见：中国研究生院院长联席会编：《我看研究生教育30年——纪念中国恢复研究生招生培养30年征文选》。北京：北京大学出版社，2009：362。

其中 3 篇为 SCI 检索，以优秀成绩通过了博士论文答辩。①

研究生在入学之后，紧接着就是如何处理"怎样学习和怎样研究"这个重要问题了。对此，李乐民认为：

> 读研究生，专业基础知识对将来的研究工作非常重要。对于硕士研究生，第一年主要是选课学习，我告诉他们哪些课是我所在团队研究方向宽带通信网络所必需的，为了将来工作有更宽广的适应性，还要选一些其他方向的重要课程，余下的就可按各人兴趣选择。对于博士生，一般都注重基础理论知识，我主要让他们结合学校的要求和自己的研究方向自己多考虑。

李乐民要求大部分研究生（尤其是博士生）尽早进入团队接触科研课题，尽早启动对将来发表高质量的学术论文很有益处。除发表论文外，他还重视学生的专利申请，并认为在专利申请中博士生和硕士生是重要力量。

在科研的安排方面，李乐民对硕士生和博士生有所不同。对于硕士生，在 20 世纪 80 年代和 90 年代，他主要注意通过科研来培养学生的基本技能。他首先看学生自己的偏好究竟是侧重硬件还是侧重软件。

——若是侧重硬件，就安排做涉及可编程逻辑器件、大规模集成电路应用等的科研任务，一般每位同学会做出一块印制电路板，设计和实现一个单元电路或功能部件（硬件也需要计算机辅助设计，也有软件问题）。

——若是侧重软件，就安排做一些通信协议的软件实现（软件也需要知道硬件环境）等。当然由于科研工作安排需要，也会说服同学服从分配。

通过科研，硕士生加强了动手能力，找工作时说得出自己做过什么，一般都能找到满意的工作。他发现，由于硕士生在实验室受到了很好的科学研究的锻炼和影响，加强了动手能力，并具有较好的科学研究的基础素

---

① 廖露华，电子科技大学博士，现就职于中国移动通信集团四川公司计划建设部，通信工程师，主要从事移动通信网络规划设计及工程建设管理工作。

质。有一些硕士生选择了毕业后出国或攻博或工作，在国外研究工作的方向选择上都有一定的继承性。

随着我国更加注重科技创新，电子科技大学曾规定每位硕士必须发表一篇论文，这使李乐民对硕士生培养也提高了要求。他要求硕士生做科研，不单是完成任务、锻炼技能，还要有自己的见解和贡献，发表出较好的论文。因此，硕士生们在开题报告中要更注意可能的创新点。李乐民的硕士生一般追求在国际会议（EI 或 ISTP 检索的）上发表一篇有创见的英语论文。内容例如有对某某通信协议或算法的改进，通过仿真证明其性能优于已有文献中的方法。做硬件的也要有新见解。为了保护知识产权，常在发表论文之前预先申请了专利。这样，学生就表现出能写英语论文、有新见解、有编程能力，增加了研究生的研究能力和竞争力。

对于博士生的培养，李乐民一贯重视有所创新。博士生的创新和选题很有关系。前沿性的、创新空间大的课题较容易发表论文，而已研究多年、不易创新的课题就较难发表论文。为此，他让博士生优先考虑参加团队的自然科学基金研究。

申请书对博士生开题很有帮助，因为申请该基金时，只有科学意义大、有应用前景并创新明显的项目才会被批准。以廖露华博士为例，她能以优异的学位论文毕业，也得益于选题好，她参加了光网络方面的国家自然科学基金项目的研究工作，在项目申请书中就已提出了研究内容和创新点，而她的博士学位论文的研究工作就是围绕该项目展开，使她对课题有了很好的把握。

反思在培养研究生过程中遇到的问题，李乐民认为，一方面，把握好博士生的录取关难度较大。如果入学前对学生已经比较了解，那么就容易判断是否适合录取。但是，对于外校来考研的学生，只通过初试和复试，有时还不能充分把握学生的情况，就会给科研工作和培养工作带来困难。他认为，这个问题的解决和优秀生源有关，优秀生源多就容易解决。但是，生源又和地区、科研环境等有关，这需要今后做更多的努力。

另一方面，有些科研课题很重要，但发表论文较难，应如何对待是一个考验。科研课题发表论文的情况，例如 SCI 论文的影响因子和学科以及研究方向有关。有的研究，例如计算机网络的体系结构，较难在影响因子高的刊物发表。因为涉及的工程问题较多，提出的方案常不被普遍认可，增加了录用的难度。他认为，解决此问题的方法之一是在博士生毕业时把著名国际会议等同于刊物论文。另外，近年来，学生发表的 SCI 论文虽然增多了，但是真正有原创性的论文还比较欠缺，所以今后应更重视博士生发表的学术论文质量的提高。

在多年的研究生培养工作中，李乐民还深切地体会到，"一个优秀青年不仅要学业有成，还要身心健康"。

回顾多年的研究生培养经过，李乐民说："看到研究生们茁壮成长，感到十分欣慰。青出于蓝而胜于蓝，这是社会持续发展的需要。我国研究生制度恢复 30 年来，为国家建设作出了巨大贡献。我们要继续努力，取得更大成绩"[1]。

---

[1] 李乐民：26 年来我是怎样培养研究生的。见：中国研究生院院长联席会编：《我看研究生教育 30 年——纪念中国恢复研究生招生培养 30 年征文选》。北京：北京大学出版社，2009：363。

第七章
注意教学方法

老子曰:"上善若水。水利万物而不争,处众之所恶,故几于道"。李乐民培养学生就像水润万物一样,他用学识和德行浸润陶冶学生,却不与学生争高下。

图 7-1　2014 年,李乐民与学生在电子科技大学清水河校区宾诺咖啡厅交流
（电子科技大学新闻中心邝俊供图）

李乐民对学生的指导，既体现在知识的传授上，也体现在视野的拓展和思维的开阔上，还体现在理念与精神的传承上，尤其是在做人做事方面，他总是以身作则，让学生在无形中受到熏染，对学生的成长形成了全面而深远的影响。

这些影响浸润在他和学生相处的点点滴滴、一言一行。如今，这些点滴故事和一言一行，成了深入了解李乐民培养人才的一把钥匙。

帮助青年教师快速成长

成电建校之初，学校师资短缺，助教占了教师比例的绝大部分，1956年助教占教师总数的70%。随着青年教师的逐年选留，到1960年，青年助教的比例更是占到了90%以上。因为老教师数量少，青年助教往往教学经验缺乏，使得教学质量无法保证。因此，青年教师的培养和快速成长显得尤为迫切和关键。

学校对此非常重视，采用了多种方法加强对青年教师的培养。一方面，选派部分政治思想觉悟高、业务基础较好的人进修学习、出国留学。另一方面通过在职培养，边教边学，以老带新。

在"以老带新"方面，学校积累了很多好经验，例如，青年教师和老教师共同备课就是其中之一。具体做法是，在青年教师讲课前半年、一年或者更长的时间里确定担任的课程，随后教研组积极组织他们备课；或者双方共同开课，老教师示范教学。

李乐民因为具有几年的助教和进修经历，在教学方面基础扎实，他积极参加青年教师的培养，帮助刚留校的同事们。据廖昌明回忆：

> 1963年，李老师当时在给长途电话专业上"脉冲多路通信"课，我当时给微波多路通信专业的大四学生上"无线电多路通信"的第九章、第十章和第十一章，和"脉冲多路通信"有关系。我就一边听他

的课学习，一边在这儿上课，这样我们的接触就多了，我在备课当中发现的一些问题经常去请教他，他非常有耐心。①

通过"以老带新"，在老教师、苏联专家的指导和培养下，一批青年教师迅速成长起来，成为学校教学、科研的骨干。1963年，学校确立了我校第一批41名骨干教师，其中绝大部分都在45岁以下。

在长期担任教研室负责人和多项国家重大课题负责人的过程中，李乐民也给身边很多青年教师以很大支持。特别是他担任信息所所长之后的很多年，经常到外单位联系，争取各种课题，并将任务分给教研室的青年教师。同时，他还努力为大家提供资料，参与制订方案，帮助中青年教师解决难题。

在科研工作中，李乐民能够大胆启用中青年教师，积极支持中青年教师承担各项科研任务。吴诗其介入卫星通信和广播方面的研究工作，就是从李乐民主持的"卫星直播电视与数字伴音体制研究"课题开始的。吴诗其先后主持了国家863计划卫星移动通信课题等项目的研究，为当时我国卫星广播电视传输体制问题研究作出了贡献，先后获得多项省部级科技奖。

从李乐民门下毕业的硕士或博士研究生毕业留校、走上工作岗位以后，更是"近水楼台先得月"，得到了李乐民的支持和指导。留校任教的王晟，在写教案的时候得到了李乐民的精心指导，他也是在教学方面得到李乐民"真传"的学生之一。李乐民要求王晟好好琢磨教案如何写，要把每一个基本概念、基本原理都讲清楚。在科研方面，王晟在最初开始独立申请课题时，对许多规则都不太明白，所以填完了申请表总是要请李乐民先看一下。

章小宁博士说，毕业后留在了电子科技大学信息与通信工程学院工作后，作为青年教师，能否申请到科研项目至关重要，自己经常将项目申报书发给李乐民，希望得到他的评价。李老师通常在大方向上给出原则性的

---

① 廖昌明访谈，2017年5月25日，成都。资料存于采集工程数据库。

意见。

文光俊到电子科技大学工作后，李乐民关心文光俊组建科研团队并针对国民经济发展需求和文光俊自身的研究基础选择研究方向。李乐民还在各种场合向学校、学院建议加强对刚回国的青年教师的支持。文光俊说，"正是在先生的指导帮助下，冯钢、冷甦鹏等我们这些青年教师得到了较好的发展并取得了一定的成绩。"

孙海荣毕业后在做 ATM 交换机和其他平台的系统联调时，在李老师的指导下，"自始至终参与了项目的研发，和唐绍淑、来光明、谭真平、胡钢、胡波、刘朴等多位老师同事一起工作，和前后几届的师兄弟张宏科、谭立军、蒋志钢、廖建新、何家福、曹世文等得到李老师的谆谆教诲。"

学生即便毕业到成电之外的地方扎根落户，也依然保持着与李乐民的学术联系。不单是自己的学生，就连外单位的同志找李乐民讨论学术问题、修改论文、写评语等，他都热心支持，给予帮助，十分耐心、细致，而且在技术上毫无保留。

讲课力求让学生一听就懂

李乐民十分重视给本科生、研究生讲课，原因在于，他认为，这个阶段打好基础十分重要，如果老师们讲得太难懂、太晦涩，同学们就会听不懂或不想听，这样基础就打不好。

"我觉得大学里面本科阶段打基础很重要，把基础打好了，科学发展如何变化，遇到的问题都能够承担解决。"李乐民强调，"硕士生也是要注意基础的学习"。

李乐民讲课有四大特点：第一是，声音洪亮，很有激情；第二是，思路清晰，简洁明了；第三是，形象通俗，一听就懂；第四是，内容很新，结合科技前沿。

李乐民讲课很有激情，上课声音很大，不带有半点吴侬细语。他的女儿李爱劳也觉得，"他平时在家里话不多，记忆中，他从未在我面前大嗓门过，没有想到上课时他的声音听起来竟然是这样的中气十足。"

学生反馈，李乐民的课循序渐进，思路清晰，没有一句多余的话。李乐民强调课堂上要讲最基本的东西，认为课堂时间是有限的，学生要继续研究，可以利用课后时间，但最基本的内容一定要在课堂上讲透。因此，他尽量用最简单的话把深刻的内涵讲出来。

在备课的时候，他就很注意"讲这个话有没有用，要尽量少讲多余的话，因为一堂课就45分钟，要把有用的东西讲出来，要把主要的东西讲出来。"

除了简练，李乐民讲课还很通俗。通信领域的课程涉及很多复杂的概念和计算，很多学生都觉得听课比较吃力，但在李乐民这里并不存在这种情况。李乐民说："我讲的东西他们都可以理解，可以接受。"

学生对于这种讲课方式也给予了良好的反馈。刘飞曾写道："光纤网络、信号传输、载波通信等艰涩难懂的词汇、概念，在李老师深入浅出的讲解与描述中，变得不再那么遥远"。"李老师凭借他在电子通信领域的深厚知识、深入研究以及他通俗易懂的讲解方法，极大地激发了我的学习热情"。

李乐民开设的通信课程通常被安排在学生们容易因贪睡而迟到的上午，然而他的课堂上却少有迟到早退现象，同学们甚至是争着抢着坐在前排听讲。

他授课的内容和科技发展前沿密切相关，能够及时把最新的、最前沿的知识介绍给学生，引导学生对科技发展的趋势保持敏感和洞察，这是他讲课的另一个特点。

在他看来，他担任的专业基础课和专业课，尤其是专业课的内容不是固定的，都要不断更新。"这也要求我一定要把教学和科研结合在一起，所以我每年的讲稿不一定完全一样，这样结合起来实际上也是比较好的，在科研上有些什么新的东西也可以及时放到教学里面去讲。"

时刻关注国际科技前沿

李乐民十分关注国际科技前沿,这个习惯一直保持至今。改革开放以前,他十分关注苏联科学家的研究进展;改革开放以来,国内外学术交流有了良好的环境。1980年8月—1982年8月,李乐民在美国加州大学圣迭戈分校电气与计算机工程系做访问学者,期间,1981年12月他还到新奥尔良参加全国通信会议,宣读论文一篇。这段经历,进一步扩大了国际学术"朋友圈"。

回国后,李乐民高度重视国内外学术交流,不仅大力支持团队成员出国访问、参加国际会议,自己也身体力行,抓住一切机会了解国际学术前沿信息。除了在学校沙河校区图书馆的外文资料室如饥似渴地搜寻国外的学术资料,他还努力走出国门,拓展自己的视野。

欧美是李乐民去的最多的地方。1985年8月,他到英国布莱顿参加国际信息论会议,会后到利兹大学电子与电气工程系访问,前后共计10天。1991年11月28日,他到美国菲尼克斯参加全球通信会议,宣读了1篇论文,会后到加州大学圣迭戈分校电气与计算机工程系访问一个月(科研合作),前后时间长达38天。1993年11月15日,他和来光明等人,再次出访美国,到TranSwitch公司、贝尔实验室(Holmdel)等考察宽带通信网络,前后共计15天。1996年1月15日,他与孙海荣一起到美国访问密苏里大学堪萨斯分校计算机科学与电气工程系等行程20多天。2003年10月11—22日,由中国工程院组织,他与朱高峰院士、陆建勋院士等6人同行,到日内瓦参观国际电信展览会,会后访问德国罗德与施瓦茨公司等。2004年10月24日,他到美国圣何塞参加国际宽带通信会议,宣读论文1篇,并访问交流20天。

日本距离中国较近,李乐民也访问过两次。1987年全球通信会议(IEEE Global Communications Conference,Globcom1987)在日本召开之前,他还同时致信给Milstein教授和Helstrom教授,询问是否赴日本东京参会并邀请 Milstein 教授和 Helstrom 教授参加在中国南京召开的第一届国际通信学术会议（ICCT'87）。1987年11月，李乐民到日本东京参加了全球通信会议，会后访问庆应大学和大阪大学有关通信技术的教授。1995年1月，他受日本富士通公司邀请赴日本访问。

李乐民到港台地区去过五次。1994年8月22—25日，他应邀到香港中文大学参加"光波、无线和组网"研讨会。1997年11月应邀到香港中文大学信息工程系访问（科研合作）一个月；2000年12月应邀到香港大学电气与电子工程系访问（科研合作）一个月；2002年8月到香港中文大学参加该校博士生朱键的博士论文答辩；2003年11月与王晟等人一起访问台湾新竹科学园区、光电工业研究所、台湾交通大学、台湾清华大学，从台湾回成都在香港中转时和王晟两人访问了香港科技大学等。

由于年事渐高，李乐民现在出国（境）访问的次数越来越少。2009年8月22日到美国纽约大学多科性工学院电气与计算机工程系等访问交流，可能是他最后一次出访欧美。这次出访时间长达36天。这一年，李乐民已经77岁。

但他对国际学术前沿的关注并没有减少。随着国内举办国际学术会议越来越多，又兼李乐民的身体不宜远行，因此，他更多地选择在国内参加国际学术会议。即便无法参加会议，他也经常浏览国内外的学术网站，跟踪捕捉学术前沿动态信息。

引领学生但从不给学生强加观点

李乐民教育学生，从不强加观点，而是十分善于引导，鼓励学生勇于探索。这一点在指导研究生方面体现得尤为充分。在指导学生选择研究方向时，他都会鼓励学生从自己的兴趣、特长出发，或者他会不断地为学生介绍最新的学术文献，让学生从中寻找方向、寻找灵感。

金明晔在博士论文开题时，李乐民建议他选择在国内还较新的光通信领域。面对这完全陌生的领域和庞杂的思路，金明晔一时无从下手，不得不经常去找李乐民请教。李乐民从如何确定课题研究方向、建立理论体系、项目调研和观点论证、科研工具的使用及收集查找资料等方面，给予了许多指导，使金明晔逐步领会和掌握了研究的方法和思路。

卢国明在本、硕、博阶段都是计算机专业背景，因此，在初入李乐民的研究团队做博士后时，对通信领域并不熟悉。为了让卢国明尽快地确定研究方向，李乐民花了很多时间与卢国明讨论通信与计算机两个学科的差异与融合。卢国明说："李老师渊博的知识、独到的见解以及对学科发展的敏锐洞察力使我很快地确定了研究方向。"

一旦选定方向，李乐民就始终如一地鼓励学生大胆创新，为学生发挥自己的潜力留下了充分的空间。他不会用自己的权威代替真理，而是培养学生的批判性思维，并努力帮助学生开拓学术视野，发挥学生的主观能动性。

对于学生的观点，李乐民从不轻易否定，而是从更全面的角度提出问题，让学生自己体会、思考。正如刘飞所言，"在我对课题有了初步的想法后，李老师便任由我的思维驰骋，以形成自己的思路和研究方法。如今的

图 7-2 2014 年，李乐民院士（右二）与学生在电子科技大学沙河校区交流（电子科技大学新闻中心邝俊供图）

图 7-3 2002 年，李乐民在家研读国内外学术资料（李乐民供图）

我虽然已经不再从事专业科研领域的研究，然而却始终认为学生时代所培养起来的严谨科学的思维方法、敢于创新的探索精神和坚忍不懈的求学意志，是我日后走入社会并成就事业发展的基石。"

李乐民一直密切追踪通信技术的前沿动态，并对通信的发展趋势具有敏锐的洞察，他推荐给学生的研究方向往往是在当时让学生感到诧异但多年之后会让学生感到十分庆幸和感激的前沿方向。

1988 年，滕军进入硕士论文开题阶段，李乐民给的论文题目是"新一代数字通信网"，即同步数字体系网（SDH）中帧同步和多路复接方式的研究和实现。他说，"当时我对该研究课题的先进性和重要性并无多少认识，只凭直觉感到老师给的题目一定很好。直到若干年后才体会到，老师当年给的题目在当时的国内甚至国际通信界来说岂止是好，而且就是一流的。"国际电信联盟的通信标准部（ITU-T）于 1988 年 11 月正式发表了 SDH 传输网的第一个标准，而李乐民在该标准问世之际就开始组织课题和人手展开研究了。

SDH 传输网集数字集成电路技术、光纤传输技术及高级网络管理维护功能于一身，其标准允许当时已在世界上存在的不同标准、多种不同速率的数字信号在一个相同的帧协议中同时传输，它的出现导致世界上最大的通信网，即"公共电信网"从 20 世纪末期开始从准同步数字传输向同步数字传输的方向转变。今天纵横交错穿越大洋联通大洲的骨干网就是以 SDH 传输网为基础的。

更令滕军没有想到的是，11 年后，他凭着硕士期间在李乐民的精心指导下对 SDH 数字传输网研究打下的基础，在美国电话电报公司找到了工作，并一做至今。从刚开始在实验室侧重跨洋海底光缆通信系统的性能标准测定和测试，到如今跨洲跨洋的 IP 传输网的监测和性能分析应用，他无一不在与 SDH 传输网打交道。特别是这期间还经历了贝尔公司的子公司收购母公司过程中的几番残酷的裁员浪潮但都安然无恙，使他从中真正体会到了什么叫获益匪浅。

因此，他感激地写道："从师三年，享用终身。如果没有老师当年的独具慧眼，准确把握世界通信的发展趋势，为我选定研究课题，我也许就没有什么过硬的并且经得起时间考验的一技之长能在异国他乡安身立命"。

李乐民之所以能够把握科技前沿，秘诀就是勤奋阅读最新的学术文献。这种无言的示范，让学生觉得"在行动上教给我们该怎么做人、怎么做学问，正所谓言传身教。"

电子科技大学沙河校区老图书馆楼上的外文期刊阅览室，是李乐民最常去的地方之一。他在这里查找资料的身影，给很多学生深刻地烙下了记忆的烙印。

王晟在刚读博士时需要查阅大量的文献资料，当时互联网还没有今天这么发达，查阅文献必须到学校图书馆去。图书馆的外文学术期刊阅览室进门时必须登记姓名。王晟每次去都发现，无论他去得多么勤，李乐民的姓名已经登记在卡片上面了。

他感慨地说："查阅学术文献是一件枯燥且耗神的事，即使是我们年轻学生也只是在不得不去的时候才去，而当时李老师已经过了普通人退休的年龄。这种长年坚持不懈地坚守一种单纯的学术兴趣的精神，渐渐使我意

图 7-4　李乐民常去查阅资料的地方——电子科技大学沙河校区图书馆
（电子科技大学档案馆供图）

识到，即使是在我们这个日渐功利化的时代，也还是有另一种可贵的献身精神存在的。无论你怎样评价他所坚守的那种东西，这种坚守本身都不能不令人感动"。

汪文勇也感叹："每次去跟李老师谈论文的事情，他都会告诉我，谁谁谁在做什么，哪篇文献如何如何，从哪个网站上可以看到最新的进展，等等。我常常惊讶于他的学术敏锐度，因为有些东西我才刚刚在北京或者别的什么地方见过或听说过"。

不仅是电子科技大学的图书馆，其他地方的资料室，只要有机会去，李乐民都不会放过。当时，因为没有互联网，国外的期刊和会议文献要在出版半年至一年后才能到成电图书馆。相对而言，北京的图书馆信息灵通一些，期刊会早到几个月，所以，每次李乐民到北京开会或出差，都会抓住机会去图书馆查阅复印最新的资料。

孙海荣留校工作后，曾和李乐民一起去北京参加过多次科研项目论证会议。他说："每天早上 9:00 会议开始前，李老师一定是在电子科学技术

第七章　注意教学方法　　*177*

情报研究所的资料室。""他可以随口说出哪一年、哪个人、做了哪个方面的研究,发表在哪一次会议或哪一期期刊上"。

廖建新对李乐民痴迷学术、勤奋查阅文献也印象深刻。他说:"和先生相处的每一段时间,无论是在旅途上,还是过年拜年时,先生都在与我们讨论学术问题。先生学识渊博、视野广阔,每每与先生的交流,都能给予我莫大的启发,激励我不断探索新的学术方向"。

冯钢在香港中文大学信息工程系攻读博士学位时,李乐民应邀作为高级学者到此做学术交流访问,历时一个月。他的工作隔间被安排在和冯钢同在一个大的办公室里,因此,冯钢和李乐民每天一起工作,见证了李乐民日常工作的点滴细节。为了有更多的时间用于工作,李乐民没有选择住在较远的宾馆,而是住在仅有几个平方米的半地下室房间,每天跟学生一起到学生餐厅用餐,在生活上没有任何特殊要求。

在香港一个月,他对繁华街市和旅游景点视而不见。除了正式的学术活动和与其他教授交流讨论,李乐民的作息时间跟在电子科技大学通信楼的工作时间几乎没有任何区别。冯钢说:"每天我们都能看到一位精神矍铄的老人总在办公室看文献、改文章,专心致志、心无旁骛,他是如此热衷地忙着科研,办公室和宿舍两点一线,重复着简单的生活"。

决不错放一个标点符号

李乐民做人、做事、做学问,都特别严谨细致。这种对科学的态度、对做人的追求,也随着他与学生交往的点点滴滴,融化成了学生的内在品质和良好习惯。

何荣希在 2000 年 4 月初完成了博士期间的第一篇论文的撰写。经过多次认真修改,他觉得已经挺好了,便打印好送给李乐民看。李乐民留下论文,让他先回去。过了几天,李乐民把修改稿返给了何荣希。

何荣希一看,发现稿件上到处都是用红笔圈改的痕迹,甚至连一些标点符号都作了修改。李乐民的这种认真、严谨的作风令他十分震撼,"我以后写东西时对细微之处再也不马虎,而且把这种作风也带到我的工作中,当我为研究生修改文章时,也像李老师一样逐字逐句地推敲"。

郭磊在 2004 年夏天第一次向国际期刊投稿,李乐民也是在打印稿上逐字逐句修改论文,对论文的质量要求精益求精、几近苛刻,不仅修改了学术论点,更连英文语法和标点符号都逐字逐句斟酌、反复推敲,"通篇文稿上密密麻麻全是恩师的笔迹"。

郭磊说:"这篇经恩师反复修改的论文最终录用发表,极大地激发了我的学术创新积极性。多年后的今天,我在指导自己的学生修改论文时,脑海里总能浮现出当年恩师为我反复修改的那份文稿。李老师精益求精的治学精神,一直鞭策着我,成为我兢兢业业、认认真真带好学生的动力"。

章小宁至今记得李乐民帮她修改第一篇论文的情形:"当时我用电子邮件把我的论文发给李老师。李老师打印出来详细地读完了整篇论文,并对有疑问的地方进行了标注。令我吃惊的是,这些标注不但包括研究的出发点、相关工作、算法设计、仿真对比,还包括了语法、标点符号、错别字等。对照这些标注,李老师告诉我哪些地方需要加强,哪些地方需要修改,哪些地方可能要舍弃。这篇论文并不长,只有 5 页,李老师却和我讨论了接近 1 个小时。李老师说我在写论文的英文摘要时,很多地方都没有加冠词 the 和 a,希望我能进一步提高自己的英文写作水平"。

方方面面总是为学生考虑

李乐民爱学生,不仅体现在学术上对学生的倾心指导,也体现在生活方面处处为学生着想。从面试环节开始,他就常关注学生的家庭情况。对于家境不好的同学,常想办法给予帮助。

虞红芳参加研究生复试时第一次见到李乐民。李乐民对她的专业方向和基础大概了解后,就问她家里的情况。当听到她父母是农民,李乐民就特别关切地问她生活费怎么来、家里能不能负担得起。虞红芳起初不知道李乐民为什么问这些问题，后来，她才知道李乐民一直十分关心家庭经济困难的学生。虞红芳每年放假回家，李乐民总是叮嘱她把来回的车票保存好，以后从横向课题经费中报销。

虞红芳说："李老师为学生报销车票的事情，让同期的其他教研室的同学特别羡慕。但李老师自己却很节俭，如果只需要写一句话，他只会撕下一个纸条，而不是整张纸"。不仅如此，李乐民还总是隔一段时间就给学生的饭卡充钱。

每当寒冬到来，李乐民会提醒大家注意保暖，小心感冒。有一次，学生生病时，他让妻子彭水贞将医疗费亲自送去。罗洪斌的儿子出生时，他叮嘱一定要母乳喂养。

2005年4月，由于校内的建筑工地将下水道的挡板压坏，并且没有给出任何警示信息，一位学生在校园里骑自行车的时候不慎连人带车跌倒摔伤。第二天李乐民获悉此事后，赶紧去医院看望了解受伤情况，还跟建筑工地和学校有关部门反映，亲自去查看现场，确定事故的负责方，落实医疗方案和相关赔偿。

汪文勇有一次在逸夫楼电梯里碰到李乐民。李乐民说，"小汪，我正要找你呢"。原来，刚来的一个博士生新生不知道怎么上校园网，李乐民找汪文勇帮忙引导这位新生。汪文勇感慨："我不知道这位博士是谁，他知不知道自己曾经很幸福？李老师很多年前为他做过这样一件小事"。

即便是对素未谋面的学生，他也一样关心牵挂。有一年冬天，李乐民在家里浏览学校的BBS，看见有学生发帖抱怨寝室里被子太薄不保暖。他本人没有可以发帖的账号，就马上打电话到实验室，让他的学生发帖告诉那些同学"好又多"超市正在卖新疆棉花做的棉被很保暖、价格是多少。这件事在学生中传为美谈。

常有本科生来请教报考李乐民的研究生的事情，他都放下手中的工作，认认真真地听学生介绍自己，不时询问学生对基础知识的掌握程度。

学生报考他的研究生，他会耐心地为学生介绍情况、分析利弊。2008年9月，谭淑芳从外校保研到成电。当时她并没有把李乐民作为唯一的导师选择，就如大部分外校保研的同学那样，"没有把鸡蛋放在同一个篮子里"。但是，最后她还是选择了李乐民，只因为李乐民回复了她一封邮件。

李乐民在回复的邮件里详细介绍了科研团队的情况，还给她分析了如果选择电子科技大学，她将会遇到哪些学习上的问题和生活上的问题等等。谭淑芳感慨："到今天为止，我还没有遇到过一个老师像李老师那样关心一个素未谋面的学生。就是这样一封邮件把我给震撼了，让我愿意成为李老师的学生"。

由于电子科技大学清水河校区的建设和使用，学校开始两校区运行，很多学生都在清水河校区生活学习，而李乐民住在沙河校区，这就给指导学生带来了一定的不便。谭淑芳写道："因为李老师年纪大了，不适合经常在沙河校区和清水河校区来回奔波，所以，我们都提出要去沙河校区找他。但李老师总是坚持要来清水河校区。他说，他来清水河校区，就只要他一个人过来就可以了，而我们要去沙河校区找他，就要我们几个人过去，这样我们很不方便"。

罗坤记得，"有一天，为了我们的开题报告，李老师拿着一大沓论文来到清水河。在了解了我们的大概情况之后，李老师拿出论文一篇一篇地给我们讲解哪些地方值得参考，而且论文上的标注只有寥寥几笔，让我们相当佩服李老师的记忆和理解能力，同时也让我们觉得如果不认真做，真的对不起李老师的辛苦"。

李乐民从不和学生争成果，反而是经常努力地把学生往台前推。有一次，《中国通信》向李乐民约稿，李乐民让温蜀山为这篇文章写几段，他自己同时写了另外几段，合在一起寄出去了。《中国通信》面向的读者多为企业界的管理人员，所以一般要求第一作者要有一定的知名度。定稿时，李乐民发现自己是第一作者，就在修改意见中要求把温蜀山的名字排到第一，理由是温蜀山写的内容占的篇幅稍多一些。温蜀山说："文章刊出后，我发现那一期所有文章的作者里面，只有我们这一篇的第一作者是学生。收到稿费后，李老师又把稿费都给了我，在当时，对我们在校学生来说，那是一笔不小的收入"。

李玮婷和几个同学去拜访"李爷爷","李爷爷"还担心她们找不到乘车的地点,把她们送到了沙河校区的学生候车点。

淡泊名利对学生影响深远

李乐民对学术的追求十分纯粹,对名利则视为浮云。他生活俭朴,随遇而安。在廖建新的心目中,"先生于物质极为淡泊,对生活要求很少,惟治学不倦,是一位真正的学者"。

20世纪90年代初,上海交通大学曾希望李乐民回母校工作,许诺给他一套120多平方米的房子。房子在徐家汇,都打扫好了,空了一年多。李乐民的二舅金忠谋、表哥林宗琦都在上海交通大学任教,很多朋友也都在那里。但是,李乐民不为所动。他说,"我不能自顾自地就走了,当年国家把我安排到这里,我不能轻易离开"。

即便对于科技大奖,他也看得很淡。1991年,李乐民的《数字通信系统中传输性能与抑制窄带干扰的研究》项目获得了国家自然科学奖四等奖。这个奖竟然不是李乐民自己申报的,而是他的妻子彭水贞背着他偷偷申请的。当时李乐民到北京参加全国人民代表大会,临走时还对彭水贞说,不要去报什么奖了。彭水贞没有听,将李乐民的科研成果整理出来,这才申请到这个国家奖项。

还有很多项目,李乐民自己都没有申请奖项,彭水贞有时不免"抱怨"说:花了很大力气攻克了工程的核心设备技术,却在成果方面连一个名字都没有署。据彭水贞回忆:

> 那个时候有一个科研项目是南京28所牵头,但有的关键技术是我们这儿做的,他们后来得了国家一等奖了,我们学校连名字都没有,不仅没有学校的名字,个人的名字也没有署,但李乐民就不计较这些。

李乐民是1980年去美国访问的,1982年才回来。南京28所申请报奖的时候他正在国外。后来，他要评院士的时候，我就跑到南京28所去请他们写个证明。

申报院士的时候，李乐民也不让申报。彭水贞说：

> 他说自己没有这个条件，他不让申请。这全部都是我操办的。……当然我也发动人手帮忙了，因为他去开全国人大会议了，我就去把他的材料弄来，请这个学生帮我整理，请那个学生帮我复印，申请的题目都是我帮他拟的。

1997年11月，李乐民当选为中国工程院院士，这无疑是对他多年来助推我国通信工程科学技术水平不断提升的褒奖。彭水贞欣喜地在电话里告诉他这一消息时，他只是淡然地说了一句："哦，知道了！"

现在微软总部工作的博士叶明从美国打来电话向李乐民祝贺时，李乐民也淡淡地说："当院士了？好！"

冯钢说："一天早上，在办公室工作的李老师收到一封电子邮件，通知他被评选为中国工程院院士。我们都不禁为这样的好消息而欢欣鼓舞，然而李老师却是那么淡定，他的神态仍是那样平静，步伐仍是那样从容，仿佛一切都是自然而然的，他仅和我们简单谈论了几句就又专心投入研究工作中了。"

李乐民志于学术，同时也大力推动通信产业的发展。但当通信企业向他伸出橄榄枝时，他却婉拒了。20世纪90年代中后期，正是中国通信行

图 7-5 1997年，李乐民当选为中国工程院院士
（李乐民供图）

业进入发展最为火热的时期。由于李乐民在通信业界的赫赫名望，国内很多通信巨头争相出高薪聘请他。

金明晔说："先生称'我只是一名普通的科研工作者'，并且一直不放弃最清贫的通信理论与技术的研究。"他还感叹："先生夏天一件洗得发白的衬衫，让你无法将这套装扮和科学巨匠联系起来。先生一生始终保持着平民知识分子的本色，不慕名利、不钻官场、不经营自己。先生在他人生中用行动诠释了宁静致远、淡泊明志的人生观和世界观"。

李乐民做人做事做学问的方式，对学生产生了良好的影响。郭磊说，"毕业5年，我从东北大学最年轻的副教授到东北大学最年轻的博导，一直谨遵恩师的教导，守住清贫耐住寂寞，埋头做事低调做人。李老师严谨治学的言传身教，在我毕业之后的这些年，一直是鼓励我进取向上的强大精神力量"。

从1952年第一次做助教站上三尺讲台开始，李乐民执教已经有65年了。这65年里，他对学术的追求始终如一；这65年里，他对每一届、每一个学生的成长成才都是发自内心地关切。

如今，李乐民已经不再为学生授课了，但教学的事业没有止境，也没有终点。对学生的指导工作在教室、课堂之外的时间和空间里以更多样的方式展开。

现已88岁的李乐民依然精神矍铄，生活规律，每天坚持阅读、学习和研究，经常去学校沙河校区通信楼的办公室阅读、工作。无论是本科生、研究生，也无论是信息与通信工程学院或其他学院的老师和学生来访请教，他都热情接待。

以前工作过的实验室和团队每次在电子科技大学清水河校区召开小组会，只要身体状况允许，李乐民都会积极参加，非常乐意和大家一起讨论学术问题，以至于学生"有时候不愿意告诉他，担心他身体吃不消"。

对李乐民来说，科学研究是一种存在状态，教学也是这样，这已经是他"诗意栖居"的一种方式。

第八章
致力通信学科建设

　　光通信是现代通信学科的里程碑技术之一,是推动通信向宽带化方向快速发展的具有历史意义的技术。1966年,高锟和霍克哈姆发表了《光频率的介质纤维表面波导》的论文,指出利用光纤进行信息传输的可能性,提出"通过原材料提纯制造长距离通信使用的低损耗光纤"的技术途径,奠定了光纤通信的实用阶段的基础。

　　1990年到2000年,李乐民参与筹建了"光纤通信国家重点实验室"。实验室在李乐民的带领下,在唐明光等教授的大力协助下,形成了既自由探索、又团结协作的科研氛围,实验室学术交流广泛活跃,国际专家往来频繁,各研究室紧跟前沿、成果频出。

　　这一阶段,是李乐民从通信领域大踏步向光通信领域转向的重要阶段。李乐民及其团队紧紧抓住了通信技术与光纤技术结合的发展热潮,进入光纤通信领域,从理论研究和实用技术两个方面做出成绩。

　　团队在国内较早完成了"B-ISDN中交换体制研究"等理论研究,完成了"宽带综合业务局域网试验系统""光纤宽带区域网原理模型",开发了"抗毁光纤以太局域网"关键器件和网络结构。

　　团队完成的"B-ISDN网络接点接口设备"项目缩短了我国B-ISDN技术与国际上的差距,对加速我国通信建设及密切跟踪国际通信技术方面有重大意义。完成的"电视与数据综合光纤传输网"项目装备了国内某指挥自动化系统工程,提高了其作战应用能力。

同期,李乐民大力支持通信抗干扰技术国家级重点实验室的申报,促使该重点实验室落户电子科技大学。

1997年,李乐民因在通信领域的前瞻性研究、创造性贡献和广泛的影响,当选中国工程院院士。

通信学科建设

学科建设的水平和成就是学校教学、科研水平和学校综合实力的反映,是重点高校的重要标志。

20世纪五六十年代,研究生的专业设置除按国家需要外,取决于指导教师的专业或学术方向。1956年7月,高教部颁布《1956年高等学校招收副博士生暂行办法》。经过4年建校,1960年成电研究生专业设置有了很大发展,市内电话、长途电话、无线电通信、无线电定位、无线电数学、无线电物理、遥控遥测、计算技术、无线电通信网、半导体材料与器件、自动控制、电子束器件、信息论13个专业被批准招收研究生。1960年,成电林为干、顾德仁、陈湖、张宏基、冯志超、毛钧业、谢处方、张铣生、张煦、陈尚勤、沈庆垓、杨鸿铨、许德纪、刘锦德、李乐民和陈明锐共16人被批准为研究生导师。其中只有李乐民资历最浅,职称是讲师。

当时研究生是选拔制。本科生没毕业就选拔做研究生,但如果本科生毕业课程不能全部达到"良"以上,研究生资格被取消。

每个系招一个研究生,1960年一共招了6个研究生。其中李乐民老师是唯一一个以讲师身份指导研究生的,说明他的研究比较前沿,理论功底比较深。此后,我的指导老师从张铣生换成了张煦。这6个学生里，只有我和许姜南（李乐民的第一个研究生）按时毕业。[①]

1978年，经教育部批准，成电恢复招收研究生。1981年，国务院学位委员会公布了学科门类、一级学科及二级学科划分目录和细则。1981年4月，全国首次开展学位授予权申报工作，11月3日，经国务院批准，成电成为全国首批博士、硕士学位授权单位，同时有4名教授获批博士生导师。1982年获批7个硕士学位授权点：通信与电子系统，信号、电路与系统，电磁场与微波技术，电子物理与器件，半导体物理与器件，电子材料与元器件，计算机软件。1986年，在第三批博士硕士学位授权学科、专业的审核中，李乐民、虞厥邦和王欲知等3名教授被批准为博士生导师。

1985年，学校获准为全国首批建立博士后科研流动站单位之一，也是当年全国电子类院校和西南地区高校首批建立博士后科研流动站的唯一单位。

1986年开始，学科建设工作进入快速发展时期。由于学科建设决策正确，采取的措施具体有力，全校各系所领导、各学科的学术带头人及梯队成员目标一致，形成了重视学科建设的良好局面，学科建设成效显著。1986—1996年，在全国第三批、第四批和第五批博士、硕士学位授权审核工作中，学校获批新增6个博士点和17个硕士点。

1986年，在全国第三批博士、硕士学位授权审核工作中，学校获批新增通信与电子系统博士点，新增计算机应用、自动控制理论及应用2个硕士点。

成功申报宽带光纤传输与通信系统国家重点实验室

1984年，原国家计委组织实施了国家重点实验室建设计划。1984—1997年，是我国的国家重点实验室起步阶段。1989年，国家计委向世界

[①] 吴诗其访谈，2017年5月25日，成都。资料存于采集工程数据库。

银行申请一笔贷款，其中一部分用于在各个领域建设 150 个国家重点实验室。1989 年，国家教委向各个大学下发了"重点实验室申报指南"。"指南"到了电子科技大学，学校组织了各方面的教授，结合学校情况讨论申报工作，共有四个方面有申报重点实验室的基础。

"宽带光纤通信方向"是其中之一。1976 年中国自主研发的第一根光纤在武汉邮电科学研究院诞生。成电开始光纤通信研究，则要从 1972 年的"723"机和 1984 年的"140Mbit/s 彩色电视数字传输系统"两个重要项目说起。当年学校有几方面的研究力量在不同方面从事光纤通信相关研究。李乐民说：

> 光纤通信我们不是搞得最早的，但是我们学校算是比较早的，1972 年左右都能够做一个系统（723 机）。1984 年的时候我参加了一个项目，是用光纤传数字彩色电视，因为数字彩色电视传输速率较高，当时（1984 年）算是先进，我做了这个，所以我是做光纤的应用。①

1974 年前后，李乐民的老师张煦先生在成电开始涉足光纤通信领域，他也是最早宣传要采用光纤的通信专家之一。

学校校办主任廖品霖负责牵头并推动"光纤通信方向"重点实验室的申报工作。廖品霖找到当时 501 教研室从事光传感器研究的唐光明，一起研究国家计委的申报指南。光纤通信技术包括光纤／光缆，光器件／光电器件，光传输设备／系统／网络三大部分。唐明光想到了李乐民在通信研究方面的深厚造诣，他想，要申报国家重点实验室，那肯定要团结最强的力量。他到李乐民的办公室，讨论联合申报"光纤通信"重点实验室的想法。他问李乐民："你看，依照我们现有的基础，能不能成立一个国家实验室呢？"李乐民当即表示这个想法很好，"可以一搏"。他们又一起联合中国科学院学部委员林为干团队的力量，林为干对唐明光、李乐民联合相关

---

① 李乐民访谈，2016 年 10 月 12 日，成都。资料存于采集工程数据库。

力量研究光纤通信的想法极为赞同。李乐民说：

> 我们得到消息说要建立通信方面的国家重点实验室，我根本没有想去申请，但是唐明光他们想到了。唐明光他们是五系搞光纤通信的，我是搞光纤通信的，还有那时候林为干先生也做了光纤通信方面的一些工作，相当于是唐明光、我，还有林先生联合去申请。想好之后就去做了。[①]

经研究，电子科技大学集中优势力量，将学校物理电子与光电子技术学科、通信与电子系统学科、电磁场与微波技术三个优势学科的"光器件研究""通信与电子研究""微波传输"三方面力量组织起来，架构了在当时看来位于国内前列的"光纤通信"研究阵容。具体参与的有林为干教授团队（以胡力为代表）、李乐民团队、唐明光、刘永智等。

唐明光负责中文申报书撰写，经过大家反复修改定稿，实验室名称定为"宽带光纤传输与通信系统技术"重点实验室。学校外事处傅文豪翻译成外文。当年学校共准备申报四个实验室，只有"微波技术""光纤通信"两份申报材料通过电子工业部和国家教委审核，正式递交。

1989年，正式举行答辩。国家教委规定答辩由每个实验室派四个人组成答辩团，主讲一人，其他三人做补充，答辩主讲15分钟。李乐民、唐明光、刘永智、胡力组成答辩组，大家公推李乐民主讲，面对这个重大机遇，答辩组集体认真准备答辩演讲材料。

光纤通信类重点实验室全国共有三个单位申请，电子科技大学、北京邮电学院各申请一个，上海交通大学和北京大学联合申请一个。在去北京答辩之前，李乐民将答辩稿背得滚瓜烂熟，自己看着手表一遍遍演练，"必须在规定的时间内将我们自己的实力陈述出来，让人信服"。

答辩前，北京邮电学院退出。在正式答辩的15分钟里，面对众多评委，李乐民详细阐述了电子科技大学在光纤通信方面的研究基础、研究优

[①] 李乐民访谈，2016年10月12日，成都。资料存于采集工程数据库。

势和发展思路。林为干也出席答辩会旁听。李乐民说：

> 答辩是非常关键的，答辩的时候我就想要尽量发挥我们的优势，答辩的时候是我主讲，但是我一个人是不够的，所以我还请了林为干先生、刘永智一起参加答辩，我在讲的时候我就说什么事情是林院士（学部委员）会做的，什么事情是刚从法国回来的刘永智博士会做的，所以我们的力量比较大，后来就申请到了。[①]

电子科技大学的研究基础和团队实力征服了到场评委。讲完以后，按程序专家评委们开始提问，但专家们只提了一些意见“你们应该怎么做”，给答辩团成员的感觉是，大家都觉得由电子科技大学建设光纤通信实验室实至名归。

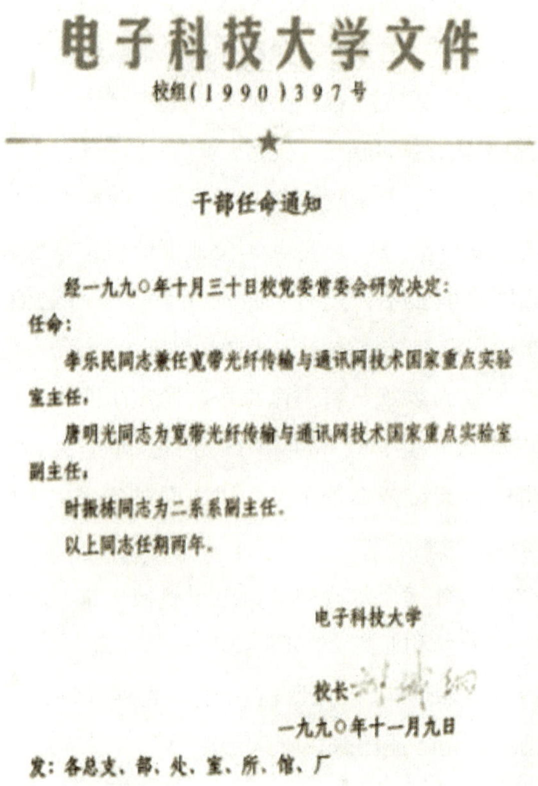

电子科技大学文件

校组(1990)397号

干部任命通知

经一九九○年十月三十日校党委常委会研究决定：

任命：

李乐民同志兼任宽带光纤传输与通讯网技术国家重点实验室主任，

唐明光同志为宽带光纤传输与通讯网技术国家重点实验室副主任，

时振栋同志为二系系副主任。

以上同志任期两年。

电子科技大学

校长

一九九○年十一月九日

发：各总支、部、处、室、所、馆、厂

图 8-1　1990 年，学校任命李乐民任宽带光纤传输与通信网技术国家重点实验室主任（电子科技大学档案馆供图）

根据教委规定，评审采取打分制。国家教委最后建设 54 个实验室，从高分到低分录取。评审结果，电子科技大学宽带光纤传输与通信系统技术重点实验室排名第 14 名[②]，正式立项筹建国家重点实验室。

电子科技大学在我国国家重点实验室建设的起

① 李乐民访谈，2016 年 10 月 12 日，成都。资料存于采集工程数据库。

② 唐明光访谈，2017 年 5 月 18 日，成都。资料存于采集工程数据库。

步阶段申请到国家重点实验室,表明电子科技大学相关研究基础和研究成果走在了国内前列。

1990年12月,"宽带光纤传输与通信系统技术"国家重点实验室正式成立,筹备期为5年。实验室建在电子科技大学,由国家计委委托国家教委进行管理。最初的研究人员由电子科技大学信息所、光电子技术所、应用物理所的主要骨干力量组成。在1990年至1995年的筹备期,林为干担任学术委员会主任。李乐民担任实验室主任,主要负责整个实验室的学术方向、学术规划等。唐明光担任常务副主任,负责实验室日常管理工作。

李乐民带领手下研究人员唐绍淑等正式进入重点实验室,组建"光纤二室"。重点实验室设三个研究室,第一研究室(宽带光纤传输理论与技术)由胡力担任主任,第二研究室(宽带光纤传输系统)由梅克俊担任主任,第三实验室(宽带光纤网络)由唐绍淑担任主任。

1991—1992年,为了利用好国家计委划拨的世界银行贷款和国内配套经费,尽快建设和装备实验室,李乐民和唐明光日夜兼程,多次到国家部

图8-2 2011年10月,李乐民出席光纤传感与通信教育部重点实验室评估会议
(电子科技大学信息与通信工程学院供图)

委，就重点实验室的建设经费、配套经费等工作作汇报。在大家的不懈努力下，世界银行的贷款和机电部（1988年4月，国家机械工业委员会与电子工业部和合并组建了新的机械电子工业部）配套经费拨付到学校，部分用于建设沙河校区通信大楼（大楼于1991竣工），另外大部分用于到国外采购先进仪器设备。

1991年，为了尽快把各团队开展研究必要的先进仪器设备采购配齐，电子科技大学给了筹建中的重点实验室大力支持，组织专人到设在清华大学的贷款办公室集中编撰采购标书。前后派出三批人做标书编撰，历时半年多完成采购。

为了做好重点实验室的科研规划和发展，使三个研究室有大的项目支撑发展，李乐民和唐明光科学分析了重点实验室可能的项目来源，紧密团结三个学科的研究人员，互相协作，根据各个方向研究学术增长点，统一组织各种申报工作，想方设法，集中力量抓重大项目。

1990年至1995年是宽带光纤通信重点实验室的筹建阶段，实验室下设宽带光纤传输理论与技术、宽带光纤传输系统、宽带光纤网络技术三个研究室，覆盖了通信与信息系统、光学工程、电磁场与微波技术三个国家重点学科，设有博士后流动站。

这段时间，实验室在李乐民的带领下，既自由探索，又团结协作，紧跟学术前沿，各研究室成果频出。实验室每年都有国家自然科学基金项目，每个研究室都争取到863项目并验收完成，有的项目还获得了部级的科技进步奖。

实验室学术活动活跃广泛，学术委员会邀请有名的光通信专家担任委员，包括美国贝尔实验室的专家、日本有名的光通信专家，以及国内的专家，每年召开学术委员会对实验室发展方向进行研讨。研究室内形成了活跃的学术气氛，主办了一次全国性的关于光纤通信的学术会议和一次国际会议，而且派出了多人参加学术会议。

1992年6月，《电子科技大学学报》特别出版专辑，收录了宽带光纤传输与通信系统技术国家重点实验室筹建两年的研究成果17篇。两篇特邀论文分别为林为干、胡力，李乐民撰写，综述了实验室正在进行研究的课题。其余文章分别反映了实验室在光纤无源器件、宽带光纤网、高速调制、光纤传感器、光纤延时线、光纤灵巧结构以及量子阱器件、光电子集成技术的最新进展的部分研究成果。

1995年，宽带光纤传输与通信系统国家重点实验室圆满完成了国家实验室筹建的计划，通过国家验收。任期届满后，李乐民卸任重点实验室主任，改任学术委员会主任。

国家财政部、教委、机电部等相关部委对建设成果显著的实验室进行表彰奖励，唐明光获得"实验室建设先进工作者"称号和"金牛奖"。同年，因为国家发展急需，学校派唐明光带领实验室部分老师和学生到新组建的联通公司，负责移动通信网络建设工作。

重点实验室的平台在大项目、研究环境等方面保证了科研人员的创新能力得到较大的发挥。1994年，重点实验室楼培德、胡波、孙海荣、罗小兵等青年教授破格晋升教授或者副教授，占全校所有院系破格人员的五分之一。

光纤通信不同于无线电通信之处在于，利用光纤传输的是光波。虽然光波和电波都是电磁波，但频率范围相差很大。波分复用（WDM）是光通信的一个标志性技术，通过在一根光纤中同时传送多个波长的光信号提高传输系统容量，本质上就是频分复用。

光纤通信技术在20世纪70年代初开始发展，到1990年进入技术的爆发阶段，其发展之迅速、影响之深远、产业规模扩大及技术换代之迅猛、向其他技术领域渗透结合之广泛，实为近代技术发展所罕见。

1990年之后，光纤通信从初期的低速率传输容量到高速率传输，从点对点通信发展到宽带光纤通信网，从短波长多模光纤到长波长单模光纤系统，从"光－电－光"中继器到"光－光"中继器，各方面的技术发展可谓一日千里，应用日益广泛，研究与工程应用相互推进，国际上具有雄厚实力的超级公司投入巨资开展前沿和应用研究。

当时有学者断言，光纤通信已成为现代信息社会的重要支柱。当时，光纤传感器也有发展，从光纤传感器的发展进入工业化生产领域的情况，预言分布式光纤传感技术将与结构科学、材料科学结合，为未来的飞机、潜艇及大型建筑提供既能感知又能自己调节的结构和蒙皮。从1990年至今，这些预言有的很快实现，有的则和计算机技术深度结合，比如无所不在、无所不知的"物联网"技术、"智慧城市"技术。

宽带光纤通信国家重点实验室阶段，是李乐民从事光通信领域的重要阶段。唐明光说：

> 李乐民走出了一条非常宽广的道路，因为原来的通信如果和光通信不结合的话，那么发展道路是很窄的，只要和光通信结合的话发展路子就宽了，因为电网络到了光网络，就进入了（新一代）通信行业的主流。①

光纤通信发展很快，已成为建设通信网的重要手段。光纤通信涉及的技术很广，从光纤光缆、光电器件，一直到传输系统以及各种光纤通信网络。1992年2月，在美国召开的光纤通信会议（OFC'92）把光通信方面的论文分成四个主要领域：

①光纤、光缆和玻璃技术；②光电和集成光学器件、组件；③系统技术：包括发射机／接收机设计和性能、相干光传输、超高速系统、孤子传输、多路传输技术、传感系统等；④网络与交换：包括长途通信与有线电视网、城域与局域网、多业务网、网络结构与协议、现场试验结果、电／光交换结构、无源光网络、Gbit/s网络、用户光纤网络、快速分组交换等。

1992年8月，李乐民在《电子科技大学学报》发表特邀论文《宽带光纤通信网》，综述了宽带光纤通信网的发展动态。当时，光纤通信网络与交换是光纤通信研究的重要课题之一。国际上比较集中的研究方面在于：

第一方面：同步光纤通信网。数字信号传输在中间站可以再生，避免干扰累积，但所需频带较宽，而光纤传输正好有很宽的频带，因

---

① 唐明光访谈，2017年5月18日，成都。资料存于采集工程数据库。

此，长距离光纤通信都采用数字通信方式。当时的研究热点在于低次群合成高次群的同步复接器。

第二方面：宽带综合业务数字网与异步转移模式。随着开展活动图像和高速数据等宽带业务的需要，宽带综合业务数字网（B-ISDN）正在积极研究和试验之中。为了适应各种业务传输速率的多样化，采用异步转移模式（ATM）。ATM具有很高的灵活性，易适应多种业务的综合，还能高效地利用传输设备。ATM交换不同于传统的分组交换。后者由于处理时延较大，不能满足某些实时业务的要求。ATM研究的内容有：① ATM复用的建模与统计性能分析；② ATM交换结构及其性能分析；③ ATM网的拥塞控制；④ ATM网中的信源编码；⑤ ATM的实现技术。

第三方面：光纤局域网与城域网。当时常用的一种计算机局域网是采用载波监听/碰撞检测（CSMA/CD）协议的总线网，当网络覆盖几幢大楼、传输距离比较远（例如1km以上）时，若采用同轴电缆，则电缆的费用较大。国际上研究开发光纤局域网产品，用光缆代替电缆，一方面可以降低费用，另一方面重要优点是避免雷击损坏计算机，同时还具有重量轻、防窃听等优点。局域网的发展方向之一是提高传输速率，即构成高速局域网（High Speed LAN，简称HSLAN）。若传输速率要求大于100Mbit/s，采用光纤最为合适。

第四方面：实验网。为了取得经验，世界各国纷纷试验各种宽带光纤通信网，参加研制和试验的有研究公司、大学、超级计算机中心。通过试验，为建立第三代国家研究与教育网（National Research and Education Network，简称NREN）以及其他的宽带网奠定基础。除此以外，美国AT&T、Bell实验室还开展了Lucky Net研究。Lucky Net是广域Gbit/s级研究网，传输速率为2488.32Mbit/s，采用ATM技术。

第五方面：多信道多跳光纤局域网。随着社会发展，某些用户会提出需要大于100Mbit/s的数据通信速率，若有几十个用户组成局域网，网络的总吞吐量将达几个甚至几十个Gbit/s。虽然光纤传输能够提供所需的带宽，但是，若用单信道来构成网络，由于电信号的处理速率不够，会遇到很大困难。解决的一种方法是采用多根光纤组成多信道，每个信道的传输速率就降低。在光纤上采用密集波分复用取得很大进展，可以只用一根光纤，而用波分复用来组成多信道。怎样利用多信道来构成宽带光纤局域网成为研究者感兴趣的问题。

李乐民当时指出：

> 当前不少国家都在开展宽带光纤通信网的研究，我国也有必要进行该项研究。他认为，随着波分复用、光交换等技术的进展，已提出并还将提出一些新的光纤通信网结构，这些网络能充分利用光纤的宽频带优点，具有很大的容量和高性能，新的光纤通信网结构值得研究。

1990年左右，我国自行研制的通信设备在程控交换、光传输系统、移动通信等主要领域距离国际水平有10年的距离。为了尽快缩小差距，国家于1992年设立"863计划"通信主题，抓住当时通信技术向数字化、宽带发展的方向，集中国内通信科研精英力量，瞄准网络交换、光纤通信、个人通信领域进行开发，力图从理论研究和产业化两个方面系统提升我国通信领域的研究和产业水平。

1990—2000年，在宽带光纤传输与通信系统技术国家重点实验室阶段的研究中，李乐民带领团队从理论和应用两方面深入，在通信网结构与算法、光纤通信关键设备等方面做了积极的探索。

第一方面，团队在宽带综合业务网方面投入大量精力。

ISDN（Integrated Service Digital Network）中文名称为综合业务数字网，俗称"一线通"。20世纪80年代末90年代初，电话网交换和中继基本实现数字化，即电话局与电话局之间的传输和交换全部实现了数字化，但是电话到用户则仍然是模拟的，向用户提供的仍只是电话这一单纯业务。

综合业务数字网的设想在于电话局和用户之间仍采用一对铜线，但做到数字化，为除语音通信以外的各种未来业务奠定基础。综合业务数字网有窄带（N-ISDN）和宽带（B-ISDN）两种。B-ISDN，是指用户线上的传输速率在2Mbit/s以上的ISDN。它是在窄带综合业务数字网（N-ISDN）的基础上发展起来的数字通信网络。国际电报电话咨询委员会建议在B-ISDN中采用异步转移模式（ATM技术是B-ISDN网的核心技术，因此B-ISDN网也被简称为"ATM网络"）。

在20世纪90年代，B-ISDN被称为21世纪电信网，它用一种新的网络替代当时的电话网及各种专用网，这种单一的综合网可以传输各类信息，有可能提供大量新的服务，包括点播电视、电视广播、多媒体电子邮件、可视电话、CD质量的音乐、局域网互联、用于科研和工业的高速数据传送，以及其他很多还未想到的服务。

30年后，回过头来看科技发展历程，B-ISDN是从通信研究领域的角度解决多种业务数字传输的一种路径。而同时，在计算机领域，也正在进行从数据传输角度解决多种业务数字传输的另一种尝试，即发展IP技术。

最初，学界和产业界认为，B-ISDN将要花较长时间进入商用，1994年一篇文章根据国内外发展的迅猛形

图8-3　1999年，李乐民在研制的ATM接入设备前留影
（李乐民供图）

式，认为"全国性干线网宜跨越N-ISDN的独立发展阶段，力争直接实现能提供完整意义上的多种业务综合的B-ISDN"[①]。

"七五"期间，李乐民团队完成了题为"ISDN中交换体制研究"的项目，对ATM技术有深入全面的了解。"八五"期间，团队主要就B-ISDN

---

① 方守清：关于中国信息网络现代化道路的再探讨.《科技导报》。1994年第11期。

图8-4 1994年，李乐民在B-ISDN项目鉴定会上作报告（李乐民供图）

网的接口设备、拥塞控制等方面进行了研究。

网络节点接口是B-ISDN的关键技术之一。1992年4月，团队从国家科委高技术司承担了项目"B-ISDN关键技术之一——网络接点接口设备"研制，李乐民、唐绍淑、胡波、梅克俊、刘朴、邱琪、邱昆、谭真平等进行了研究工作。项目要求完成速率为155.520Mbit/s，可传输话音、数据及电视等综合业务的实验性光纤宽带综合业务数字网（B-ISND）的网络节点接口设备。

团队参照新发布的国际标准完成了网络节点接口设备研制。该设备的研制成功，表明中国已基本掌握B-ISDN的有关技术，为我国进一步开展B-ISDN的研究打下了良好的基础，并缩短了我国B-ISDN技术与国际上的差距。同时值得注意的是，SDH设备是更新换代的新一代数字传输设备。当时国际上对我国禁运该项设备和技术。电子科技大学获得的该项成果，对我国SDH设备研制开发具有开拓意义。

该技术所延伸出的"基群上/下话路、高速帧同步技术"应用于南京有线电厂承担的"国家七五科技攻关第69-1-6项设备研究和建立34Mbit/s

实用化商务系统"，于 1991 年年底通过机电部部级鉴定，并获部科技进步二等奖。同时，得益于该技术的应用，让南京有线电厂新增了 150 万元产值。

寻找适合 B-ISDN 的新拥塞控制方法是实现 B-ISDN 必须解决的基础性研究，具有重要意义。B-ISDN 能充分利用各种业务的突发性，为尽可能多的业务源提供服务。但是，这种统计复用和交换技术又带来了一个新的问题，即如果所有业务源都同时以它们的最高速率向网络发送，在网络内部将发生严重的拥塞现象。拥塞控制对实现 B-ISDN 极为重要，否则，在业务繁忙或用户故障有虚假信号送入时，网络将超载而不能满足服务质量。因此，团队申请到"宽带综合业务数字网中的拥塞控制研究"。该项目研究宽带综合业务数字通信网中拥塞控制的新方法、新机理、性能的理论分析等，提出新的带宽控制方法及理论分析依据，能快速准确地进行流量控制。

第二方面，研究宽带局域网技术，构建试验系统。

1989 年，团队承担了机电部电科院下达的"宽带综合业务局域网（ISLN）关键技术及试验系统"项目，研究人员包括李乐民、唐绍淑、胡波、刘朴、谭真平、唐俊、曾大章。1991 年 5 月 15 日，项目按照预定目标完成了宽带 ISLN 局域网的网络体系结构、多种业务的综合方法、介质访问控制（MAC）协议及用户网络接口等关键技术研究，并设计研制出一个能体现上述关键技术的"宽带综合业务局域网试验系统"。

系统可承载高速数据、话音及压缩编码电视等业务，提供了 36.864Mbit/s、2.048Mbit/s、64Kbit/s 等三种速率的用户接口通道，以及计算机高速数据入网的接口硬件及软件，可联通高速数据、话音进行演示。试验系统既参考了 SDH 的 STM-1 作为网络节点接口标准，又参考 DQDB（又称 QPSX）协议来实现宽带 ISLN。SDH 被称为真正的全球统一的数字传输标准；DQDB 是当时世界上先进的宽带局域网及城域网标准之一。该成果密切跟踪了国际先进技术，具有创造性。

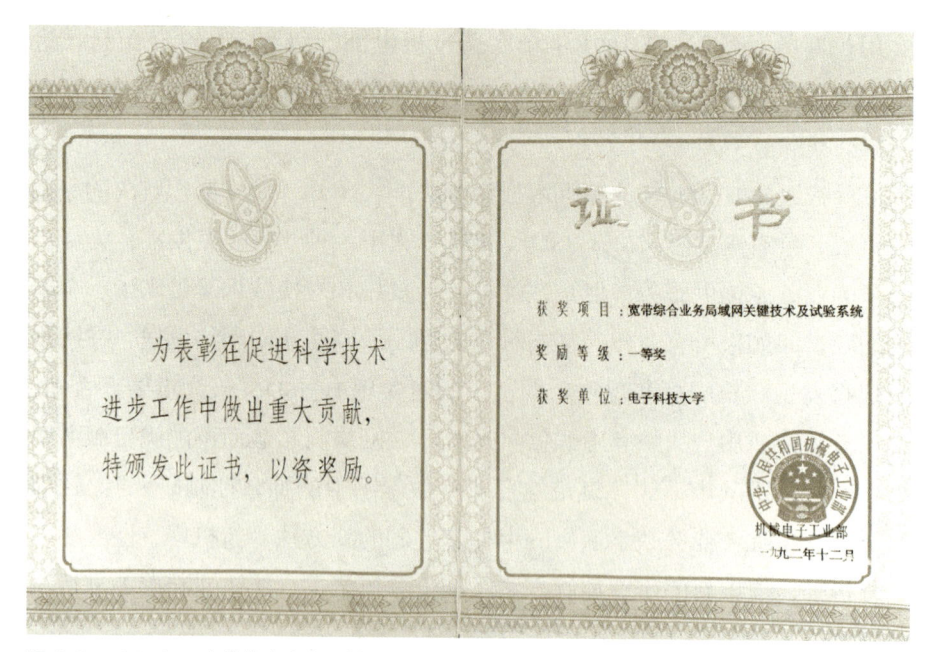

图8-5 1992年，宽带综合业务局域网关键技术及试验系统项目荣获机电部科学技术进步一等奖（李乐民供图）

1991年5月15日，机电部30所研究员、高级工程师李振邦和邮电部5所主任、高级工程师罗学澄写道：

> "宽带综合业务局域网试验系统"完成了网络体系结构、介质访问控制协议、硬件及接口设备等关键技术的研究，系统的网络节点接口、介质访问控制协议实现方面难度很大，研制成果在国内属首创，达到国际20世纪80年代末期水平。技术不仅为进一步建立宽带ISLN实用系统打下了良好的基础，也可用于宽带ISDN（B-ISDN）及新的SDH传输设备中，对加速我国通信建设及密切跟踪国际通信技术方面有重大意义。

1993年，实验室承担了由南京28所为委托单位的"电视与数据综合光纤传输网"项目，6月15日，双方签订了研制光纤网宽带光端机（BOTU）的合同。按照项目要求，研究团队在国内首先实现了四个站间用光纤传输两路彩色电视、电视传输能够在站内转接等要求；实现了在一根光纤上同时传送两路电视和30路数字电话或数据。最终，提供了全网设计方案和电路图纸，由厂方生产使用。

这套光纤网用设备是构成传输低速数据、话音和电视图像综合信息光纤传输网的关键设备。项目解决了国内某指挥自动化系统工程的应用，总参自动化局、装备部、各军兵种、各大军区的领导和有关代表先后亲临现场参观了演示，引起了巨大兴趣。传输网设备主要装备于指挥所，大大提高其作战能力。项目技术可以将电视的频道数进行扩展，使在一根光纤上传送更多的电视。

在这项研究中，实现了多路电视和数据综合传输，在国内外未见相同产品（1992年启动的通信863主题将CCAV/CATV研究作为指南。当时，在国内传输一路电视的设备已经有产品，采用多路副载波传送电视的光纤传输系统已有不少单位进行了研究，但还有待实用化）。

1996年1月29日，光纤重点实验室三室还承担"光纤宽带区域网原理模型"研究，李乐民、胡钢、谭真平、唐绍淑、胡波、刘朴、钱炜宏、

图8-6　1993年，李乐民在讲解光纤网络设备（李乐民供图）

孙海荣参加项目。该项研究是"八五"期间军事电子预研项目,项目完成了具有三个节点的实验网原型,成果主要包括"光纤宽带区域网原理模型"总体方案研究、高速数据流业务的 ATM 适配、接口硬件及软件技术和 155Mbit/s 速率的光端机研制(采用高速 LED)。

项目设计了一种光纤骨干通信网模型,在一根光纤上同时传送电视和数字电话或数据。项目跟踪了国际通信领域的先进技术,参照相关的国际标准自行研制,在实现技术上向前进了一步,直接采用 ATM 技术进行统计复用,属国内领先、国际 90 年代初期水平。

第三方面,开发"抗毁光纤以太局域网"。

随着我们国家经济的迅速发展,安装计算机局域网的单位越来越多。在这些局域网中,绝大部分是以太局域网,许多单位都将这些以太网分别安装在分散的楼房中,要将这些分散的以太局域网连在一起,一个最有效的办法就是采用光纤以太网。1993 年,团队完成了"使用 T 型光电中继器的抗毁光纤以太局域网",将光纤用于组建以太网,发挥光纤抗雷击、价格低廉等特性[①],架构出一种光缆和电缆混合使用、具有抗毁能力的计算机以太网。

该成果采用自行研制的"T 型光电中继器"将四个计算机以太局域网电缆段用光纤连接起来构成一个与 IEEE802.3 标准兼容,具有抗毁能力的网络。光纤线路采用双总线环状结构,在组成的环网中,总有一段光缆处于备用状态,当光缆或者节点设备被毁后,可将这段光缆开通,这样网络仍能正常运行。T 型中继器除与左右各两对光纤连接外,还与连有多个计算机的电缆相连。当有一个站被毁或任意两个站间光缆被毁时,网络能通过人工 / 经低速网控制重新组网,该局域网具有传输速率高、抗干扰、抗雷击、不受大地环境影响等优点。

1993 年 6 月 19 日,四川省电子工业厅组织同行专家进行鉴定。鉴定委员会主任由邮电部 5 所李侗教授级高工担任、副主任由西南交通大学靳青教授担任,"该成果在国内属首创,在国外也未见相同产品报导,其技术

[①]《使用"T 型光电中继器的抗毁光纤以太局域网"》科研档案,现存于电子科技大学档案馆。

水平达国际 80 年代末期或接近 90 年代初期水平"。

抗毁性是该研究的特色。项目成果首先解决了军内某工程的需要。技术也特别适合在学校、机关、工矿企业等推广应用，对推动这些单位的自动化进程有重要意义。项目成果在成都曙光电子生产，供南京电子部 28 所转部队使用。

1997 年，65 岁的李乐民因在通信领域创造性的贡献和广泛的影响，当选中国工程院院士。获得院士称号，对李乐民来说，要开的会多了，参加的评审多了。他仍旧认认真真地对待每一件事，他说："我只有一个愿望，我要继续努力地学习和工作，以回报组织上对我多年的培养，为党的事业实实在在地作自己的贡献"。

在当选院士后的媒体采访中，李乐民最关心的仍是人才培养和青年教师队伍的稳定。他说："我想最近几年来，研究所、企业都感到了人才的重要，认识到人才是企业发展壮大的根本，他们纷纷来我校要人，连国外的一些公司也来要人，我校的人才供不应求。国家需要人才，而高等教育是培养人才的地方，大学教师要以此为荣。大学里的青年教师作为教师群体的一部分，也在为国家培养人才作贡献。作为青年教师能够把此联系起来，他们就会很愉快，就能专心工作，他们的成长也就非常快"。

而此时，确实如李乐民所担忧的，国内外"纷纷来校要人"，高校留不住人才。

大力支持通信抗干扰技术国家级重点实验室的申报

李乐民刚从美国访学回国不久，即面向研究生讲授"信号估计与自适应处理"，课上涉及"抗窄带干扰"的一些前沿问题。

由于李正茂的研究方向是数字移动通信，研究课题是扩频抗干扰多址通信，因此，李乐民讲授的内容和推荐的论文立即引起了他的极大兴趣。李正茂说：

我受这些论文的启发，针对一个更加复杂的模型进行研究和模拟，获得了一些新的成果。在李老师的鼓励下，我写成论文向国内的通信学报和 IEEE 全球通信大会投稿，均被录用和发表。20 世纪 80 年代后期，我不断发表相关的研究成果，一些论文还获得了 Milstein 教授等权威学者的引用。①

1985 年，李乐民在给李正茂的硕士学位评审意见中写道，李正茂"理论基础好，学习成绩优良。学位论文'扩展频谱系统的自适应有限带宽干扰抑制'在理论分析上有新的结果，论文具有较高水平"。"工作积极主动，计划性强，能想办法，取得良好效果。""是个德智体全面发展的学生，很有发展前途"②。

硕士毕业后，李正茂赴东南大学无线电工程系攻读博士学位，博士生期间，李正茂继续从事抗窄带干扰方向。

回顾李乐民对自己的影响，李正茂说："李乐民教授是我在攻读硕士学

图 8-7 2000 年，李乐民访问香港联通公司时与李正茂合影（李乐民供图）

① 陈伟编著：《李乐民传》。北京：人民出版社、航空工业出版社，2015：172。
② 李正茂学位档案。存于电子科技大学档案馆。

位和后来攻读博士学位期间的学术领路人,可谓是我的恩师之一,令我终生感激"[①]。

李正茂是成都人。1988 年,他博士毕业后回到母校电子科技大学,进入信息系统研究所工作,很快担任学校科研处的副处长,29 岁就成为国家 863 计划通信技术主题专家组成员。

20 世纪 90 年代,随着国际形势的变化,国家开始重视通信抗干扰技术,要大力发展抗干扰通信。李正茂了解到,国家为了进一步支持国防研究,要对一些军用科研的院所进行重点支持,建立一批重点实验室。他建议学校以信息系统研究所第二研究室为基础,在国防口上建立通信抗干扰技术重点实验室。

作为信息系统研究所所长,李乐民非常支持李正茂带领二室进行拓展。在申请阶段,李正茂和第二研究室青年教师李少谦一起撰写申请报告,他们多次请教李乐民。作为通信方面国内知名专家,李乐民支持李正茂参加四川省和国家的申请答辩工作。1994 年 11 月,李正茂领衔申请的通信抗干扰技术国家级重点实验室被批准立项建设,李正茂担任实验室主

图 8-8 2018 年,通信抗干扰技术国家级重点实验室掠影(电子科技大学新闻中心邝俊供图)

---

① 陈伟编著:《李乐民传》。北京:人民出版社、航空工业出版社,2015:172。

任。经过长期不懈的努力，研究室的成果填补了我国通信抗干扰技术的若干技术空白，最终促使通信抗干扰技术国家级重点实验室落户电子科技大学。

实验室成立后，李正茂、李少谦相继担任主任。实验室紧紧围绕国家科技战略目标和高新技术的发展趋势，开展探索性、创新性和重大关键技术的应用基础研究，建立了无线与移动通信技术领域具有国际先进水平的开放式科学研究平台；实验室的无线与移动通信技术研究水平处于国内前列，在国际上有一定影响，为我国无线与移动通信技术的发展作出了突出贡献。

应对通信网络"人才荒"

随着国际通信技术的飞速发展和通信产业的急剧扩张，各方面对通信网络技术研究人才的需求极为迫切，国内外均出现了人才荒，国外高校和企业高薪、重奖延揽人才发展通信技术应用研究和商用，国内逐渐兴起的民营企业也要分通信产业一杯羹，急需各层次的电子信息人才。高水平人才纷纷走出象牙塔，直接冲击影响到高校教师队伍。

20 世纪 90 年代中期以后，作为电子类单科性的学校，电子科技大学逐渐受到直接的冲击。但李乐民一直扎根成电，初心不改，没有丝毫动摇。

在经济大潮的影响下，国内外公司的待遇比高校高很多，青年教师特别是优秀人才的流失现象严重。1993 年之后，调离学校或者因私出境不归的人员不断增加。除了显性流失，还有隐性流失，有能力的教师将主要精力放在校外兼职，或者直接交编制费在国外、校外搞科研、办产业不到校工作[①]。

---

① 王明东：看发展，抓实际，加强师资队伍建设。《电子科大报》。1995 年 10 月 14 日。

1995年，学校召开人事工作会议，下决心从十分紧张有限的办学经费中挤出一点来启动"冲刺计划""接力计划"和"稳定提高工程"等人才工程，抓青年教师队伍培养、博导推选和院士候选人工作。学校提出，要选出10个或者更多人，从学校长远发展考虑，作为院士候选人培养。另外，加强人员管理，清理待岗人员、停薪留职人员、出境超期人员等[①]。

学校师资队伍建设面临的尖锐问题还有：①师资队伍出现入不敷出的情况。1996年，电子科技大学教师退休68人，流失（出国超期、辞职出国、下海、跳槽）145人，补充教师62人，净减员151人；1997年教师退休54人，流失6人。②"文化大革命"造成的学术带头人和骨干断层开始浮现，存在着断档危险。教授的平均年龄55岁，博导58岁。[②]"文化大革命"前毕业的教师大多是1961年左右参加工作的毕业生，这批学术带头人的退休高峰到来。③选留和引进人才困难。高校工作收入和住房与不少行业和单位相比有明显的差距，青年教师参加工作初期，工资收入维持基本生活都有困难，许多人不再把高校作为首选职业，使得学校选留硕士生以上的高层人才十分困难。

在宽带光纤通信国家重点实验室，几乎所有的优秀毕业生和几位教授均先后赴海外学习或工作。以三室为例，1995年以后，实验室博士毕业生和孙海荣、来光明、刘朴、谭真平、何家福等主要的研究人员都出国了。

在这个阶段，国内通信研究，乃至整个电子信息研究领域，面临的最重要的问题都集中在"人才流失"方面。人才主要流向两个方面：一方面走出国门，国内高校待遇与国外无法相比，与国内一些外资企业、公司也有极大的反差（特别是在信息产业领域）。以各种方式出国不归者和被国内的外资、合资及效益好的公司挖走的青年教师日益增多（特别是经学校培养已掌握最先进技术、有科研开发能力、发展前途很大的青年教师）。另一方面走进企业，由于高校和研究院的体制和较为僵化的薪资待遇一定程度上限制了科研人员的创新活力，国内以华为为代表的民营企业逐渐瞄准电子信息产业的大蛋糕，中小型企业大量兴起，高校毕业生和一些有工

---

① 赵善中：克服矛盾、解决问题　加强人才培养与管理．《电子科大报》，1995年10月14日。
② 赵善中：当前我校师资队伍建设面临的问题及对策．《电子科大报》，1998年4月30日。

作经验的科研工作者被高薪礼聘。

这种情况下，整个教师队伍的价值观、人生观和师德师风都受到了很大冲击[①]，对学术氛围、研究冲击的影响很大。在应对"人才流失"方面，李乐民十分尊重青年师生的个人选择，但他也以实际行动表明自己的选择和立场，正所谓"咬定青山不放松，立根原在破岩中；千磨万击还坚劲，任尔东西南北风。"他婉拒了其他高校的邀请，坚定地扎根在成电沃土。

今非昔比，2000年后，电子科技大学大力实施"人才强校"战略，2017年，学校杰出人才总量达267位。2017年，学校入选国家"建设世界一流大学"行列，在2017年底公布的教育部一级学科评估结果中，电子科技大学的电子科学与技术、信息与通信工程两个学科获A+(全国前2%)。

---

① 王明东：看发展，抓实际，加强师资队伍建设。《电子科大报》，1995年10月14日。

第九章
连任五届全国人大代表

"天下兴亡，人民有责。一言之善，贵于千金"[1]。从 1987 年被增选为第六届全国人民代表大会代表并参加第六届全国人大第五次会议，到 2007 年 3 月参加第十届全国人民代表大会第五次会议，李乐民在 21 年的时间里，连续担任了五届全国人大代表，积极为国家发展和人民幸福建言献策，贡献了自己的智慧和力量。

表 9-1　李乐民参加全国人民代表大会一览

第六届全国人民代表大会	第五次会议	1987 年 3 月 25 日—4 月 11 日
第七届全国人民代表大会	第一次会议	1988 年 3 月 25 日—4 月 13 日
	第二次会议	1989 年 3 月 20 日—4 月 4 日
	第三次会议	1990 年 3 月 20 日—4 月 4 日
	第四次会议	1991 年 3 月 25 日—4 月 9 日
	第五次会议	1992 年 3 月 20 日—4 月 3 日
第八届全国人民代表大会	第一次会议	1993 年 3 月 15 日—3 月 31 日
	第二次会议	1994 年 3 月 10 日—3 月 22 日
	第三次会议	1995 年 3 月 5 日—3 月 18 日
	第四次会议	1996 年 3 月 5 日—3 月 17 日
	第五次会议	1997 年 3 月 1 日—3 月 15 日

---

[1] 李中印主编:《建言中国》。香港：国际文化出版社，2009：9。

续表

第九届全国人民代表大会	第一次会议	1998年3月5日—3月19日
	第二次会议	1999年3月5日—3月16日
	第三次会议	2000年3月5日—3月16日
	第四次会议	2001年3月5日—3月15日
	第五次会议	2002年3月5日—3月15日
第十届全国人民代表大会	第一次会议	2003年3月5日—3月18日
	第二次会议	2004年3月5日—3月14日
	第三次会议	2005年3月5日—3月15日
	第四次会议	2006年3月5日—3月14日
	第五次会议	2007年3月5日—3月16日

在当人大代表的这段时间里，李乐民履职尽责，积极行使人民赋予的权力，为国家经济和社会发展建言献策。他与其他代表们一起提出过9份提案建议（见表9-2，附议的未列出），并在会后及时向学校师生传达"两会"精神。

李乐民平时很少看电视，但自从当了人大代表后，就养成了看《新闻联播》的习惯。他对自己做人大代表只有一条朴素的要求："要做就做好，

图9-1　2000年，李乐民在北京参加第九届全国人民代表大会第三次会议时留影（左起：陈营官，李乐民，刘应明）（李乐民供图）

表 9-2　李乐民院士担任第六届至第十届全国人大代表期间的提案

提议类别	承办单位信息	领衔代表证号	领衔代表姓名	领衔代表代表团	建议标题	提议日期	领衔代表及人数
代表提议		2182	李乐民	四川	建议在人民大会堂发售纪念邮票时维持秩序	1990/1/1	李乐民等 2 名代表（四川）
代表提议		2179	李乐民	四川	建议计委和教育部按市场需求审批研究生扩招名额	1998/3/18	李乐民等 5 名代表（四川）
代表提议		2179	李乐民	四川	建议教育部重视解决高等学校青年教师的稳定，投资建设青年教师公寓	1998/3/18	李乐民等 5 名代表（四川）
代表提议	信息产业部单独办理	2179	李乐民	四川	关于支持和发展具有自主版权的信息服务业	1999/3/11	李乐民等 12 名代表（四川）
代表提议	国家自然科学基金会同财政部办理	2179	李乐民	四川	建议国家自然科学基金会重视将人力投入作为科研成本	1999/3/13	李乐民等 4 名代表（四川）
代表提议	信息产业部单独办理	2179	李乐民	四川	关于尽快制订"电信法"的建议	2002/3/10	李乐民等 9 名代表（四川）
代表提议	广电总局分别办理	2179	李乐民	四川	建议国务院解决"一个单位能同时经营电话和广播电视"问题	2000/3/12	李乐民等 8 名代表（四川）
代表提议	财政部单独办理	2166	李乐民	四川	关于建议国家对西部招商引资有比东部更优惠的财税政策的建议	2003/3/15	李乐民等 12 名代表（四川）
代表提议	卫生部、劳动保障部参阅	2166	李乐民	四川	关于国家进一步做好医疗卫生改革，重在实效的建议	2006/3/16	李乐民等 5 名代表（四川）

第九章　连任五届全国人大代表　*211*

不能辜负人民的重托"。

这个朴素要求，说起来简单做起来难。因为在实际工作中，面对政治、经济、产业、教育等比较复杂的社会问题，既需要务实的智慧，也需要足够的勇气。实际上，他提出或附议的很多议案或建议，针对的都是当时人们普遍关注或具有争议的重要问题。他认为，一个称职的人大代表就是要敢于发表自己的意见、发出自己的声音。

传达"两会"精神

1987年1月5日至10日，四川省第六届人民代表大会常务委员会第二十三次会议用无记名投票方式补选了李乐民、杨东乔二位同志为第六届全国人大代表。① 这是李乐民做全国人大代表的开端。3月25日—4月11日，第六届全国人民代表大会第五次会议在北京召开，李乐民赴京参加了会议。此后每一年，李乐民都认真准备、积极参会，会后都及时传达会议精神。

1988年3月25日—4月13日，李乐民赴北京参加第七届全国人民代表大会第一次全体会议。② 4月28日，他向全校正副教授、副处级以上干部、各民主党派负责人、工会、团委学生会负责人、年级辅导员等共100多人传达会议精神，并介绍了各位代表围绕物价问题、知识分子待遇问题、农业发展问题以及社会治安问题等热点问题的讨论情况。③

1993年3月，李乐民参加第八届全国人民代表大会第一次会议，回校后立即向学校党委中心组传达"两会"精神，并传阅了他们与中央领导同志的合影，介绍了《政府工作报告》的有关精神和代表们讨论教育、科技

---

① 《四川省第六届人民代表大会常务委员会举行第二十三次会议》公报。档案现存于四川省人大。
② 李文：李乐民、张中瀛、张世箕同志分别当选为全国、省人大代表。成电，1988-03-30。
③ 吴芜：人大代表、政协委员谈"两会"。成电，1988-05-23。

等方面的情况。①

1996年3月，他参加第八届全国人民代表大会第四次会议，并在传达会议精神时谈到了对国民经济两个"转变"（即"从计划经济体制向社会主义市场经济体制转变，经济增长方式从粗放型向集约型转变"）、可持续发展、中西部地区的发展等问题的看法和体会。②

在两个"转变"中，李乐民尤其关注经济增长方式的转变。《政府工作报告》指出，"转变经济增长方式归根到底要靠加快科技进步，提高劳动者素质。"李乐民对此深表赞同，并认为电子信息技术在转变经济方式方面更应发挥积极作用。

可持续发展也是如此，《政府工作报告》将其与科教兴国战略并列，并指出"实施这两大战略，对于今后十五年的发展乃至整个现代化的实现，具有重要意义。要加快科技进步，优先发展教育，控制人口增长，合理开发利用资源，保护生态环境，实现经济社会相互协调和可持续发展"③。李乐民对此也深表赞同，并深深地感到做好教育事业的责任和使命。

作为四川省代表团的一员，他还十分关心西部地区的发展。当国家提出"西部大开发"战略之后，他十分兴奋，认为这是四川省、成都市以及电子科技大学难得的发展机遇。《政府工作报告》指出，在"九五"期间，要更加重视支持中西部地区的发展，积极朝着缩小差距的方向努力。李乐民认为，高校也应抓住机遇，发挥学校在人才、科技等方面的优势，为中西部地区的发展贡献力量。

1998年3月，李乐民参加第九届全国人民代表大会第一次会议，会后向全校副处级以上干部详细汇报传达了"两会"精神，并专门谈到了"做好国有企业改革""解决下岗职工生活保障和再就业问题""加强金融改革

---

① 《电子科大报》编辑部：我校八届人大代表和政协委员传达"两会"精神。《电子科大报》，1993-04-30。

② 《电子科大报》编辑部：我校举行全国人大代表、全国政协委员报告会。《电子科大报》，1996-05-15。

③ 新华社：关于国民经济和社会发展"九五"计划和2010年远景目标纲要的报告。中央政府门户网站，2006-02-16。http://www.gov.cn/test/2006-02/16/content_201115.htm。

第九章　连任五届全国人大代表

图9-2 2000年，李乐民在北京参加第九届全国人民代表大会第三次会议时投票（李乐民供图）

和金融秩序""振兴西部地区经济问题""加强民主法制问题""加强精神文明建设问题"等代表们热议的问题。他还介绍了朱镕基总理与四川代表团成员的谈话。这次谈话中，朱镕基总理对四川省委的工作和四川省的发展予以肯定，同时强调要避免重复建设，要抓好领导班子的整顿，要保护好森林，要实行机构改革。①

"振兴西部地区经济问题"是李乐民持续关注的重要方面。2000年3月，李乐民参加第九届全国人大三次会议。这一年的《政府工作报告》指出，"实施西部地区大开发战略，加快中西部地区的发展，是党中央贯彻邓小平关于我国现代化建设'两个大局'战略思想，面向21世纪所作出的重大决策。"并指出，当前和今后一段时期，要集中力量抓好西部地区的基础设施建设等五个方面的工作。会后，在接受《电子科大报》的采访时，李乐民表示：

> 这次朱镕基总理的政府工作报告非常全面，也是实事求是的。四川省代表团最关心的问题是西部大开发。我的体会是：这是政府工作报告中第一次强调西部开发这样一些问题，对西部省市来说机遇很好，我认为一个国家如果只是东部发达，而西部落后，不可能是一个

---

① 刘波：电子科大召开传达"两会"精神大会。《电子科大报》，1998-03-31。

真正富强的国家。西部开发对东部也有帮助，如四川的水电、矿产开发出来，这对东部实现资源互补非常有意义。西部民族多，部分省市地处边境，西部大开发对民族团结、国防安全非常重要。怎样开发，应该注意些什么？朱总理报告中具体谈到了基建，那就是要搞好基础设施建设，包括水利、交通、通信等。通信就与我校有关了。生态环境要保护好。要研究现有的条件，发挥优势产业。科技与教育要搞上去。要搞好对外开放，争取外资。①

2005年3月15日，李乐民出席十届全国人大三次会议后返回学校，并说："我们要用实际行动建设和谐发展的四川，建设和谐发展的成都，建设和谐发展的电子科技大学。"他认为，这次会议提出要建设一个和谐的社会，反映了全国人民的共同愿望。我们要为建设一个和谐发展的四川、和谐发展的成都、和谐发展的电子科技大学而努力。②

如何构建社会主义和谐社会呢？2005年的《政府工作报告》指出，①要大力发展科技、教育、文化、卫生、体育事业，加强精神文明建设。②进一步做好就业和社会保障工作，提高人民生活水平。③加强民主法制建设，切实维护社会稳定。

李乐民认为，构建和谐社会的关键在于：第一，发展是前提，只有社会生产力充分发展、精神和物质财富不断丰富，才能解决构建和谐社会遇到的经济和社会问题；第二，公正是核心，在我国人均GDP超过1000美元之后，由于市场在资源配置中的作用不断增强，资源向知识阶层集中，社会财富差异不断扩大，需要政府进行"二次分配"加以调节；第三，体制是保障，政府在调节过程中必须建立制度，最重要的是要健全分配制度。从调节机制来看，尤其需要处理好政府与企业的关系、政府与个人的关系以及政府所掌握的资源用在何处等三个问题。第四，要更多地关注社会上困难人群的生活。③

---

① 刘波：李乐民院士"两会"归来话感受.《电子科大报》，2000-03-28。
② 安澜：人大代表我校李乐民院士、任正隆教授载誉返校.《电子科大报》，2005-03-21。
③ 张扬帆：人大代表政协委员"两会"归来话热点.《电子科大报》，2005-03-28。

图 9-3 2006 年 3 月，人大代表李乐民院士与电子科大师生共话"两会"
（电子科技大学档案馆供图）

  2006 年 3 月 15 日，李乐民参加十届全国人民代表大会四次会议。在谈到参会感受和体会时，他说："这次大会给我三个最深的感受。首先是关于建设社会主义新农村的提法，有三个重大突破：①取消了农业税，这是中国数千年的发展历史上的重大转变；②基础设施投资要转向农村；③要加强农村义务教育。其次，在国家"十一五"发展纲要里，明确提出了要把中国建设成为创新型国家，这与我们高校紧密相关。我们必须加强素质教育，为国家和社会培养高质量的德智体全面发展的创新型人才。最后，胡锦涛总书记提出的'八荣八耻'社会主义荣辱观在代表们当中引起了强烈的反响，这对现在的青年学生非常重要"[1]。

  2007 年 3 月 17 日，李乐民参加第十届全国人大代表五次会议。他说，政府工作报告中有相当一部分内容与科技发展和教育发展密切相关，并围绕建设创新型国家和认真落实国家中长期科学技术发展规划纲要提出了目

---

[1] 邓长江：李乐民院士与师生共话"两会"。《电子科大报》，2006-03-20。

标任务。除此之外，政府工作报告还提出了发展教育、解决教育公平问题，继续实施人才强国战略等重要内容。[①]

反映民心民声

倾听民声，汇聚民智，提出议案以及建议、批评和意见，是代表们参政议政、依法行权的重要方式。李乐民不仅传递会议精神，作为人大代表他还积极地建言献策，为国家发展贡献智慧，并广泛征求学校师生及各界群众的意见及建议，及时将群众的呼声传递给上级有关部门，为国为民提出了很多好的建议。

1990年3月20日—4月4日，第七届全国人民代表大会第三次会议在北京召开。会前，即1990年1月1日，李乐民与四川省的另一位全国人大代表一起做了一份提案，建议在人民大会堂发售纪念邮票时维持秩序[②]。这是由李乐民领衔提出的第一份提案。

教育事业的发展一直是李乐民关注的重要方面。1998年，在第九届全国人民代表大会第一次会议上，李乐民领衔提了两个提案[③]，都是与师生紧密相关的：一份提案建议教育部重视解决高等学校青年教师的稳定问题，投资建设青年教师公寓；另一份提案建议计委和教育部按市场需求审批研究生扩招名额。

1999年，他在第九届全国人民代表大会第二次会议上再次为学生"代言"，建议国家自然科学基金会重视将人力投入作为科研成本，实际上是为研究生争取更多的补助。随着国家对科技事业的支持越来越大，他的这个建议在几年后最终变成了现实。

2000年，李乐民参加第九届全国人大三次会议，对政府报告中关于人

[①] 涛飞：校党委中心组召开专题会传达学习"两会"精神.《电子科大报》，2007-03-26。
[②] 原始档案现保存于全国人大或中央档案馆。
[③] 同②。

才培养的问题给予了充分的关注。他说:

> 这次的政府工作报告与以前的不同之处就在于,提出了要培养学生的综合素质,减少课业负担的问题。它的意义就在于:培养一个人才应该全面考虑,如科研工作,要求具有协作精神,良好的工作态度,这都与德育有关、与素质有关,"业务能力"本身也有个创新的问题,要求培养创新能力。如果学生是全面发展的,他发现问题、解决问题的能力才强。我们要求学生是能灵活运用的,而不是死记硬背的学生。搞好素质教育也强调了加强体质的锻炼,身体健全,才能胜任工作。①

在会议讨论期间,时任国务院副总理李岚清参加了四川省代表团的讨论会并作了发言。李乐民说,李岚清副总理的发言中有两个方面的内容给他留下了十分深刻的印象:一是高等学校的资金投入问题,靠国家不是唯一出路,应靠银行、社会投资来发展,不能错过这个机会;二是高校科技成果多,但对经济发展有影响的少。各位代表在讨论时也对民办教育进行了讨论,李乐民也认为,这是一个新动向,"民办教育"应该包括民办高等教育,甚至应该包括民办全日制高等教育。②

2003年,李乐民参与提出的一份建议,推动了"国办发〔2004〕9号文"的下发,终于使"国企中小学退休教师执行同地方退休教师相同的待遇",为全国的国企中小学退休教师带来了福祉,产生了广泛影响。

从2001年起,中央、军工、四川省在成都市的国有大中型企业以及成都市市属国有大中型企业所属国有企业普通中小学的近三千名退休教师选出崔桂珍、刘秀琼、刘景天、罗桂清等教师代表,向有关部门写联名信,希望按照《教师法》解决他们国企办中小学退休教师的待遇问题。2002年,崔桂珍、刘秀琼、刘景天、罗桂清等教师代表继续写联名信呼吁。

2003年,他们的呼吁引起了四川省人大的高度重视。根据省人大提供

---

① 刘波:李乐民院士"两会"归来话感受。《电子科大报》,2000-03-28。

② 同①。

的名单，找到在川院士、博导、学者代表，委托他们反映情况。李乐民和四川大学石碧教授（2009年当选为中国工程院院士）等全国人大代表，非常关心和重视国企办中小学退休教师的待遇问题。四川籍全国政协委员、电子科技大学吴正德教授也在全国政协十届一次会议上反映了这一情况。政协信息专报载文建议：国企中小学退休教师应执行同地方退休教师相同的待遇。

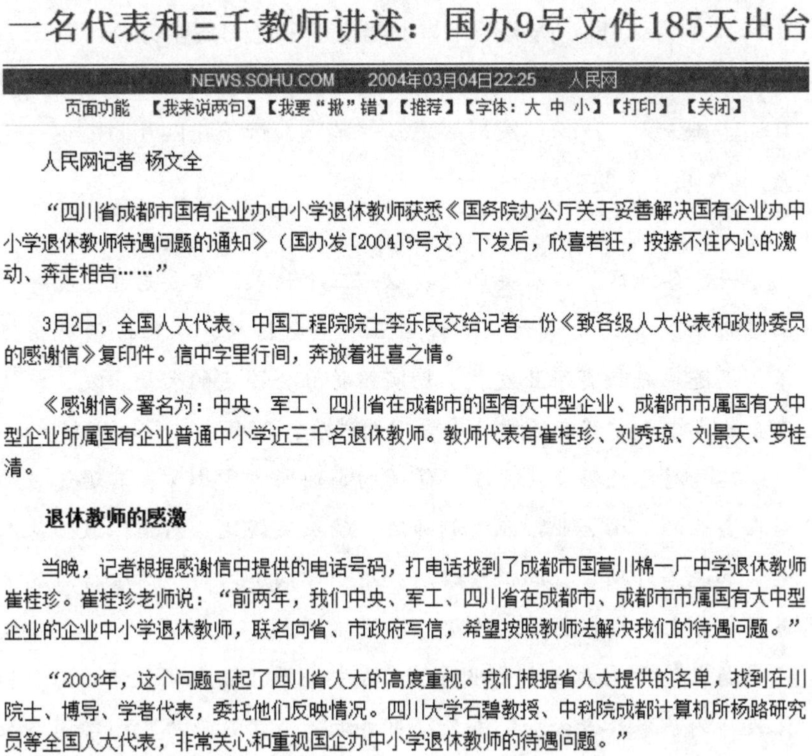

> **一名代表和三千教师讲述：国办9号文件185天出台**
>
> NEWS.SOHU.COM　　2004年03月04日22:25　　人民网
> 页面功能　【我来说两句】【我要"揪"错】【推荐】【字体：大 中 小】【打印】【关闭】
>
> 人民网记者 杨文全
>
> "四川省成都市国有企业办中小学退休教师获悉《国务院办公厅关于妥善解决国有企业办中小学退休教师待遇问题的通知》（国办发[2004]9号文）下发后，欣喜若狂，按捺不住内心的激动、奔走相告……"
>
> 3月2日，全国人大代表、中国工程院院士李乐民交给记者一份《致各级人大代表和政协委员的感谢信》复印件。信中字里行间，奔放着狂喜之情。
>
> 《感谢信》署名为：中央、军工、四川省在成都市的国有大中型企业、成都市市属国有大中型企业所属国有企业普通中小学近三千名退休教师。教师代表有崔桂珍、刘秀琼、刘景天、罗桂清。
>
> **退休教师的感激**
>
> 当晚，记者根据感谢信中提供的电话号码，打电话找到了成都市国营川棉一厂中学退休教师崔桂珍。崔桂珍老师说："前两年，我们中央、军工、四川省在成都市、成都市市属国有大中型企业的企业中小学退休教师，联名向省、市政府写信，希望按照教师法解决我们的待遇问题。"
>
> "2003年，这个问题引起了四川省人大的高度重视。我们根据省人大提供的名单，找到在川院士、博导、学者代表，委托他们反映情况。四川大学石碧教授、中科院成都计算机所杨路研究员等全国人大代表，非常关心和重视国企办中小学退休教师的待遇问题。"

图9-4　2004年，人民网报道"国办9号文件"出台背后的故事

（采集小组王晓刚供图）

在2003年十届全国人大一次会议召开期间，石碧教授和李乐民等代表联名写了《国企中小学退休教师应该执行同地方退休教师相同待遇》的建议。石碧教授坦承："去年（2003年）是我第一次参加全国人大代表会议，说实在的，当时还有些观望态度"[①]。但李乐民却在第一建议人石碧教授后

---

① 杨文全：一名代表和三千教师讲述：国办9号文件185天出台。人民网，2004-03-04。http://people.cn/GB/shizheng/8198/31983/32180/2373235.html。

面庄重地签上了自己的名字。他认为,人民代表就要为人民,要对得起自己胸前挂着的全国人大代表证。

石碧教授回忆,"当时,李乐民、杨路等9名代表联合签署建议上交后,3个月内便收到回复意见,教育部批示:妥善处理。为界定教师范畴,教育部多次组织联合办公。国资委牵头,教育部、财政部等6个部委参与解决国企办退休教师待遇问题。这是新一届政府执政为民的真实记录!"①

2004年1月20日,国务院下发9号文——《国务院办公厅关于妥善解决国有企业办中小学退休教师待遇问题的通知》②。从一纸提案到问题解决,共用了185天。这份提案最终惠及的范围,远不止四川省的这三千名退休教授。《通知》要求:

一、各地区、各有关部门要以"三个代表"重要思想为指导,全面贯彻落实党的十六大、十六届三中全会精神,从推进国有企业改革、促进基础教育事业发展、切实维护社会稳定的大局出发,加快国有企业办中小学移交地方政府管理的进度,理顺办学管理体制。

二、对已经移交地方政府管理的企业所办中小学,其退休教师仍留在企业的,由企业按照《教师法》的有关规定,对退休教师基本养老金加统筹外项目补助低于政府办中小学同类人员退休金标准的,其差额部分由所在企业予以计发。

尚未移交地方政府管理的企业办中小学,其在职教师的工资和退休教师的基本养老金加统筹外项目补助,低于政府办中小学同类人员标准的,由企业按政府办中小学同类人员标准计发。

企业上述支出,允许计入费用,在所得税前扣除。按政府办中小学同类人员标准计发确有困难的亏损企业,同级财政予以适当补助。中央亏损企业,由中央财政给予适当补助。

上述规定自2004年1月1日起执行。

---

① 杨文全:一名代表和三千教师讲述:国办9号文件185天出台。人民网,2004-03-04。http://people.cn/GB/shizheng/8198/31983/32180/2373235.html。

② 国务院办公厅:国务院办公厅关于妥善解决国有企业办中小学退休教师待遇问题的通知。中央政府门户网站,2005-08-14。http://www.gov.cn/zwgk/2005-08/14/content_22646.htm。

三、对各地已实施关闭破产的企业，其关闭破产前所办中小学退休教师的待遇问题，由各地方政府研究解决。

四、今后在企业办中小学移交地方政府管理时，企业退休教师一并移交。在职人员的移交要在核定的编制限额内进行。移交后，退休教师退休金待遇按照当地政府办中小学同类人员标准执行。中央管理企业所办中小学移交地方政府管理后，由中央财政对困难地区给予适当补助。

五、解决国有企业办中小学退休教师待遇问题，情况复杂，涉及面广，政策性强，各级人民政府和有关部门要高度重视，加强领导，密切配合，狠抓落实。各地要从当地实际情况出发，抓紧制定具体的政策措施和工作方案，精心组织，周密部署，认真实施，切实加强思想政治工作，将国有企业办中小学退休教师的待遇问题妥善解决好，维护社会稳定。[①]

也就是说，这份通知惠及的是全国国有企业办中小学的教师。教师代表罗桂清在接受记者采访时激动地说："这件事情解决后，老师们非常高兴、非常感谢党中央、国务院。这件事让我切身体会到'依法行政，立党为公、执政为民'、'群众利益无小事'的深刻内涵和实践意义。"

2004年，李乐民收到一封《致各级人大代表和政协委员的感谢信》。李乐民说，自己参与的建议得到采纳，问题得以解决，这是对他的巨大鼓舞。同时，也让他深感人大代表制度的优越性和自己身上肩负的重大政治使命。

倡导素质教育

为国家培养优秀人才，这是李乐民的心愿。而"培养什么样的人？""怎么培养人？"是首先需要回答的问题。2005年，李乐民参与中国

[①] 国务院办公厅：国务院办公厅关于妥善解决国有企业办中小学退休教师待遇问题的通知. 中央政府门户网站，2005-08-14. http://www.gov.cn/zwgk/2005-08/14/content_22646.htm.

科学院院士、四川大学原副校长刘应明等45位全国人大代表的联名提案，紧急呼吁国家有关部门修订《义务教育数学课程标准》，停止在全国统一推行新课标初中数学教材，请求教育部允许各省市自选数学教材。

他们的呼吁得到了来自四川、重庆、北京、安徽、山东、山西、宁夏等全国24个省、市、自治区代表的支持。据人民政协报报道，2005年两会期间，有百余位委员、代表围绕这一问题发声呼吁。

这是李乐民对教育事业表达关切的一个切入口，也是李乐民针对基础教育参与提出的一份重要议案。他们在紧急呼吁的同时，也毫不客气地指出，"在1999年至2004年短短的5年内，把人类在两千多年的实践中积累下来的初等代数和平面几何教学体系轻易打碎重组，建立起一个新的教学体系，这只会造成严重的逻辑混乱"[①]。

李乐民参与的这份提案，矛头指向的是我国基础教育课程改革中存在的问题。基础教育课程改革是教育部于2001年启动的一项旨在全面推进素质教育的重大改革，其核心内容是"调整和改革课程体系"，"构建符合素质教育要求的新的基础教育课程体系"。

新课程当年在全国27个省（自治区、直辖市）的38个国家级实验区的中小学开始实验。到2004年秋季，基础教育新课程进入全面推广阶段，新课程实验扩大到全国2576个县（市、区），约占全国总县数的90%。按教育部计划，2005年义务教育阶段起始年级将全面进入新课程；普通高中新课程2004年在广东、山东、海南、宁夏4省（自治区）开始实验，到2007年全国全面实施普通高中新课程。

这场改革的初衷本来是针对当时基础教育领域普遍存在的教学内容"难、繁、偏、旧"以及学生学习死记硬背、机械训练的痼疾而展开的。倡导改革的专家表示，新课程改革的目标，包括强调形成积极主动的学习态度，关注学生的学习兴趣和经验，精选终身学习必备的基础知识和技能；倡导学生主动参与、乐于研究、勤于动手，培养学生搜集和处理信息的能力、获取新知识的能力、分析和解决问题的能力以及交流与合作的能

[①] 刘云飞，简文敏：呼吁：停止在全国统一推行新课标初中数学教材。四川在线－华西都市报，2005-03-13。http://sichuan.scol.com.cn/dwzw/20050313/200531352220.htm。

力等。但是，这项改革却受到了包括院士在内的专家学者的广泛质疑。其中，《义务教育数学课程标准》（简称《数学新课标》）尤其受到批评。

据报道，2005年"两会"期间，全国政协委员、北京大学教授姜伯驹首先提交提案，建议教育部门立即修订《数学新课标》。他认为，"这个《数学新课标》改革的方向有重大偏差，课程体系完全另起炉灶，在教学实践中已引起混乱。"小组讨论时，他曾多次发言，阐述自己的观点。他的提案得到了科技、科协个界委员的大力支持，短短几天时间里，这份提案上的委员签名达到了60多人。

姜伯驹院士表示,《数学新课标》原定从2001年开始，分步到位，滚动发展，2010年全面展开，但事实是《数学新课标》2004年9月就已经在全国仓促实施了。三年时间对于初中来讲，仅仅完成了一个周期，刚到应该总结的时候，可是这样一个尚存争议的新课本却已经出现在了全国中小学生面前。

几乎与此同时，参加十届全国人大三次会议的刘应明等代表，通过调查了解到，我国数学教学课程改革后,《数学新课标》存在着严重的问题，很可能影响到我国一代中学生理性思维能力的培养。[1]

新的标准中，数学的推理证明被淡化，甚至连"平面几何"都被取消，变成了"空间与图形"，取而代之的是"贴近学生熟悉的现实生活"，使"生活和数学融为一体"的内容；不鼓励学生问"为什么"，不讲证明，数学课就失去了"灵魂"。

来自甘肃省天水师范学院的一线教师普遍反映，"新教材不好用"，"教了一学期，很困难。新教材很不成体系，好像是一截一截的，无法衔接"。"农村没有多媒体教学条件，而新教材有些课离开多媒体就没办法上。初一几何课让切割正方体，我试着用土豆切，切了两节课，最后还是一塌糊涂"[2]。

针对这种情况，人大代表紧急呼吁，"停止在全国统一推行新课标初中数学教材，请求教育部允许各省市自选数学教材"。显然，这是优化改革、

---

[1] 路强:《数学新课标》遭质疑。《人民政协报》，2005-03-28。

[2] 同[1]。

纠偏纠错的必要措施。他们的批评是为了让新课改做得更好，而并不是反对新课改本身。

创新型人才培养，高校也责任重大。2006年当第十届全国人民代表大会四次会议提出建设"创新型社会"后，李乐民也深刻地认识到，高校在建设创新型社会方面任重道远。他说，国家"十一五"发展纲要明确提出了要把中国建设成为"创新型国家"，这与我们高校紧密相关。我们必须加强素质教育，为国家和社会培养高质量的德智体全面发展的创新型人才。[①]

2006年3月23日，在学校党委中心组学习会上，校党委书记胡树祥强调："要围绕培养创新型人才和增强科技创新能力两大重点工作，坚定不移地推进改革，不断提高教育教学质量，办让人民满意的教育，进一步增强科技创新能力，出更多高水平科技成果，为建设创新型国家多作贡献"。这正是对国家建设"创新型国家"、培养"创新型人才"的积极响应。

推动"三网融合"，呼吁电信法

李乐民在通信科技领域上下求索，也密切关注着通信行业产业的发展。早在1999年3月，他就以人大代表的身份，在第九届全国人民代表大会第二次会议上与四川省的其他十多位全国人大代表们一起提出了"关于支持和发展具有自主版权的信息服务业"[②]的提案。

李乐民是从中国C网切入来讨论这个议题的。所谓中国C网，又称中国城市互联网，总部设在成都。李乐民认为，中国C网在技术上是可行的，政府应该支持和发展具有自主版权的信息网络。

对于中国C网的技术特点和优势，李乐民认为，中国C网以商业信息服务为主，注意适应我国国情，并采用中文界面。它具有与其他信息服务机构不同的新思路：将信息量尽量推向用户，用户可以先在本地计算机

[①] 邓长江：李乐民院士与师生共话"两会"。《电子科大报》，2006-03-20。
[②] 原始档案现保存于全国人大或中央档案馆。

上浏览已分类的商业名片,然后再有的放矢地访问网络,这样既提高了浏览效率,又节省了网络占线时间;能促使所有的用户都能方便地参与开发信息资源;启动网络不必用专门线路,成本较低等。

"我国正在向信息社会迈进,建设信息网络十分重要,但是信息网络的建设应该重视自有知识版权问题,尽量利用自有知识版权的软件支撑网络的建设。"他说,"这样不仅便于带动我国信息产业的发展,也便于政府控制,对国家的主权和安全也不会带来麻烦"。

他还认为,国内已有巨龙、大唐、中兴、华为等企业开发出了具有自主知识产权的通信产品,数字移动通信设备已进入实用阶段。但是在网络信息服务方面,国产品牌尚没有确立,有关部门应扶持一批拥有自主知识版权的信息服务提供者。[①]

2000 年 3 月,李乐民等 8 位四川省的全国人大代表在第九届全国人大第三次会议上联合提案,建议国务院解决"一个单位能同时经营电话和广播电视"问题,其实质就是将电信网和广播电视网融合在一起。后来,又加上互联网,就成了"三网融合"的问题。

所谓"三网融合",就是指电信网、广播电视网和计算机通信网的相互渗透、互相兼容并逐步整合成为统一的信息通信网络。其目的是实现网络资源的共享,避免低水平的重复建设,形成适应性广、容易维护、费用低的高速宽带多媒体基础平台。

"以前,国家为电信、广电这些大型国企划定地盘,各自发展,不许越界。此举虽保障了部分国企的收益,但也割裂和限制了新技术的融合与发展。三网融合有利于减少基础建设投入,简化网络管理,降低维护成本,资源利用水平将进一步提高"[②]。

李乐民在提案中呼吁将电话和广播电视业务进行融合,正是指向了传统的电信和广电业务各自"划定地盘,不许越界"的弊端。当然,这不仅仅是从消费者的角度考虑业务融合带来的服务体验、资费成本降低等好

[①] 戴自更:人大代表谈发展信息产业.《光明日报》,1999-03-15,http://news.sina.com.cn/richtalk/news/china/9903/031525.html。

[②] 同①。

处，而是在国际国内电信行业激烈竞争的视阈下，考虑中国的通信行业产业如何"消除行业壁垒，推动有序竞争，促进网络和信息资源共享，带动跨领域新兴技术创新，更好参与全球信息技术竞争，抢占未来信息技术制高点"①。

直到 2010 年，"三网融合"才开始有了实质性进展：2010 年 1 月 13 日，国务院常务会议决定加快推进电信网、广播电视网和互联网三网融合，并明确了三网融合的时间表。同年，第一批三网融合试点地区名单公布，包括 12 个城市。

关于"三网融合"的技术性问题，李乐民在 2010 年的海峡两岸光通信产业论坛上也做过详细的分析。他认为，三网融合是为了适应数据等多种业务以及网络向分组化发展的趋势。传统的电话网（电路交换）不适合突发性业务运用，传统的 Internet 采用了 IP，但是当初的设计思想与目前情况不适应。他说明了两种解决办法：第一是逐步改进，第二是从根本上设计。对这两种方法，他更倾向于后者。

据他了解，当时世界各国都成立了相关项目，美国国家自然科学基金会作了投资，英国"自然"在 2010 年 2 月 4 日刊登了新闻特写稿"网络：重新发明互联网的四条路线"介绍了美国的相关工作。此外，美国的 DARPA 项目、欧盟的 FP7 ICT 项目、FIRE 项目、德国的 G-Lab 项目、日本的 AKARI 项目、韩国的"绿色 IT 国家战略"项目等，都聚焦于此。李乐民认为，"三网融合推动了网络与服务的研究和开发，以及光通信的应用。三网融合可推动光通信产业的发展"②。

此后我国"三网融合"进程取得了长足发展。2011 年，第二批试点地区名单公布。2013 年，广电总局和工信部合作共同实施三网融合推广工作。2015 年，广电网络、湖北有线等广电企业先后获准开展互联网接入、互联网数据传送等业务。

---

① 新华社：为什么要推进三网融合。慧聪广电网，2011-12-20。http://info.broadcast.hc360.com/2011/12/200857482773.shtml。

② 讯石光通信网：李乐民：三网融合的网络体系结构及光通信应用。讯石光通信网，2010-04-13。http://www.iccsz.com/site/cn/News/2010/04/13/20100413034909616375.htm。

2015 年 9 月，国务院办公厅印发《三网融合推广方案》，加快在全国全面推进三网融合，推动信息网络基础设施互联互通和资源共享。《方案》提出六项工作目标：一是将广电、电信业务双向进入扩大到全国范围，并实质性开展工作；二是网络承载和技术创新能力进一步提升；三是融合业务和网络产业加快发展；四是科学有效的监管体制机制基本建立；五是安全保障能力显著提高；六是信息消费快速增长。[①]

其中，第一项工作目标"将广电、电信业务双向进入扩大到全国范围，并实质性开展工作"，这与李乐民在 2000 年所提的"一个单位能同时经营电话和广播电视"提案可谓遥相呼应。回顾"三网融合"的实际进程，可以看出，"三网融合"是政府、行业、学术界等各界人士合力推进的结果。而李乐民在 2000 年的呼吁，也起到了"助产士"的作用，为这一必然结果的早日到来发挥了应有的作用。

继 2000 年提出"一个单位能同时经营电话和广播电视"的提案之后，为了推进"三网融合"，2002 年 3 月，李乐民等 9 名四川省的全国人大代表在第九届全国人大第五次会议上联合提出《关于尽快制定"电信法"的建议》[②]。

为了做好这个提案，李乐民做了比较充分的准备，广泛听取了专家学者的意见。赴北京参会之前，即 2002 年 2 月 28 日下午，在学校统战部的组织下，电子科技大学召开"两会"代表行前座谈会，李乐民在会上详细介绍了提案的准备情况，并认真听取了大家的建议和意见。大家一致认为一项好的建议或提案，就是对祖国的一份贡献。[③]

为什么要呼吁尽快制定《电信法》呢？李乐民认为，在中国加入 WTO 的大背景下，《电信法》的出台已经成了行业发展的紧迫需要，"中国应制定电信法来规范电信行业竞争，应对入世后的外资涌入以及解决'三网合一'在推进中的阻碍"。

---

① 新华网：国务院办公厅印发《三网融合推广方案》。新华网，2015-09-04。http://news.xinhuanet.com/politics/2015-09/04/c_1116460145.htm。

② 原始档案现保存于全国人大或中央档案馆。

③ 统战部：我校统战部召开两会代表行前座谈会。《电子科大报》，2002-03-11。

由于中国电信行业的制度壁垒,"三网融合"在制度层面迟迟无法推进。相关研究认为,"管理的融合仍然是制约三网融合发展的关键因素",但"相对于法律融合,管理层面的融合中组织机构的融合反而不是最重要的。只有在法律层面上,打破纵向划分的管理规制,向横向管理规制有序迈进,才能最大限度地推动三网融合的实质进程"[1]。

实际上,《电信法》草案早在1980年就开始起草了,但直到1993年起草工作才开始列入第八届全国人大立法规划,1998年列入第九届全国人大常委会立法规划,成为第一类立法项目。然而,《电信法》的复杂程度已远远超出人们的想象。因此,《IT时代周刊》撰文称,《电信法》千呼万唤不出来,"难产是必然的!"[2]

到了2001年11月10日,在卡塔尔多哈举行的WTO第四届部长级会议正式通过了中国加入WTO法律文件。经过15年的艰苦努力,中国终于成为WTO新成员。中国加入WTO再次把《电信法》出台的必要性和紧迫性提升了一个等级。

当天的《人民日报》在社论[3]中热情洋溢地指出,加入WTO是我国现代化建设中具有历史意义的一件大事,必将对21世纪我国经济发展和社会进步产生重要而深远的影响。同时,该文也不无忧虑地认为,"加入世贸组织也会使我们面临一些严峻的挑战,政府部门对经济的管理从观念上、体制上都需要做必要的调整,企业的管理方法、经营机制也需要做相应的转变;随着更多的境外产品和服务业进入国内市场,我国的一些产业将面临更激烈的竞争,特别是那些成本高、技术水平低和管理落后的企业会遭受一定的冲击和压力。对此,我们要有足够的估计。"

那么,在加入WTO之后,中国的通信行业是否做好了准备呢?显然,在当时"三网融合"的实际推进还比较缓慢,无法应对即将到来的激烈的国际竞争。

---

[1] 温建伟,王厚芹:国际三网融合进程评价与启示。电视技术,2010(6):119。
[2] 胡雅清,颜萍:《电信法》27年难产记,利益纠葛复杂心态存在问题。搜狐网,2007-09-11。http://it.sohu.com/20070911/n252071425.shtml。
[3] 人民日报社论:中国改革开放进程中具有历史意义的一件大事——祝贺我国加入世界贸易组织。人民网,2001-11-10。http://www.people.com.cn/GB/jinji/31/179/20011110/602459.html。

李乐民认为，中国电信业要抓住机遇、迎接挑战，首先要练好"内功"，实现健康有序的发展，否则，将在竞争中处于十分不利的地位。而要实现健康有序的发展，一方面需要规范行业竞争，另一方面也要加速推进"三网融合"。

他指出，加入 WTO 以后中国的电信行业将向外资开放，虽然中国加入 WTO 的议定书中的相关条款有一些规定，但专门出台一部电信法来具体规范指导也是必要的。"此举既有利于维护中国电信企业的自身利益，又有利于进一步吸引外资。""中国的电话网、数据网和电视网不能合一制约了信息化的发展。技术部门呼吁实现'三网合一'，但因政策障碍目前仍没有解决，出台电信法可望给予一个明确的规定。中国电信行业目前仅有一个《电信管理条例》，分量是不够的，国家该在更高层次规范电信业的发展"[1]。

在此后的十多年里，中国的电信立法和"三网融合"的推进路径，与李乐民当时在提案中所呼吁的方向是一致的。回看这段历史，李乐民欣慰地说，"现在有没有《电信法》，我没有去过问，反正'三网融合'倒是解决了"[2]。

2009 年李乐民领衔的这份提案被时任中央党校培训部副主任李中印收入《建言中国》一书，被排在该书第三章《建言富裕中国》"工业和信息化工作方面的建言"的最前面[3]。

关注社会民生

作为四川省的全国人大代表，李乐民十分关注四川省乃至西部地区的

---

[1] 闻育旻：两会速递：李乐民院士呼吁制定电信法。中国新闻网，2002-03-12。http://www.chinanews.com/2002-03-12/26/169042.html。

[2] 李乐民访谈，2016 年 10 月 14 日，成都。资料存于采集工程数据库。

[3] 李中印主编：《建言中国》。香港：国际文化出版社，2009：86。

经济发展。1996年3月,他在参加了第八届全国人民代表大会第四次会议后给学校师生传达会议精神,就特别注重传达了当年的政府工作报告中关于中西部地区发展的相关内容和精神。

1996年的《政府工作报告》在"促进区域经济协调发展"部分指出,"地区发展不平衡是我国的一个基本国情,也是大国经济发展进程中的普遍现象。改革开放以来,全国各地经济都有很大发展,但由于发展快慢不同,地区差距有所扩大。在'九五'期间,要更加重视支持中西部地区的发展,积极朝着缩小差距的方向努力。"其中,国家采取的政策措施就包括"改善中西部地区的投资环境,引导外资更多地投向中西部地区"等。

此后,每年参加会议,李乐民都密切关注西部发展问题。1998年3月他参加第九届全国人民代表大会第一次会议是如此,2000年3月李乐民参加第九届全国人大三次会议也是如此。

2003年3月20日,李乐民参加第十届全国人大一次会议,会上,他联合四川省的其他11位全国人大代表,共同提出了《关于建议国家对西部招商引资有比东部更优惠的财税政策的建议》[①]。会后返回成都,李乐民在机场受到四川电视台等省市媒体的追踪采访,再次谈到西部地区今后的发展。他说,"西部地区在发展,但东部沿海也在发展,如果我们不采取行之有效的措施,快速发展追上去,可能还要继续落后于东部地区"[②]。

2004年,参加第十届全国人民代表大会第二次会议时,李乐民与谢世杰、牟绪珩等代表认为:"实施西部大开发是国家一项长期的战略任务。我们最担心的是西部大开发的政策措施淡化,最期望的是实施西部大开发战略的任务、措施不断丰富和深化,并逐步法律化、制度化。西部大开发关键是抓发展、除贫困,要把发展的重点放在增强西部地区自身发展能力、逐步缩小西部与东部贫富过度悬殊的差距上,加强政策和资金支持,突出西部支柱产业的培育和重点区域、重点地带的开发,积极发展特色经济和优势产业,大力推进工业化和城镇化,增强城镇接纳农村劳动力的功能,逐步减少农村人口,减轻对生态环境的压力,巩固和发展退耕还林、退牧

---

① 原始档案现保存于全国人大或中央档案馆。
② 电子科大报:两会代表归来话感受。《电子科大报》,2003-03-24.

还草、保护环境的生态工程，促进区域经济的协调发展。"他们认为，"西部提速，东北攻坚，东部保持，东西互动，拉动中部"的区域统筹发展，必将促进我国经济社会全面、持续、稳定和健康发展。①

如果说对国家东西部地区平衡发展的关注，是李乐民在宏观层面对公平的追求，那么，对医疗卫生问题的关注、对《物权法》的审议、对农民工民主权利的建议以及对经济适用房的观点，则体现了他在具体问题上对社会民生的深切关怀。

2005年，李乐民在第十届全国人民代表大会第三次会议上，针对全国政协委员、西安市原政协主席傅继德提交的《关于停止开发建设经济适用房》的提案，提出了明确的不同意见："经济适用房不宜盲目取消"。

傅继德的主要观点是："经济适用房是政府为城市中低收入家庭提供的一种公共福利，但现在已经出现了种种难以控制的违规现象，违背了该政策的初衷，又给国家造成了经济损失。"这个观点可谓"一石激起千层浪"，引起了广泛的关注和讨论。

李乐民表示，虽然"取消"提案的确事出有因，即经济适用房在实施过程中存在不足，但现阶段还不宜盲目取消。因为经济适用房是政府为城市中低收入家庭提供的一种公共福利，我们国家现在还有很多贫困的群众，很多城市居民还买不起高价的商品房。

后来，李乐民在口述访谈中回顾了这件事情，他说：

> 对于集资房到底要还是不要，当时记者就来采访我，他说有的政协委员认为集资房这件事情应该取消，就问我是不是应该取消。我认为不取消，但是要把它执行好，因为执行得不好人家才要把它取消，如果执行好了可以不取消。但是这件事到现在为止还在争论，现在还有人认为集资房、廉价房应该取消。②

---

① 彭东昱：科学发展观：会内会外的焦点话题.《中国人大》，2004：32。
② 李乐民访谈，2016年10月14日，成都。资料存于采集工程数据库。

转载:《人大代表李乐民：经济适用房不宜盲目取消》[1]

委员提案：停止建设经济适用房

"经济适用房是政府为城市中低收入家庭提供的一种公共福利，但现在已经出现了种种难以控制的违规现象，违背了该政策的初衷，又给国家造成了经济损失"。此次两会期间，全国政协委员、西安市原政协主席傅继德提交了《关于停止开发建设经济适用房》的提案。

小简：李院士，如果左手表示赞成、右手为不赞成，对于"取消经济适用房"的建议您准备举哪只手？

李乐民：（微笑着先举起左手……接着又举起右手）我举的是两只手，表示对两种观点都投一票。不过有先后顺序，并不是摇摆不定。

小简：先说说左手——

李乐民：很显然，提出"取消"提案的委员是经过思考的，他发现了其中的问题，这可能是对我们很多部门下一步工作敲响警钟，很有启示意义。

小简：那右手呢？

李乐民：它代表的意思是，我认为现阶段经济适用房还不宜盲目取消。经济适用房是政府为城市中低收入家庭提供的一种公共福利，我们国家现在还有很多贫困的群众，很多城市居民还买不起动辄 4000 元、5000 元/平方米的商品房。

小简：有委员提出，经济适用房已经出现了种种难以控制的违规现象，违背了该政策的初衷，又给国家造成了经济损失，因此已没有存在的必要。

李乐民：我认为，在经济适用房政策的实施过程中可能会出现某些问题，比如建议者提出的"经济适用房建设并未按'招拍挂'的手续办理，而是交给开发商建设，政府给予优惠，按限价销售，这种做法容易滋生腐败"，这是不容忽视的。这些实施过程中出现的问题、

---

[1] 新浪网：人大代表李乐民：经济适用房不宜盲目取消. 新浪网, 2005-03-10。http://bj.leju.com/news/yjgd/2005-03-10/175265330.html。

弊病，我们的相关部门应该顺藤摸瓜，找出病因，并对症下药，让好的政策最大化地发挥为民服务的效力。

建议：排号购房适当向贫困者倾斜

小简：正如您所说，叫停的建议其实暴露出了"经济适用房"的诸多问题，该如何解决呢？

李乐民：我不是房产专家。但按照科学研究和事物发展的一般规律，我认为应该在高度重视的前提下，立即组织展开调查，摸清楚究竟是哪些环节有问题、哪些法规有"空白点"、哪些监管链条有盲点，看这些弊病的普遍性到底怎样。调查队伍一定要深入那些已建、已卖的经济适用房小区，看看受惠群众与违规获得者究竟是怎样的比例构成。只有深入调查，才能提出恰当的解决方案，也才能对各方面加以规范。

小简：被规范对象也包括受益群众吗？

李乐民：是的。政府不能卖房了事，应该建立跟踪和继续服务的干预机制，比如规定经济适用房不能转租，只能作为自住等。另外，我也建议政府对经济适用房放号的时候，不能简单地根据先来后到，而应该将困难程度作为重要参照系。其他条件相仿的情况下，优先考虑更困难的住户。

医疗问题也是李乐民关心的重要方面。2006年3月，李乐民在第十届全国人大一次会议第四次会议上，与10位四川省的全国人大代表一起提出了《关于国家进一步做好医疗卫生改革，重在实效的建议》[①]。让人人享有基本卫生保健，让广大百姓"病有所医"，是中国经济和社会协调发展的重要目标之一。从1979年医疗改革"初露端倪"，到2005年卫生部政策法规司司长刘新明提出"市场化非医改方向"，中国的医疗改革一直处

---

① 原始档案保存于全国人大或中央档案馆。

于"进行时",医疗体系在争议中不断完善。李乐民的提案,并没有以市场化和非市场化为评判的尺度,而是以"重在实效"来考量、检验医改的效果,并提出了具有可操作性的建议。

2007年3月16日上午,李乐民参加第十届全国人大第五次会议。这次会议高票通过了《物权法》。这部法律历经了13年的酝酿和广泛讨论,创造了中国立法史上单部法律草案审议次数最多的纪录。常言说"有恒产者有恒心",《物权法》正是表达了人们的这种期盼。作为一部调整公私财产关系的重要法律,物权法草案提请审议伊始就备受社会广泛关注。

在2007年的全国人大会上,李乐民建议物权法要公正和公平并重,希望把"公平""合理"两个词加到物权法原则里。他说:

> 我当然觉得《物权法》很好,但是有些条文说得不精确,其中有一些话不精确,执行的时候有困难,所以我就提出来文字要弄得很精确,结果我自己这么提,那个时候另外的省的代表也认为有些地方不精确,所以最后还是统一改了一下。①

李乐民认为,温家宝总理的政府工作报告提出以人为本、和谐社会,还提出社会公平。"公平"二字在政府工作中比较注意,但"物权法"里对"公平"二字没有足够的重视,仅在"物权法"的"相邻关系里"提到"公平合理"的原则。②

在《物权法》草案的附加材料中,有一份十六届三中全会会议的材料。李乐民翻阅材料后认为,文件里关于"补偿"的表述有些模糊,在这两个字之前应该加上"合理"两个字。因为"补偿"有"合理"的,也有"不合理"的,不能模糊这个概念。即便有些人反对在"物权法"细则中加"合理"二字,也可以变通,在原则里加上"合理"二字。因此,李乐民的具体建议是,在草案提及"尊重社会公平正义"的文字后再加上六个

---

① 李乐民访谈,2016年10月14日,成都。资料存于采集工程数据库。
② 《物权法》第八十四条:"不动产的相邻权利人应当按照有利生产、方便生活、团结互助、公平合理的原则,正确处理相邻关系。"

字:"维护公平合理"①。

在这次会议的小组会议上,李乐民还就农民工的选举权问题提出了自己的建议,特别是对农民工代表应从输入地还是从输出地选出的问题进行了阐述。李乐民说,表决的时候说"在农民工比较集中的省、直辖市应有农民工代表"。"原来以为这是有意不说明白,以便灵活性。但是,表决的时候还是应该'说明白点',即应该说明三种情况:一是在接收农民工比较集中的省;二是送出农民工比较集中的省,比如四川;三是送出或者是接收农民工比较集中的省就可以选农民工当代表。现在人大常委会到底是什么意图?刚才说的三种情况是哪一种?应该跟代表们说清楚"。

李乐民个人倾向于包括送出地和接收地,这样农民工代表的确可以起作用。对李乐民的这个观点,小组的程佳华代表认为应该从农民工的输入地产生农民工的代表。而黄明全代表则认为,法律规定是按照户口所在地选举人大代表,分配人大名额。至于选谁和哪一个省进行衔接,具体的操作办法是下一步的问题。

李乐民代表指出,"农民工可能在广东落户,但是户口在家乡,情况很复杂,所以应该有实施细则。"王荣轩代表与程佳华代表意见一致,赞成在就业的地区参加选举。王荣轩说,虽然有相当一部分人就业是流动的,但是,同时相当一部分人就业是相当固定的,这些人往往一干是几年甚至是十几年,与当地居民无异;但是在输出地,他根本不在那儿,表现怎么样选民也不知道。所以,应该在相对比较固定的、起码选民对他有一个比较全面的认识的地方进行选举。②

李乐民家里有很多诸如"全国先进工作者""四川省劳动模范""国家级有突出贡献的中青年专家""电子工业部优秀教师"等奖章、证书。此外,他还完整地保存了担任全国人大代表期间的所有代表证。

"我从来没有想到我会被选为全国人大代表。"在李乐民印象里,人大

---

① 张曦:院士代表希望物权法公正和公平并重。中国网,2007-03-09。http://www.china.com.cn/2007lianghui/2007-03/09/content_7931528.htm。

② 许玉燕:农民工代表选举立足输入地还是输出地应有实施细则。中国网,2007-03-13。http://www.china.com.cn/2007lianghui/2007-03/13/content_7951218.htm。

代表都是很知名的、社会活动搞得很好的人,而自己只是一个在大学教书的人民教师,和人大代表相差很远。当有人告诉他当选为全国人大代表时,他想"应该是同名的"。后来证实是自己后,他就想"这合适吗?"

李乐民不当"挂名人大代表"。抱着一定要当好全国人大代表的决心,他虚心倾听人民群众的呼声,向老代表们请教……21年的人大代表生涯,李乐民不辱使命,始终牢记着人大代表的政治责任感和为人民负责的使命感。

2007年的第十届全国人大第五次会议,是李乐民最后一次作为人大代表参加会议。这一年,李乐民已经75岁。他总说"自己年纪太大了,应该让年轻的人来做,国家都注重年轻化"[①]。

同一年,李乐民还卸任了四川省人民政府参事。参事制度是老一辈无产阶级革命家根据统一战线和民主政治理论而建立的。在政府机构中设置

图9-5 2001年,李乐民受聘为四川省人民政府参事(李乐民供图)

---

① 李乐民访谈,2016年10月14日,成都。资料存于采集工程数据库。

以民主党派和无党派人士为主体的政府参事室，是我国政权建设的一个创举。

在担任全国人大代表期间，李乐民还担任了5年的四川省人民政府参事。2001年8月，李乐民从时任四川省省长张中伟手里接过鲜红的参事聘书。在这5年时间里，他在科研任务十分繁重的情况下，积极参加省参事室组织的学习和各项活动，每年参加全国人民代表大会回四川后，都认真向政府参事传达全国人大会议精神和亲身感受。每年参加讨论修改四川省《政府工作报告（征求意见稿）》时，他都认真研读并提出了不少有价值的修改意见；每年列席四川省人大会议期间，他都认真倾听省人大代表的意见和要求，了解和掌握民情、省情，积极发表自己的建议和意见。

四川省人民政府参事室在给电子科技大学的文件中如是写道："在任参事期间，李乐民以无线电通信专家和无党派人士的身份，积极参政议政、建言献策、咨询国是，为四川省政府工作决策科学化、民主化，为社会主义民主政治建设作出了自己的贡献"[①]。

助力中国智造

李乐民作为中国工程技术界的专家，一直极力支持将科技成果转化为现实生产力，为国家经济发展和行业进步出谋划策。在他心中，院士这一神圣的称谓，不仅仅是荣誉，更是一种责任。尤其可贵的是，他一直积极推动高校与企业的结合，推动高校成果的产业转化。

2004年参加"两会"时他就指出，"信息产业由大到强要抓住技术创新和体制创新这两个基本点。如果说，改革开放二十年我们走过了引进设备的十年、走过了引进技术的十年，现在我们已经深刻地认识到，只有坚持走引进、消化吸收与创新相结合的道路，努力掌握关键系统的核心技术，

[①] 李乐民档案。存于电子科技大学档案馆。

提高具有自主知识产权产品的比重,才能真正实现信息技术与信息产业的跨越式发展"。

他很赞同"体制创新除了政府应有所作为外,还要发挥企业的主体作用"的观点;同时,他补充认为,提高企业主体并不排斥企业与高校以及研究院所的协同作用。现阶段我国绝大部分企业的技术创新能力还比较低,必须大力推广企业与高校、企业与研究所的合作,鼓励企业在科研院所建立研发基地,尤其要高度重视并从政策上大力支持严格按企业方式运行的科技成果中介机构,尝试科技经纪人制度,加快通过企业转化技术创新成果的步伐。①

2006年,李乐民在参加成都市中长期科技发展规划院士专家咨询会上,也对加快科技转化表达过类似的观点。他发问道:"成都向来以科技资源丰富、科研实力雄厚为傲,但为什么始终没能诞生像青岛海尔那样的巨型科技航母企业?问题究竟出在哪里?"他认为,科技进步是整个城市发展的第一推动力和不竭动力源,最直接的表现就在于自主创新能力的培育和科技成果转化对社会发展的实际效果,最表象的体现就是看这个城市有没有科技型的明星企业,例如硅谷孕育了微软、中关村成就了联想,而在这方面成都还要努力。

2011年,李乐民在谈及"四川省战略新兴产业要进一步发展壮大关键在于技术"以及在关键技术方面受制于人的状况时指出,"这提醒四川需要继续加强科研实力,但更应该看到,大量已经具有国际领先技术水平的科研项目,并没有实现向战略新兴产业项目的转化。解决产学研体系不完善,科研成果的转化率和产业化水平较低的问题,更应该是当务之急。"②

实际上,四川省一直是我国电子制造业的重要基地,也形成了比较完善的产业基础。进入21世纪以来,由于电子信息产业日益重要的作用,四川省委省政府把电子信息产业作为四川省的"一号工程"提到了重要的地位。但李乐民也指出,尽管四川省已经把电子信息产业列为"一号工程",

---

① 樊哲高,李少林:找准突破口,增强创新力。《中国电子报》,2004-03-12。

② 胡彦殊:20亿元支持100个项目 四川"新兴"之火欲成燎原之势。《四川日报》,2011-12-01。

但在扶优扶强上还缺乏应有的机制和细化的措施，应创造相应的环境，催生年销售上百亿元的大企业，引领四川工业进一步做大做强，缩小四川和沿海的差距。促进四川和成都的跨越式发展，首先应该用信息化的手段，从发展工业入手。

2003年10月29日，中国工程院信息与电子工程学部和四川省科技顾问团等联合举办四川光电技术产业研讨会，黄尚廉、赵梓森、李乐民等70多位光电技术专家汇聚一堂，共同为四川省光电技术产业发展出谋划策。专家们认为，光电产业是21世纪最具魅力的朝阳产业，四川具有发展光电产业的基础，科研院所实力雄厚，已经形成的良好产业和企业雏形正作为四川经济新的增长点蓬勃发展。专家们建议，四川省应参照美国"硅谷"和北京中关村的发展模式，创建成都光电产业园区及成都－乐山－绵阳光电产业带，使四川逐步发展成为在全国具有重要地位的光电信息产业研发、生产基地。

专家们指出，当前首要的工作是制定出切实可行的光电产业发展规划，加强政府宏观指导、目标管理和协调力度，把重点放在光电显示行业、光通信材料及设备、光电检测行业、光学材料及光学元件制造业上。到2005年初步建成四川光电产业园区，引进现已有雏形的光电产业化项目入园。到2010年在全国形成具有明显四川特色和优势的光电行业群体。争取在2015年组建拥有强大核心技术实力和经济实力的光电集团公司，抢占全国光电高地，进军国际光电市场。[①]

2016年6月16日举行的中国（四川）电子信息产业投资合作推介会上，四川省政府领导表示，四川省政府将电子信息产业列入七大优势产业，将信息安全产业列入五大高端成长型产业重点培育发展，努力将电子信息产业打造成四川第一个主营业务收入超过1万亿元的产业。

为此，四川省将紧紧抓住国家建设"一带一路"和长江经济带、大力实施"中国制造2025"、加快发展"互联网＋"，以及四川作为国家系统推进全面创新改革试验区域等重大机遇，围绕做大总量、转型升级，加快电

---

① 杨明鹏：四川光电产业前程光明。《经理日报》，2003-11-18。

子信息产业发展。

四川省将坚持高端发展，以新一代信息技术应用为重点，坚持软件应用与硬件设备开发并重，重点在北斗导航、信息安全、智能终端、物联网、云计算、大数据、系统集成等领域实现新突破。同时，将加大支持力度，加快建设相关产业投资基金，对产业项目予以重点扶持；加快建设电子信息产业园区，打造一大批电子信息产业聚集发展基地。[①]

在这次推介会上，李乐民作了题为"电子信息产业发展趋势和四川优势"的演讲。他认为，2015年四川省的电子信息产业收入就达到了6344.5亿元，发展态势良好。未来的电子信息技术和产业必将向"大智移云"（即大数据、智慧城市/物联网、移动的互联网、云计算/数据中心）方向发展；同时，国家的"互联网+"以及"中国制造2025"或"工业4.0"均与电子信息产业有着密切的关系。因此，发展电子信息产业大有可为。

四川省在发展电子信息产业方面具有独特的优势。首先，四川省有高校的支持，尤其是在科技合作和人才培养方面，将为产业注入源源不断的创新活力；其次，四川省十分重视电子信息产业的发展，并创造了良好的投资环境；最后，四川省素有天府之国的美称，有着良好的生活环境、教育环境和交通环境。因此，李乐民向与会嘉宾诚挚邀请："欢迎大家来四川投资、创业！"

2016年，四川省军民融合高技术产业联盟举行了成立大会，

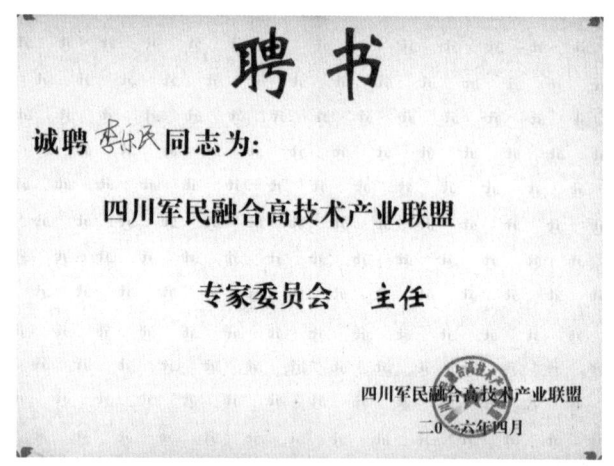

图9-6 2016年，李乐民受聘为四川军民融合高技术产业联盟专家委员会主任（李乐民供图）

---

① 胡彦殊，张岚，王域西：2016中国（四川）电子信息产业投资合作推介会举行.《四川日报》，2016-06-17。

旨在推动实现军民融合向多领域、跨行业对接，打通行业壁垒和垄断，加快军转民和民参军。李乐民被聘为联盟的专家委员会主任。

成都是李乐民工作单位所在地，也是他的第二故乡，他更是千方百计为成都的地方经济社会发展出谋划策。成都力图打造成"西部通信枢纽"，李乐民给市政府有关部门建议：成都无线通信专业人才聚集，科研资源丰富，产业有一定基础，具备条件且非常有必要大力发展无线通信产业，打造国内一流的无线通信产业园区，从而提高成都软实力，带动相关产业发展。

成都作为国内首个中心城市出台物联网产业发展规划，规划到2012年基本建成物联网应用中心、物联网研发中心和物联网信息安全中心，初步形成物联网成果孵化基地和产品制造基地，初步构建起物联网产业创新体系、应用推广体系、标准研制与验证体系、公共技术服务体系、信息安全基础体系和产业要素保障体系。物联网产业力争实现300亿元以上的产业发展规模，形成20家以上龙头企业、集聚100家以上骨干企业。

李乐民建议要清醒认识、客观评价物联网的作用，充分思考发展物联网产业着重做些什么事情，若技术研发后端的综合利用做得不好，那么物联网就只有停留在"感知"阶段，而不能带动产业发展和产业链形成。

当然，李乐民对产业的推动，不会限于成都或四川一地。2010年年初的一天，李乐民正在办公室修改学生的论文，几个说话带着闽南口音的人敲开了他的办公室。他们自我介绍来自福建省泉州市丰泽区，有区政府副区长、区科协主席和一家名叫先创电子的公司董事长助理。

寒暄之后，这群不速之客说明了来意。泉州市丰泽区正在搞"院士专家工作站"，他们区内的福建先创电子有限公司是专业从事研发、生产移动通信网络覆盖产品并提供网络优化方案设计及工程组网的高新技术企业，希望李乐民进驻"院士专家工作站"，指导企业发展。

李乐民静静地听着，不时点点头，他问："你们是怎么找到我的？"先创公司的董事长助理说："国内通信领域的院士不多，掰着指头就可以数过来。我又毕业于电子科技大学，读书的时候听过李院士的讲座。知道您是搞通信研究的专家，所以我就和公司董事长、区政府建议来成都找您。"

李乐民所在的信息与通信工程学院有许多从事通信研究的教授，他想，可以利用这个机会，将"院士专家工作站"搭建成一个资源共享、技术创新、成果转化、交流合作的平台，对学院发展也是十分有利的。同时，对于提高企业的自主创新能力和核心竞争力，对带动高新技术产业尤其是电子信息产业的提升和发展具有重要的现实意义。这是一个双赢的结局，何乐而不为呢？

因此，李乐民原则上同意合作建立"院士专家工作站"，并提出先去福建泉州考察了解。2010年5月11日，在泉州市、区领导的陪同下，李乐民就加强"院士专家工作站"建设一事专程前往先创电子参观考察并进行交流座谈。

李乐民对先创电子的技术实力、产品等都十分认可，次日，李乐民就在"院士专家工作站"合作协议上签字，同时受聘为先创电子有限公司的"高级顾问"。

2014年，李乐民受邀参加"湖州院士行"活动，认识了森赫电梯公司董事长李东流。森赫电梯公司位于湖州市南浔区练市镇，与李乐民的家乡南浔镇紧邻。该公司引进了德国技术，并与中国动力工程专家、中国工程院林宗虎院士（林宗虎与李乐民的表哥林宗琦是堂兄弟）有合作关系。

2017年，森赫电梯公司进一步开展电梯远距监控产品的研发，与通信技术密切相关。李东流带领公司主要人员专程来电子科技大学拜访李乐民。李乐民从图书馆数据库打印了相关文献给他们并交流了相关技术。

2017年，森赫电梯公司申请到浙江省院士专家工作站。10月28日，受中共浙江省委人才工作领导小组委托，李乐民到森赫电梯公司指导工作并为森赫电梯浙江省院士专家工作站授牌。据报道，李乐民自加入森赫电梯院士专家工作站以来，将数字传输及通讯技术装备关键技术与电梯相结合，率先提出了电梯无线数据传输的解决方案，填补了我国电梯无线数据可靠传输技术应用空白，进一步完善森赫电梯集科研合作、顾问咨询、前瞻研究于一体的院士工作站模式。①

然而，李乐民对这些行业的贡献，只是他推动电子信息行业发展的冰山一角。

2010年4月，第十四届台交会的重头戏——"2010海峡两岸光电论坛暨产业对接会"系列会议、对接活动和展览在福建厦门举行。李乐民受邀参加大会，并为海峡两岸的光电产业界巨头作主题演讲。

虽然一直等在象牙塔之内，但是李乐民时刻关注通信产业的发展。他担任了全球领先的电信解决方案供应商——华为公司的顾问，与华为员工讨论通信产业发展前沿问题，并与华为有科研合作。他担任《中兴通讯技术》编委，为业界提供技术支持。

李乐民对通信产业的更大贡献，在于他一直坚持不懈地为"塑料光纤"等新技术和新产业呼吁，从而推动了学术界和产业界对一个全新的行业的认识和重视。

塑料光纤是一种芯层与包层都是光学透明塑料的圆柱状纤维，可以传导从蓝光到红光的各种可见光。与石英光纤相比，具有芯径大、易连接、抗振动、柔韧性好的显著优点。与金属线相比，具有抗电磁干扰、传输速率大、密度轻等优点。因此，在需要高传输速率、抗干扰、抗振动的特殊场合，如汽车、飞机、工业设备等，塑料光纤通信系统具有优势，是未来技术发展的一种选择。

2010年6月1日，国内唯一一家国家级塑料光纤工程实验室——"塑料光纤制备与应用"国家地方联合工程实验室揭牌仪式在崇州市举行。李乐民和有关领导共同为这家实验室揭牌。

李乐民认为，经过近10年的努力，国内塑料光纤研发生产单位，特别是四川汇源塑料光纤公司，在低损耗塑料光纤产品的产业化方面，已经取得技术突破，并且赶上了国际先进水平。但是技术研究与国际相比，还有相当的差距。国际上在汽车、飞机、工业设备上应用已经非常广泛，而中国在高端应用领域的产品技术基本为零。研究应用于各种专业领域的塑

---

① 森赫电梯：中国工程院李乐民院士为森赫电梯浙江省院士专家工作站授牌。新电梯，2017-10-31。http://www.xindianti.com/html/diantizixun/qiyexinwen/20171031/619211.html。

图 9-7　2015 年，李乐民出席塑料光纤制备与应用国家地方联合工程实验室年度工作总结与学术研讨会（李乐民供图）

料光纤通信系统及其配套器件产品，对中国整个科研界与工业界来说，具有非常重要的意义与紧迫性。

因此，他担任了这个国家和地方共建实验室的技术委员会主任。"塑料光纤和我们学校的研究方向有关联，又是四川的事，我当然得全力支持。"

他希望工程实验室利用各研究室的研发优势，结合市场需求导向，共同进行塑料光纤通信系统的相关技术研究与产业化开发，建立完善塑料光纤产业链，促进我国汽车、火车、飞机、舰船、传感器、工业设备、消费电子以及国防等领域的技术进步，提高企业自主创新能力和产业核心竞争力，促进中国经济发展。

李乐民积极参加国际光纤通信论坛和海峡两岸光通讯论坛，与学界、业界一起探讨光纤通信，尤其是塑料光纤的发展问题。2013 年，四川汇源塑料光纤有限公司的李凯、储九荣、刘中一与李乐民一起撰文《塑料光纤产业发展现状与趋势》，比较系统地介绍了塑料光纤行业的应用领域、国

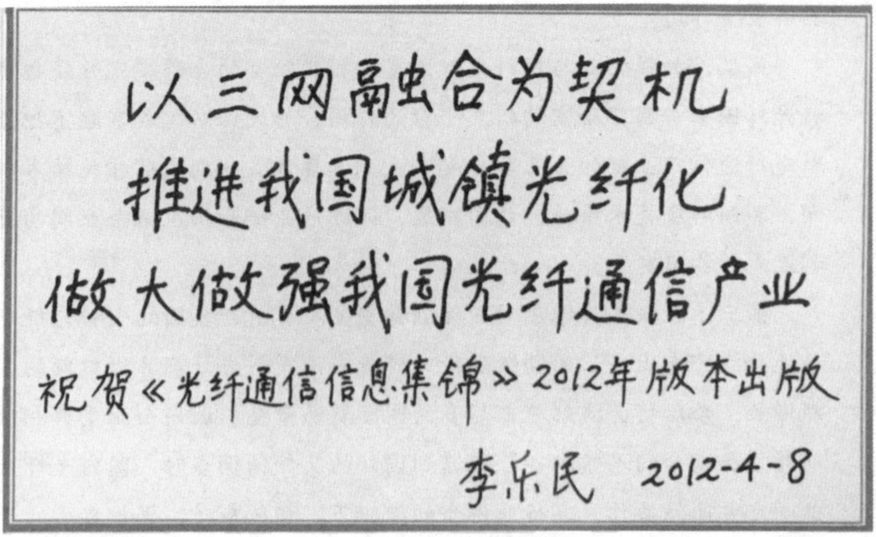

> 以三网融合为契机
> 推进我国城镇光纤化
> 做大做强我国光纤通信产业
> 祝贺《光纤通信信息集锦》2012年版本出版
> 李乐民 2012-4-8

图9-8 2012年，李乐民给《光纤通信信息集锦（2012）》的祝贺题词（李乐民供图）

内外塑料光纤产业链发展现状、塑料光纤相关标准、知识产权状况，并提出了未来的产业发展现状。在文章结尾，他们指出：

> 目前我国塑料光纤通信产业已经具备了加快发展的条件，需要加强统筹规划，合理布局。但自主创新能力还有待加强，在光纤的研发、生产以及核心技术、关键环节等方面，与国外相比还存在一定差距；在光器件、光模块、光系统等关键技术与产品方面，需要加强研发、实现技术与产业突破。光纤通信行业的重点企业和龙头企业应该加大技术研发、技术改造的投入，努力提高产品技术和生产工艺水平。这些问题需要产业链上下游企业紧密配合，联合攻关，将产品制造、运营服务和用户使用放到大的产业链环境来统筹考虑，整体规划。

根据我国目前塑料光纤产业现状，可以从以下三个方面推动民族光纤产业的发展。

第一，建立技术标准联盟。技术标准联盟在企业之间实现标准化战略、减少标准化风险与成本、协调技术标准与知识产权矛盾等方面具有重要作用。

第二，加强企业与塑料光纤国家工程实验室的合作。充分发挥塑料光纤国家工程实验室的研发平台的作用，通过国家工程实验室把塑料光纤通信产业链的企业联合起来，分工负责，分别突破相关技术瓶颈，共同解决技术难关，共同发展，促进产业链和供应链企业间的互利互惠和共同发展。

第三，应联手共同应对国际贸易壁垒。目前，我国的塑料光纤产品还处于"走出去"的初级阶段。随着我国塑料光纤产品出口额的不断增长，今后将会遇到越来越多的国际贸易壁垒。国内企业要有相应的对策和充分的思想准备，在遇到国外的反倾销调查时，国内光纤企业一定要团结协作，在行业协会的组织下，积极应对，保护自己的合法权益。[1]

---

[1] 李凯、储九荣、刘中一、李乐民：塑料光纤产业发展现状与趋势。见《光纤通信信息集锦（2013）》。上海：上海图书馆、上海科学技术文献出版社，2013：194。

第十章
开展通信网络研究

科技浪潮瞬息万变，信息化时代的迅猛发展用任何语言形容都苍白乏力，只有其中的泅泳者和弄潮儿们才能真正体会风大与浪急，他们的亲身体会才能更精准地诠释这 60 年来通信领域的变化。

李乐民学术研究真正的根在哪儿，真正的优势在哪儿？这根、这优势，并不是在某个领域的技术，而是解决问题的方法。李乐民和他的团队一直在解决通信网络的一些关键问题，不论这个网络的介质、形态、协议如何变化，他和他的学生们一直试图在更基本的层面，用更根本的方法解决通信前沿领域的问题，积累了越来越多的经验。

2016 年，李乐民在给学生们的一次讲座中说："我们学电子信息的，一刻都不能懈怠，打一个盹，落后的距离就很难再追上了"。作为"民族电子工业摇篮"的电子

图 10-1　2013 年，李乐民在电子科技大学沙河校区通信楼办公室工作（李乐民供图）

科技大学的教师，李乐民带着警醒的认识、谦逊不懈的治学态度从未停止过对研究领域的观察、探寻、突破和瞭望。在深厚的学术积淀之上，他更准确更清晰地为弟子们和学科发展指明方向。

宽带骨干通信网蓬勃发展

随着信息社会的发展和互联网用户的爆炸式增长，人们对通信方式和通信质量有了新的需求，这种需求促进了宽带骨干通信网的建设。1993年，当时的美国参议员、其后担任美国副总统的戈尔提出建国家信息基础设施（National Information Infrastructure，简称NII）。1994年他又提出了全球信息基础设施（Global Information Infrastructure，简称GII）的倡议，建议将各国的NII联结起来，组成世界信息高速公路，实现全球信息共享。美国在国家自然科学基金会的支持下，自1995年起开始建设高性能骨干业务网（vBNS），该网由MCI公司建设，横贯美国大陆，采用了ATM上的IP（IP over ATM）体制，初期速率为155Mbit/s，1997年升级为622Mbit/s。

20世纪90年代，以全球互联网为主要载体，以信息高速公路为代表的信息科技革命在世界各地方兴未艾，它使人们越来越深刻地感受到信息时代的来临。

从1986年开始，李乐民共培养了87个博士生，他指导博士生开展了综合业务网、城域网、计算机通信网、移动通信系统、卫星通信网、波分复用光传输网等方面的研究，其中蒋志刚、何家福、廖建新、钱炜宏、吴晓文、许都、景志钢、王晟、李立忠9名学生在ATM方面开展研究，整体上达到了国际先进的水平，这些学生其后奔赴各地，均在通信领域开创了一方天地。

到90年代末，通信研究界和业界面临的最大的技术背景是IP技术在应用中逐渐取代了ATM技术。一方面，ATM技术不再是学术前沿。另一方面，由于互联网的壮大，IP协议获得空前的普及，IP网络越来越多地获得业界认同，在实际应用中发展起来，抢占了桌面系统，以绝对的优势成为网络层协议的"霸主"。

1998年4月，戈尔宣布实施Abilene计划，建设宽带IP网络，该网由Qwest、Cisco、Notel公司共同承建，采用SONET上的IP（IP over SONET）体制，无ATM层，最初速率为2.5Gbit/s，向10Gbit/s升级。而加拿大后来居上，1998年2月提出建设世界上第一个光互联网，采用WDM上的IP（IP over WDM）体制。该网最初为8个波长，每个波长速率为10Gbit/s，目标是发展到32个波长，每个波长速率为40Gbit/s。

1999年，李乐民根据当时的信息技术发展趋势撰文，预测了全球信息高速公路发展的趋势[①]：干线网络向超宽带（高速）发展，速度很高，容量很大，进一步的发展方向是超大容量波分复用全光网，在通信系统中愈来愈多地采用光部件，使通信容量更大；电信网、计算机和广播电视网走向融合，网络互联发展；全球数字化，一旦全球信息高速公路充分建成以后，就可以做到任何人在任何时间，任何地点，用任何方法（方式），可以跟任何人进行任何通信。

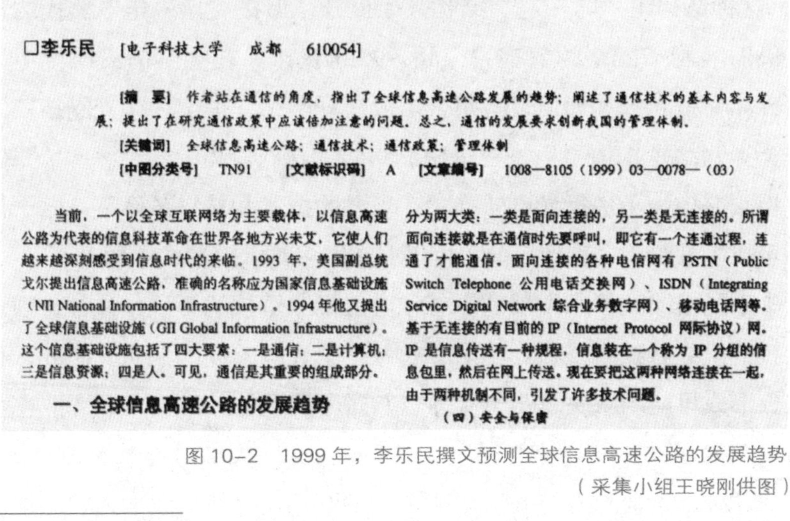

图10-2 1999年，李乐民撰文预测全球信息高速公路的发展趋势
（采集小组王晓刚供图）

---

① 李乐民：通信技术的发展及其通信政策.《电子科技大学学报（社科版）》，1999（3）：78—80。

他不但对通信发展背景下关于通信技术和设备的发展进行梳理，也对"安全与保密""标准的制订与完善""通信政策"进行了方向性的探讨。

光网络研究：走上另一个高峰

网络的融合变化太快了，一个网络前沿课题只能持续五年，也许前一阶段还很流行，下一阶段研究的跃升可能会使一个技术一个行业凋零。1999 年，李乐民团队的学生和青年教师远走美国或者到其他高校的很多，整个实验室团队面临的最迫切问题是学术方向的不断跃升。

往哪儿选呢？李乐民已经年近 7 旬，新进校的研究生们和他的孙子一样大，都叫"李爷爷"，但李乐民是这个年轻的跨代团队的思想源泉。他一方面紧密追踪前沿方向，另一方面和年轻学子们密切研讨。李乐民最终决定，带领团队解决全光网方面的前沿问题。

全光网是什么？研究难点在哪里？由于光信号交换存储的困难，光纤通信在信号交换阶段仍用电信号。因此，光纤通信网的结构是"光－电－光"，这种结构比"电－电"结构效果提升，但在"光－电"转换的过程中，仍旧限制了网络的效率。因此，90 年代末，在国际前沿研究中，开始研究如何把光纤和通信设备组合形成光纤网络，提出"全光网络"的设想。全光网络是指信号只是在进出网络时才进行"电－光"和"光－电"的变换，交换中不进行光电转换。在当时的技术和材料条件下，这个设想面临着很多难题（一直到目前，也仍旧有很多难以克服的难题）。

李乐民把团队学术发展的设想和博士毕业留校的王晟、许都，硕士毕业留校的虞红芳进行交流。团队一起做了全光网方面的调研、研究，积累想法，形成可能的解决思路，从多个方面申请项目。1999 年，团队在全光网方面拿到了第一个国家自然基金的重大项目"WDM 全光网基础研究"子项目"WDM 全光网与 IP 网络结合的研究"。以清华大学为首的通信学界联合申请了这个国家自然科学基金重大项目，参与高校包括北京邮电大学、北京大学、上海交通大学和电子科技大学。项目从 1999 年持续到 2003 年。

"WDM 全光网[①]与 IP 网络[②]结合的研究",解决的是 IP over Optical,研究在波分复用光纤网络上运行 IP 的技术,把光纤网络的优点和 IP 技术的优点结合起来,实现更好的通信。李乐民指导几个博士生研究运用新的方法创建新的组网方法和一些协议,发表了多篇高水平论文。研究完成后,华为公司看到了技术的实用价值,投入资金与团队共同开展横向支持。其后,团队在光网络方面的多项成果运用到华为公司光交换设备中。李乐民说:"华为公司还给我们写了一个证明,说我们的成果用到了他们的产品上。"[③]

此后,团队陆续承担了国家 863 计划重大项目"光突发交换关键技术及实验系统"、国家自然科学基金委与香港研究局联合基金项目"多业务无线蜂窝网中的资源管理研究""网状智能光网络的生存性研究"等 10 项国家自然科学基金面上项目,以及多项国家"十五""十一五"计划项目。同时,团队开始申请到一些企业委托项目,"纵横并重"在之后继续成为团队研究的特色。

2003 年后,团队迎来了在光纤通信研究领域的又一个高潮。王晟作为第一负责人的国家自然科学基金面上项目"利用 MPLS 技术实现 OXC 控制面的研究"于 2003 年 12 月结题,该项目同时获得朗讯(中国)贝尔实验室联合资助。项目共资助发表论文 43 篇,最终考评结果为优秀。项目代表性论文 "Multiple constraints lightpath provisioning in optical networks"(王晟 李乐民)2005 年 4 月在 Chinese Journal of Electronics(《电子学报》英文版)发表,同时被 EI 和 SCI 检索,达到了较高的学术水平,论文着重解决光网络中光路的资源分配问题,创造性地将光网络光路配置中需要

[①] WDM(Wavelength Division Multiplexing),是指波分复用。一个光纤上面如果只有一个波长来通信那么它的通信速率就有限,但是可以用多个波长,每个波长都进行通信,那么它的容量就大起来了,这就叫波分复用,就是不同的波长在同一根光纤上进行运用,波分复用使光纤网络的传输能力大大提升。

[②] IP 网(Internet Protocol)的 IP 是属于物理网络的数据通信协议,是互联网协议,如果这个网络是用数据包来传送的,称之为 IP 网络。物理层可能是光纤网络,也可能是无线网络。

[③] 李乐民访谈,2016 年 10 月 15 日,成都。资料存于采集工程数据库。

满足的众多约束都归结到统一规定的一个算法框架之下，有效克服了现有方法无法达到的全局最优的局限性，文中通过仿真研究了算法各方面的性能，数据可靠，结论正确，具有重要的参考价值。

论文试图解决光网络里面主要的资源分配问题，光路怎么搭建？光在网络当中穿越什么样的节点，有很多种路径可选，应选哪一条？当然想越短越好，实际工作中，光路的安排有很多种不同的准则，还有很多种不同的物理约束。这些约束在传统的电信号网络里面是没有的，光路里的路由问题或者寻路问题是一个学术上的前沿。

项目面临着困难。最初，项目组希望能将这个问题彻底解决，对每一种不同的约束都能找到一个办法来解决，但所有这些约束都同时存在的时候，涉及太多算法问题，一直没有一个好的解决办法。最后，王晟广泛阅读相关文献，触类旁通，豁然开朗，找到了不错的算法解决方案，完成了项目要求。

由王晟作为第一负责人的"863计划"重大项目"光突发交换关键技术与实验系统"在2005年1月验收通过。项目克服了难度大、时间紧等困难，顺利通过了验收，为我校在光交换领域达到国际先进作出了突出贡献。该项目资助发表论文21篇，最终考评为Ab。

"光突发交换[①]"是"全光网"光交换底层研究的另一个难点，至今没

---

① 2000年左右建设的骨干传输网络已经基本建成光纤网络，但是光纤网络的使用方式是一段一段的光纤在租赁交换设备转换成电信号，在电上存储交换，光只是一个传输介质。光的电路交换对光路资源使用率是比较低的，为了进一步提高通信网络的容量、消除电的瓶颈，有一个思路就是把中间的交换设备做成全光交换。光信号进来之后，不管在这个设备作为什么处理全是以光信号形式，不用转化成电信号，这叫全光交换。这个思路的难度在于在节点上如何对光分组进行处理，当时的技术无法实现（光分组处理到今天仍没有攻克）。为什么电的分组打包、分组标记能够交换，而光的分组交换就实现不了呢？很大程度光分组存储实现不了。电信息打成包，如果在网络中延迟，可以先存储然后再转发，存在当地的缓存器。线路正常后，根据电信息的表头，自动决定朝哪儿扔，这就是IP做的事情。目前光信号只能转变为电信号存储，这就是光电光转化。对光信号不转换电存储，当时的唯一办法就是"光纤延迟线"，希望它停一会儿在节点上，其实就是绑一大堆光纤，让光信号在光纤里绕，这是一个极其笨的办法，没有从本质达到电交换任何时间都可以的程度，所以全光交换一直是个难题。国际上另一种思路是做"光突发交换"，光突发交换就是把很多光分组打成一个大分组，因为分组越大它就对光交换能力要求越低，从而在当时的技术条件下能够实现类似于光分组交换的效果，"光突发交换"可以理解成为光电路交换和未来的光分组交换的一个过渡技术。

有获得根本性突破。光突发交换本身在实现上的难度较大，对光交换机的开关速率有很高的要求。国家863计划将这个课题列为高科技计划，希望有团队能勇于尝试，团队申请了该项目。由于项目更接近"光"的部分，申请联合了电子科技大学通信学院李乐民－王晟团队、邱昆团队，光电学院邱琪团队，一起进行探索。

项目首先面对的挑战是要验证光突发交换在原理上是否可行；第二个挑战是光器件制作水平，找到满足条件的光器件，成功搭建合适的实验系统。团队从以色列买了高速光路元件，用突发交换的思路，控制高速开关，克服了难题。

2003年，李乐民指导还是讲师的虞红芳申请到她的第一个自然基金项目"网状智能光网络的生存性研究"，由于该选题的潜在价值，这个项目同时是当年学校唯一获得了贝尔和自然基金委联合资助的项目（全国只有少数几个）。此后，在这个项目的支持下，虞红芳、李乐民以及李乐民当时指导的四位博士生合作发表了三十多篇相关文章。

光网络的通信能力很强，这意味着一根光纤断了会影响几百万个电话用户，因此光网络要特别关注生存性问题。针对光网络的生存性问题有四个关键子问题：①备份资源怎么高效预留，用最少的备份资源来提供保护，传统的1∶1的保护方式带来资源的浪费，没有发生故障的时候，网络资源备份也需要一直留着不敢作其他用处，怎样提高利用率，这是第一个关键问题。②用户对可靠性级别需求是不一样的，如军事指挥性指令，要确保百分之百可靠，如何区分服务对象，提高服务的可靠度，这是第二个关键问题。③用户的可靠性需求是一个概率，网络如何保证这个概率。④如果网络是多层的，例如最下面是光网络，中间是ATM，最上面是IP，这种多层网络，每一层网络都有各自的备份策略，多种备份策略之间如何协调和共享？

为了研究清楚这四个子问题，李乐民指导的四位博士生全都参与这个项目，其中有两位取得了非常好的成果，一位是郭磊博士，他的博士论文获得了四川省优秀博士论文，毕业后到东北大学任教；另一位是罗洪斌博士，他的博士论文获得了全国优秀博士论文提名奖，毕业后到北京交通大学任教，现为北京航空航天大学教授。

在 2011 年 4 月的 EI 数据库里，输入关键词"optical network algorithm"，有李乐民名字的论文数目排在世界最前面。2018 年 2 月重查，有李乐民署名的论文数排在第六位。李乐民团队以雄厚的实力，迅速在光网络研究领域占领前沿。

在这个阶段，由于团队为企业做过一些应用型研究，解决了实际的问题，更多的研究院所和企业慕名而来。凡是新的和光网络相关的高校合作研究项目，华为总是优先找到李乐民团队。

在这个阶段，李乐民专注扶持年轻人，他基本不再担任项目第一负责人，但他全心全意地关注着每个青年教师的发展，关注的细节从每一个申报书的思路开始，到项目执行中技术环节的把握、项目研究中的核心发力点。在最后研究成果论文的撰写，实验结果的提炼、实验验证的途径、说理的逻辑，李乐民也很关心。可以说，他用自己的经验和心血，带出了一批年轻人。

探索软件定义网络和网络虚拟化、智能化

1987 年，李乐民赴日本东京参加全球通信会议，来自 29 个国家的 1700 余专家学者，分 54 个组，带来论文 423 篇。会议主题是"走向智能通信系统"，小主题有"多功能通信"和"通信中的质量"。这次会议给李乐民以重要启迪，让他的目光较早地投向智能网络这一当时在国内方兴未艾的领域。

廖建新是我国较早从事移动智能网研究的学者，也是李乐民门下第一位在两年半的时间内完成学业的博士生，1996 年获工学博士学位。廖建新在汲取新知识的过程中，知识的碰撞激发出许多灵感，使他成为国内移动智能网技术的"拓荒者"，2009 年被聘为长江学者。廖建新说："我已习惯在每一次攀登时寻求先生的指点，先生也总是不遗余力地给我支持和

帮助"①。

2000年,陈宝莲、温蜀山、孙海荣、李乐民在《主动网技术在网络管理中的应用》(《电子科技大学学报》2000年8月)一文中分析了传统的网络管理模式——"管理/代理"模型,引入了主动网的概念,并详细讨论了智能、分组、委派管理模型及数字网的远程测试三种体现主动网思想的管理模型。这在处于热门研究ATM、第三层交换技术的当时具有非常强的前瞻性。

简言之,就像高速公路上跑车,当大批车流涌入闸口,如何让网络拥有大脑,更好地分配,避免有些路段拥挤有些路段闲置,解决互联网服务效率低和网络利用率低等问题、解决网络资源的灵活调度问题、提高网络安全性和资源利用率,这就是智能网络将要达成的目标。

2000年,美国、欧盟先后启动了未来互联网项目,我国也非常重视对未来信息网络体系结构和关键理论及技术的研究。国家"973计划""863计划"先后启动了"一体化可信网络与普适服务体系基础研究""新一代互联网体系结构和协议基础研究""身份与位置分离的新型路由关键技术与实验系统""三网融合演进技术与系统研究"等项目。国家自然科学基金委先后启动了"未来互联网体系理论及关键技术研究""后IP网络体系结构及其机理探索""未来网络体系结构与关键技术"等重点项目。

李乐民较早涉足软件定义网络②的研究,并于2013年在论文《未来网络的体系结构研究》中论述并分析了有关未来网络体系结构的两个重要的

---

① 廖建新:桃李不言 下自成蹊。见:陈伟编著:《李乐民传》。北京:人民出版社、航空工业出版社,2015:174。

② 软件定义网络的灵感诞生于2006年美国斯坦福大学的一个名为Clean Slate的课题项目,该项目旨在重新发明互联网,即改变现有的网络基础架构。随后的5年时间里,以Nick McKeown教授为首的研究团队于2008年首先提出了Open Flow概念,并在2009年基于Open Flow进一步提出了SDN(Software Defined Network,软件定义网络)的概念。同年,SDN概念入围Technology Review年度十大前沿技术,开始受到学术界的高度关注。

技术策略，叙述了 Open Flow① 的解决思路，即将控制功能从交换机或路由器中独立出来，指出软件定义网络、网络功能虚拟化是未来网络的研究热点。

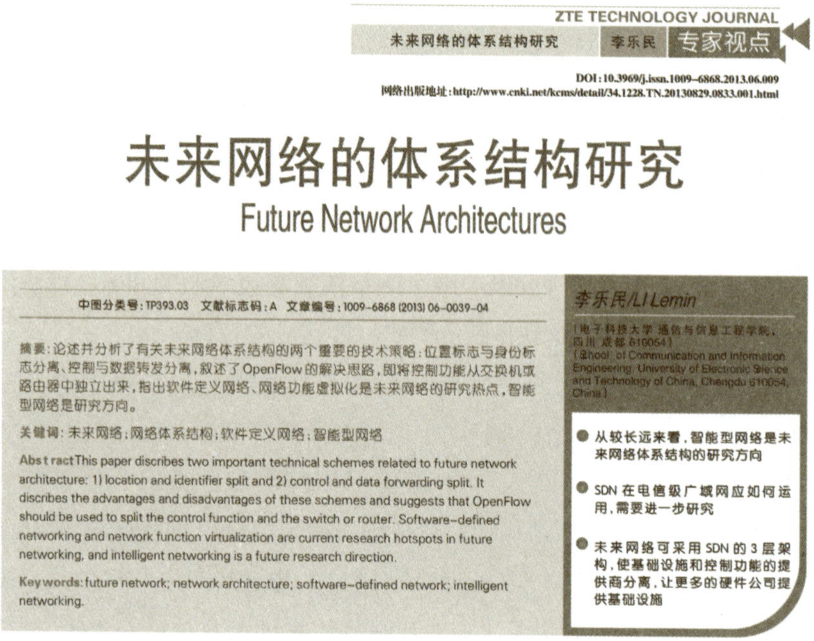

ZTE TECHNOLOGY JOURNAL

未来网络的体系结构研究 李乐民 专家视点

DOI：10.3969/j.issn.1009-6868.2013.06.009

网络出版地址：http://www.cnki.net/kcms/detail/34.1228.TN.20130829.0833.001.html

未来网络的体系结构研究

Future Network Architectures

中图分类号：TP393.03 文献标志码：A 文章编号：1009-6868 (2013) 06-0039-04

摘要：论述并分析了有关未来网络体系结构的两个重要的技术策略：位置标志与身份标志分离、控制与数据转发分离，叙述了 OpenFlow 的解决思路，即将控制功能从交换机或路由器中独立出来，指出软件定义网络、网络功能虚拟化是未来网络的研究热点，智能型网络是研究方向。

关键词：未来网络；网络体系结构；软件定义网络；智能型网络

Abs t ractThis paper discribes two important technical schemes related to future network architecture: 1) location and identifier split and 2) control and data forwarding split. It discribes the advantages and disadvantages of these schemes and suggests that OpenFlow should be used to split the control function and the switch or router. Software-defined networking and network function virtualization are current research hotspots in future networking, and intelligent networking is a future research direction.

Key words: future network; network architecture; software-defined network; intelligent networking.

李乐民/LI Lemin

（电子科技大学 通信与信息工程学院，四川 成都 610054）

（School of Communication and Information Engineering, University of Electronic Science and Technology of China, Chengdu 610054, China）

- 从较长远来看，智能型网络是未来网络体系结构的研究方向
- SDN 在电信级广域网应如何运用，需要进一步研究
- 未来网络可采用 SDN 的 3 层架构，使基础设施和控制功能的提供商分离，让更多的硬件公司提供基础设施

图 10-3 2013 年，李乐民《未来网络的体系结构研究》中论述有关未来网络体系结构的两个重要的技术策略（采集小组王晓刚供图）

---

① 2007 年，美国斯坦福大学 Nick Mckeown 教授的网络白板设计课题组想在校园网上试验各种新的协议，但当时的局域网交换机对用户缺少公开的接口，遇到困难。有一位博士生 Martin Casado 想出了一种解决思路，后来成为"Open Flow"，他还和 Mckeown 教授等创建了一个与 Open Flow 有关的创业公司，名为 Nicira。2012 年，Nicim 公司被 VMware 未来网络的体系结构研究公司用 12.6 亿美元收购。现在，Open Flow 已成为网络界的热点。

Open Flow 的思路是将控制功能从交换机或路由器中独立出来。例如放在一个计算机中，留在交换机中有一个数据流表，控制部分通过一个安全通道，按照 Open Flow 协议对数据流进行控制。这样，用户可通过计算机试验新协议。数据流表可支持多种数据类型格式，通过控制可被设置各种数据流的出口、改变类型或丢弃等。若收到一个未知种类的分组包，会将这个包送到控制部分去，控制部分通知如何处理这个包，如丢弃或建立新的类型和如何转发等。Open Flow 的工作和工业界联系紧密，不少网络公司已有相关产品。目前，Open Flow 适用于数据中心的局域网络和企业专用的网络。据称，Google 公司采用了 Open Flow 技术，自行研制了通过 10G 网络来连接分布全球的 12 个数据中心，从而将链路使用率从以往平均 30% -40%提升到接近 100%。

"通俗地说，就是把控制部分独立出来，打破以前控制和数据转发是合在一起的状态。网络上面是服务层，中间控制层，下面基础设施物理层。这样的话，控制层就可以人为地根据要求而改变。底层网络设备，任务就是单纯的数据、业务物理转发，以及与控制层的安全通信；控制层用软件实现，集中管理网络中所有设备，虚拟整个网络为资源池，管理者可以通过编程实现网络的自动控制运行新的设备层，灵活合理地分配基础设施层的资源，这就变成了软件定义网络。这样一来，等于是把网络的控制权开放给用户，用户可以开发各种应用程序，开发各种业务应用，通过软件来定义逻辑上的网络拓扑，以满足对网络资源的不同需求，而无须关心底层网络的物理拓扑结构，实现丰富多彩的业务创新"。

李乐民认为，未来的网络架构正在被基于云计算的系列相关技术全新地有效定义。随着智能终端和移动互联网的发展，"通信"早已脱离传统的话音和短信，人与人广泛连接，甚至物物相连也成为可期的未来。

"网络功能虚拟化（NFV）[①]"其实是在为通信网络"减肥"，让通信网变得更加轻盈。电信运营商为提供新的服务和新功能不断引进各种新的硬件平台，这也增加了网络复杂性和运营成本，很明显，传统的网络架构无法应对。传统电信网络基于专用平台部署，采用专用设备，部署周期长、运维复杂，想要轻盈转身，必须向互联网运营商学习，从根本上改变电信网络的部署和运维方式。"网络功能虚拟化"为电信运营商找到了全新的路径。李乐民说：

打个比方，当前电信网络使用的各种设备都是专属的，针对一个功能做一个硬件，改也改不了。各种网元就像一个个封闭的盒子，各种盒子间硬件资源无法互用，每个设备要想扩容必须增加硬件，缩容后硬件资源闲置，配置耗时长，弹性差，成本高；在 NFV 方法中，

[①] "网络功能虚拟化"（Network Functions Virtualization）的技术基础就是目前 IT 业界的云计算和虚拟化技术。电子科技大学作为在电子信息领域具有世界先进水平的大学，近年尤为重视云计算，先后出席和承办 IEEE 大数据与云计算国际会议，提升了学校在云计算和大数据研究领域的国际影响力的同时，也为学科间相互促进和提升创造氛围与契机。

各种网元变成了独立的应用，每个盒子可以用软件的方法通过网络实现功能。通过快速增加减少虚拟资源来达到快速缩扩容的目的，这就提升了网络的弹性。

虞红芳教授和李乐民一起为《中兴通讯技术》2014年第三期编辑了网络以及功能虚拟化专题。

团队中章小宁教授2016年还成功申请到了国家自然科学基金面上项目"网络功能虚拟化可靠性设计研究"。章小宁研究网络可靠性已有多年，此次，做出了进一步拓展，在研究网络虚拟化过程中同时完善4类过渡技术：虚拟局域网络（VLAN）、虚拟专用网络（VPN）、主动可编程网络（APN）、覆盖网络。他把目光集中于3个领域：云计算应用、平台化实现、软件定义网络，认为网络虚拟化的未来在性能保障、可靠性、易用性和完备性等方面需要加强，为此未来的网络虚拟化需要优化自身服务结构，并向无线网络、光网络等领域推广，此外还需要提供更加友好的可编程接口（API）以及网络功能。

构建未来网络，助力通信领域"973"项目

伴随着信息化步伐的加快，中国互联网处于高速扩张时期。然而，由于美国掌握传统互联网的核心，在互联网地址分配上，北美共分得了总IPv4地址的近70%，而中国仅得到3%。对于一个有着13亿人口的大国来说，地址分配的不均衡，严重制约了中国信息化发展的步伐。

传统信息网络的原始设计思想是一种网络支持、一种主要服务，即互联网、电信、广播电视采用不同的网络进行信息数据传输。这种"多种网络支持多种服务"的模式，不但导致基础设施重复建设，也无法适应未来网络服务的多样性要求。因此，世界上多个国家对此进行研究，寻找突破途径。欧洲、日本、韩国进行的"三网合一"尝试，虽然实现了互联网、

电信网、广播电视网的简单合并，但这种在对现有某一种网络基础上进行修补而实现的"合一"的思想，难以突破传统网络的其他局限、适应未来的发展需求。

2005年以来，美国、日本和欧盟等国都先后启动了以构建新一代网络体系结构为目的的有关研究计划，都想要在未来网络建设中取得领先地位，一场世界范围内设计新一代通信网络结构的竞争已经开始。

2005年，美国国家自然科学基金会投资3亿多美元，提出"全球网络环境研究GENI"项目，其意在从根本上重新设计互联网，以克服现有互联网的缺陷，打造一个更适合于未来发展的"下一代网络"。英国《自然》杂志在2010年2月4日刊登了新闻特写稿"网络：重新发明互联网的四条路线"，介绍了美国的相关工作。

除此，还有美国的DARPA项目、欧盟的FP7 ICT项目和FIRE项目、德国的G-Lab项目、日本的AKARI项目、韩国的"绿色IT国家战略"项目等。其中，欧洲的FP7 ICT项目研究经费更是高达91亿欧元。新一代网络研究占其中一部分。

没有知识产权，就没有发言权。长期以来，中国通信产业一直受困于国际大公司的专利垄断。要想摆脱这一困境，中国必须开发出一种拥有自主知识产权的全新网络。这一新网络体系与机理不但简单有效，而且能够克服现有网络的严重缺陷，适应未来发展趋势。只有这样，中国的信息发展才能真正伸展拳脚。中国顶尖科学家也就在做同样的努力。

2000年后，北京交通大学教授、李乐民的学生张宏科经过10年积累，着手开始革新式的网络结构设计研究，经过一段时间探索，他瞄准国家重大基础研究计划（"973"计划）项目，申请开展新一代互联网研究项目。有了这个重大的想法和目标，张宏科第一个想到的是李乐民老师。

他把申请书拿给李乐民讨论，李乐民花了较多时间和精力来修改张宏科编写的申请书。张宏科清楚地记得申请"973"项目答辩的时候，"李老师不但帮助制作答辩幻灯片，而且亲临答辩回答专家的提问，使得项目能够通过答辩并立项。"在整个项目的开展过程中，每次项目研讨会，李乐民都不远千里，拨冗出席，并提出了很多宝贵意见。

2006年，这个"973"项目立项，张宏科担任首席科学家，李乐民被聘为该项目专家组专家。当时，除了张宏科主持的"一体化可信网络与普适服务体系基础研究"，项目还有孟洛明主持的"可测可控可管的IP网的基础研究"、吴建平的"新一代互联网体系结构和协议基础研究"、陈章渊的"Pbit/s级可控管光网络基础研究"等。"十五"期间的"863"计划也设立了重大专项，"高性能宽带信息网——3TNet"，研制Tbps级光传输系统、Tbps级自动交换光传送网络、Tbps级路由器。我国还进行NGB（下一代广播）网络建设，核心带宽为Tbps级，保证用户接入带宽超过60Mbps。

国内对未来互联网的探索有两种不同思路，一种是重新设计，根据新的理念、新的办法设计网络架构；另外一个思路是局部改进，有些科学家认为不能动互联网的基本框架，在上面做比较大的修改。张宏科立志从底层开始，构造新的网络，他的思路代表了革命式的演进方式，而另外一种叫作渐进式演进的方式。张宏科说：

> 我作为首席必须要想通主要的核心思路，要提出来。但是有些思路需要向李老师确认这个思路行不行，有没有价值，李老师如果认可了，我自己的信心就更足了，也更踏实一些。还有一些没有想到的东西，李老师也帮我想到了。[1]

申请成功后，在项目进行的三年时间里，张宏科随时和李乐民交流技术思路。一期项目中，项目构建了一体化新型网络架构，核心技术转让给企业，在专网上投入使用。第一期项目结题评估结果为优（优秀率25%）。"973"二期项目"智慧协同网络"，让网络有智慧，按照人类需求去工作。张宏科说：

> 这个东西我和李老师付出比较多……我们离不开李老师的指导，做973项目，有什么问题我就和他交流，有什么困难就和他交流，思

---

[1] 张宏科访谈，2017年7月17日，北京。资料存于采集工程数据库。

路对不对也和他交流。所以我们有今天,和老先生是分不开的。他很敬业,很负责任,也很爱思考,现在80多岁了,还为我思考这个东西行不行、为什么要这样搞、将来怎么搞。[1]

李乐民时刻关注着项目的进展,由于2014年以后心脏不好,李乐民已经不能随时参加项目推进会议,但张宏科团队发表的论文,他总会仔细阅读,哪个地方不理解,他要让团队成员讲到理解,他来判断好与坏。张宏科说:

> 网络是一个大系统……我想出来一个方案,必须要和我信任的老师去沟通,老师说这个思路好、可行,我们才能作为具体实施的步骤,才能写在本子里面,才能继续去做。因为我做项目的时候张有正老师已经去世了,依赖的只有李老师,所以重大事情、重大思路、重大决策,具体一些的细节都要跟他去沟通。[2]

到目前,张宏科领衔的"973"项目已经进行了两期,构建了新一代标志分组网络原型系统。该系统在新的网络体系框架下,通过引入骨干网和接入网分离映射机制,在很大程度上解决了传统网络在安全性和移动性等方面的问题;通过引入统一的标志管理机制,初步实现了新一代网络的可控、可管。将最终研制出新一代网络原型并进行推广,有望对互联网的发展起到重要的作用。二期"973"项目也已经结题,技术在2015年已经转让给一个企业,各方面的性能、功能比过去的网络结构优化,使用的效果好。

李乐民的研究哲学

李乐民的研究哲学体现在工作的点滴细节,也在传道授业的过程中传

---

[1] 张宏科访谈,2017年7月17日,北京。资料存于采集工程数据库。
[2] 同[1]。

递给了学生。王晟就是耳濡目染、深得其益的学生之一。1988 年，电子工程系图像传输与处理专业本科毕业生王晟以优异的成绩保送读研。由于在音频信号编码解码研究方面的突出表现，三年后，王晟获得优秀硕士论文奖，保送博士生，博士生导师是李乐民。

进入课题组后，令王晟始料未及的是，同学们口中传说的"大神"教授李乐民却是内敛的、谦逊的气质。即使在自己的博士生面前，他也没有把自己当成一个高高在上的专家，特别是在学术领域，李老师会给学生一种愿意商量任何事的、特别和蔼的感觉，他更像是把学生当同事，给学生更多自由探索的空间。

李老师的指导更像是平等的交流，王晟记得非常清楚的是，在博士生们选择研究方向的时候，他向博士生们介绍了可以研究的学术问题，让学生能提升视角，去看待整个领域，选择合适的研究方向。王晟说：

> 李老师会给你解释这几个领域方向有什么不同，大概需要什么样的知识基础，最后能解决什么样的问题，可能会碰到什么困难，等等。①

很快，他写出了自己博士生期间第一篇论文，并且自我评价很不错。文章用数学方程建模整个控制系统，在此基础上考虑它的稳定性，在当时看来是比较炫的数学方法。王晟把论文交给李乐民老师。李老师说，"你的文章很好，但是可能投一个偏学术一点的期刊吧"。王晟不免气馁问："为什么？"李乐民说："我们是做工程研究的，你过于偏学术有可能给它施加了太多假设，而这些假设偏离现实，你的结果再漂亮也没用，在现实当中怎么用它，还用不用得上这套东西是个疑问"。

这段话反映出了李乐民在通信研究中的哲学观：既要有扎实的理论基础，也要有解决实际问题的能力。两者不可偏废。王晟说：

> 那是我读博之后第一次感到在思路上有很大触动的一次交谈，我

---

① 王晟访谈，2017 年 7 月 14 日，成都。资料存于采集工程数据库。

突然意识到好像不能全凭自己感兴趣,喜欢玩这些东西当然可以,也应该有兴趣才能做得下去,但是如果纯凭兴趣就会偏离这个,因为这毕竟是一个工程学科,也就是说结果不能仅凭"漂亮"二字,还得真正有用,那是我印象最深的一次交流。①

永无止境的探索之路

李乐民曾经说过,当时选择到上海交通大学电机系学习电讯,看来还是选对了——通信成了国家发展最快的产业之一。从大二转专业学电讯,屈指算来已经 68 年了,这 68 年里,李乐民为通信事业作出了自己的贡献。

从只有国家机关才有电话,到人人都有移动电话;从构建局域网、以太网,到光纤宽带进入千家万户,人们在手机上看电视、看电影、购物等等,通信事业发展之迅猛,用日新月异形容并不为过,这一切是李乐民在电信局实习时、在做"数传机"时根本无法想象的。

李乐民以前天天去图书馆,现在只要上网查找,什么学术期刊都可以看到。互联网对人们的生活影响之巨大,超过了所有预言家的想象。而今后网上还会发生什么,也没有人能够预测得到。2010 年前后,广州的 7 所总工李进良发起一次活动,邀请电子信息领域年长的专家教授写一些回忆文章记述中华人民共和国成立以来科技的发展。他请李乐民写长途通信的回忆。李乐民在文章中回忆了自己大学迈入通信行业,60 多年来我国长途通信技术变革的情况。他在文中记述了自己感触最深的三个变化:

第一个变化,长途通信线路由铜线变成了光纤。50 年代,李乐民大学毕业的时候,从上海要打一个电话到北京,是通过路边的电线杆上挂的铜线把话音传到北京。因为铜线通电话的容量小,一根铜线一般只能通 16 路电话。变成了光纤以后,一根光纤能承载成千上万路电话以及其他服务。

---

① 王晟访谈,2017 年 7 月 14 日,成都。资料存于采集工程数据库。

第二个变化是通信信号从模拟变到数字。模拟是指原始信号，数字是把模拟信号变成1和0组成的数字序列。这两种通信有什么不同呢？数字通信可以再生，干扰去掉后重新发出去。用了数字信号后，长途通信声音质量就特别好。现在从美国打来的国际长途听起声音就和国内近距离通话一样。而在50年代，如果上海打一个电话到北京，电话里面沙沙沙的声音有时很大，现在就很清楚了。

第三个变化就是从电子管到晶体管再到集成电路。李乐民毕业的时候，长途电话里面的设备还是用像灯泡一样大小的电子管。后来有了晶体管，有了集成电路。通信设备里面都用半导体集成电路，这个变化实在是太大了，手机可以做得很小。他说："这个变化非常大，光纤、数字信号、集成电路这些发展实在是了不起。"

李乐民对于国内外的技术差距深有体会。1980年，他到美国访学，当时国内外发展天壤之别。1993年，成立了国家重点实验室后，他再次到美国贝尔实验室参观，觉得国外的技术明显比国内好得多，国外实验室什么设备都有，当时国内要建数据通信网络都是依靠Cisco公司的设备。

改革开放后有一个时期，国家要发展通信产业，很多企业为了求快，不进行自主研发，直接引进国外的产品在国内销售，国外产品垄断中国市场，赚取超额利润，同时还对中国卡脖子。正是有李乐民等一批科技工作者，坚持自主研究、坚持人才培养，持续推动中国通信学科的发展。1993年，华为刚刚成立，还在做市内电话交换机，整个通信网络的研究界和产业界水平欠缺，结合不起来。而到2010年，经过近20年的发展，华为成为全球第一的通信供应商，设备超过欧美的公司。这里面有华为的奋发进取，也有电子科技大学以及其他高校通信研究和人才培养的巨大贡献。电子科技大学校友遍及华为在各大洲的分公司。

李乐民在2016年的一次谈话中说，原创性的技术还是国外的多，比如最近的软件定义网络都是国外发明出来的，从原创性来说，国内还是比较少。但是我们国家的科研人员能迅速跟随创新，做出了性能好、价钱又便宜的通信设备。以华为公司为代表的中国通信设备公司做出来的东西性价比要比国际上好，所以，华为公司在国际上发展得很快。同时，国内开始有一些小原创，现在反过来国外的公司要向中国的公司买专利。像张宏科教授进行的下一代互联网结构，如果能得到市场认可推广开来，可以算是一项较大的创新。

李乐民认为，在未来，通信技术将深入链接到整个信息生态系统中、整个产业链条中。他非常注重学科的交叉融合、开拓思路，不断地发掘着创新型科研领域的研究，他非常赞同邬贺铨院士在 2013 年 8 月中国互联网大会上提出来的"大智移云"的概念，他说，在过去十几年之中，整个信息行业包括我在内其实都在朝这个方向做着探索。他认为，大数据、智能化、移动通信、云计算不仅仅代表了计算机行业的趋势，同时也是通信、信息、制造业、材料、能源等多学科的前进方向，是新信息时代大的发展方向。我们通信的研究也应该顺应这个潮流，这样才能吸取时代赋予的活力，同时更要及时更新科研思路。

已经 88 岁高龄的李乐民，至今还没有停止前进的脚步。

结　语
奔跑在信息时代

通信是信息社会的重要支柱。李乐民很幸运地选择了这个领域。在1950年的中国，当李乐民从交通大学纺织专业转向电讯专业的时候，通信还是令普通人感到陌生、好奇，同时代表了未来的新事物。

直到20世纪八九十年代，人们对"小康社会"的憧憬还是"楼上楼下，电视电话"。因此，在李乐民选择通信几十年后，当中国实现了伟大的工业化进程并进而向信息化社会快速迈进的时候，当初这个选择的重要意义就更加凸显出来了。

如果说1950年的那次专业选择更多的是出于对通信领域的好奇，那么，随着对通信科技的了解越来越深，李乐民对通信的重要性和发展前景的认识也更加深刻。在一篇题为《通信——信息社会的重要支柱》的"科普"短文中，李乐民曾充满热情地写道：

> 在现代化信息社会中，人们希望能够随时和各地的亲友通话，希望家中的计算机终端能与市内甚至更远的大计算机联通，以便查找图书情报。这些，都离不开通信。对于一个企业或工厂来说，通信更是必不可少的。一个自动化办公室，不单是室内自动化，还需要和其他办公室用通信连结起来，协同工作，才能充分发挥效力。难怪我国铁

路、民航、水电、石油、公安、军政等部门，都纷纷渴望建立完善的通信网。将通信网比作社会的神经，并不过分。

李乐民对通信的热爱和对信息社会的呼唤，都是发自内心的。无论是如痴如醉投入科学技术研究、全心全意培养通信人才，还是热情洋溢推动产业发展，抑或是大声疾呼"三网融合"、呼唤我国出台《电信法》，这些努力都可以归结为一点，那就是推动信息时代的早日到来。

在1986年的科普文章中，他呼吁青年学子，"通信领域是一个广阔的天地，等待您投入充沛的精力"。在2000年的新年寄语中，他郑重地写下："迎接新的信息时代"。在2012年的《光纤通信信息集锦》出版献词中，他希望"以三网融合为契机，推进我国城镇光纤化，做大做强我国光纤通信产业"。

可以说，李乐民这一生所做的工作，就是选择通信并推动我国通信事业的发展。从大学时代邂逅通信开始，他逐步变成了一个通信时代的参与者、推动者、践行者、见证者和受益者。

虽然他自始至终都谦虚地说"通信领域博大精深，我只是在数字通信领域作出了一点点贡献"，但不可否认，在中国的信息化进程中，尤其是在通信向数字化发展的进程中，李乐民作出了重要的贡献，最终推动我国建立了能够"供电话、电视、计算机数据等综合服务的数字通信网"。

然而，一个幸运的选择并不必然意味着幸运的结果。爱因斯坦曾说，"天才就是1%的灵感加上99%的汗水。"对李乐民而言，他的成功，或许正是来自于那"99%的汗水"。因此，要考察李乐民在通信领域的成就，或许我们还需要从更多的方面追问几个"为什么"。

回顾李乐民的成长经历，我们不难发现：

第一，李乐民受到家庭崇文重教氛围的熏陶，从小就养成了良好的学习习惯，尤其是在学习的自觉性方面，从不需要父母督促。在他的父亲、我国知名物理学家和物理教育家李庆贤的影响下，李乐民对数理科学产生了浓厚的兴趣，他曾坦承自己对数理化的兴趣以及此后选择理工科，与父亲的影响密切相关。在小学、中学阶段，李乐民的数学成绩一直很好，在交通大学学习阶段经过系统的数理学习和训练，留校后又经历了扎实的助教经历和跟随苏联专家学习以及交流访学的阶段，扎实的学术基础为他以后学习和研究通信奠定了基础。

同时，他从小就注意学习英语，在"海归"父亲和教会学校老师许安之的帮助下，打下了良好的英文基础，这就为以后向英美等通信技术发达的国家学习准备了条件。大学毕业留校工作后，在"以俄为师"的时代背景下，他又刻苦学习掌握了俄语，进而能够从苏联专家那里以及俄语科技文献中获取通信领域的先进理念和知识，真正地在美苏两大阵营的科学宝库中兼收并蓄、为我所用。

李乐民认为，"从事通信技术工作，需要有坚实的数理基础，有电路理论、电子线路（模拟的和数字的）、信号分析和处理（确定的和随机的）、通信原理、计算机应用等方面的知识，要求掌握好外语，以便学习国外的先进技术。"显然，他自己就具备所有这些能力。

第二，李乐民在科研攻关中，具有强烈的使命感、强大的干劲和卓绝的攻关能力。

在他的学术生涯的几个重要阶段，他都作出了引领国际国内通信学界的重要成果，例如：在"数字电话进长途通信"项目中，他在国内首次做到了普通电话线路中传数字信号；在"××自动化系统工程"中，他第一次作出了微波信道中传数字信号的样机；在"140Mbit/s 数字彩色电视光纤传输系统"中，他第一次实现了光纤技术与数字信号技术结合的贯通。在 20 世纪 80 年代初，李乐民做的几项通信抗干扰的理论研究在国际上都具有奠基性意义。

这些项目在出成果之日即迅速并且几乎无偿地向科教界以及行业产业中普及，及时提升了全行业的技术水平，推动了我国的信息化进程，而在研究这些技术的过程中，每一项成果无不是付出了巨大的艰辛、经受了巨大的考验、克服了巨大的困难、攻克了复杂的难题。在每一次重大科研工作中，这些项目都具有理论可行但技术难度大、统筹协调工作复杂的特点，李乐民以个人扎实的理论功底确保了研究的方向正确，他身先士卒夜以继日地刻苦工作带领团队克服研究条件的重重困难。

正是他的强大的拼搏精神，在当时的有限条件下，把不可能变成了可能。李乐民在科研工作中之所以如此坚韧、如此拼搏，一方面源于他对学术的浓厚兴趣，更源于他对国家、民族的责任和使命。他的这种情怀，从不挂在嘴边，也很少对学生宣讲，只有在寥寥数次接受采访时，他才吐露心迹——原来，他对国家和民族的热爱，是如此深沉。

也正是因为这种深沉的爱，使他在20世纪六七十年代做每一次重大项目期间，能够面对生活的困苦、保障的艰难以及科研条件的极为简陋，承担了极为繁重的科研任务，并作为关键技术的主要研究人员，承受住了巨大的身心压力。最终，他经受住了考验，在鏖战无数个日夜之后，圆满完成了项目任务，满足了国家的重大需求。回看这段历史，可以设想，在此过程中哪怕有一丝懈怠甚至放弃的念头，或许都不会有今天的成就。

第三，李乐民一直对科技前沿动态保持密切关注，能够以敏锐的洞察和巨大的勇气涉足全新的科研领域，使雄厚的科研积累不断焕发勃勃生机。

众所周知，通信技术领域是近50年以来发展最快、更新最快、对生产和生活影响最大的研究领域之一。即便是普通的用户，也能够在产品和服务的迅速更迭中强烈感受到"摩尔定律"的魔力以及通信产业一日千里的巨变。更不用说像李乐民这样身处在通信科技进步的大潮中，更能体会到科技快速进步中的风大浪急。

对于他以前的辉煌成绩，尽管这些成果在当时都处于国际先进或国内领先地位，但到了今天，他甚至都不愿再提及。在他看来，过去的成绩已经完成了它的历史使命，或许只有在后来者逆流而上、追溯通信历史的长河时才有一定的纪念意义，而对于今天的他来说，他要迎接的始终是未来。

在李乐民的学术生涯中，我们可以发现他不仅能够保持对科技发展的敏锐洞察，也能够及时调整自己的研究问题。他在自我扬弃、自我批评方面没有一丝吝啬和惋惜，在超越自我、迎接未来之时，也没有一丝畏惧和犹豫。这就使他能够始终站在通信技术的潮头，做出前瞻性的研究成果。

同样，通过研究生培养，李乐民也把这种前瞻性的理念及时传递给了学生，并通过学生的学生代代相传。他时刻提醒学生，一方面要面向未来，一方面要面向世界。面向未来，就要不断超越过去；面向世界，就要不断学习国外。

第四，李乐民在基础研究方面投入了极大的热情，也在推动应用研究并积极助力通信产业的发展方面倾注了心血。他既是通信领域的理论家，也是一个名副其实的实干家。

李乐民在研究中十分重视通信技术发展要面向社会生产生活实际需要：他的研究哲学是，既要有理论的引领和突破，又要立足实际问题和实际需求。他对光纤通信的研究，为解决我国光纤行业的诸多"卡脖子"的问题作出了重要贡献；他倡导"三网融合"，并以人大代表的身份呼吁国家出台《电信法》，以帮助中国的通信产业做大做强，以更好的姿态迎接中国加入WTO带来的新挑战；他推动智慧城市建设，强调"物联网"将为我们带来一个全新的世界。

他牢牢把握通信核心领域的研究，即通信抗衰减、抗干扰、通信抗毁、防信道拥塞等研究；同时，他也能够做到把核心技术与新的社会的需求、新的信道媒介、新的实用场景等结合起来。

他对通信产业的强烈关切，使他的身影时时出现在产业论坛、公司企业，也使关于他的报道时时见诸报端。这就给人留下了一种印象，仿佛他是一个活跃的社会活动家。而了解李乐民的人都知道，他在日常生活中其实是一个在象牙塔里沉醉于学术、利万物而不争的学者和良师。

或许，我们会觉得，这一动一静，形象反差竟然如此之大。然而，这一看似矛盾的现象，却具有内在的统一。李乐民所呼唤的是一个新的信息时代，而这个时代既需要科技的进步，也需要产业的扩展和应用的普及。

李乐民绝不会像企业家那样考虑产品和利润，实际上，他一直都是那个对物质没有什么追求、视金钱为浮云的纯粹的人，但他真诚地希望通信技术能够广泛地惠及全国、服务社会。只有这样，他才能更好地实现作为一个"通信人"的"中国梦"。

第五，李乐民做事精益求精，有时候近乎严苛，但做人平淡如水，胸襟开阔，有容乃大。在对待学生方面，他尤其显得宽厚、和蔼，甘当人梯，将一代又一代优秀学子推上了科研、教学、产业一线。

——他不慕名利，生活朴素而简单，但却对学生的生活十分关心，尤其是对家庭境况不好的学生给予很多关照，同时还不伤害学生的自尊。

——他指导学生，有教无类，坚持公平公正。即便是自己的学生，他在学术的要求上也不会"走后门"；即便不是自己的学生，他也一样用心指导。正如虞红芳教授所言："李乐民指导的是'学生'，不是'李乐民的学生'。"

——他善于发现优秀学子，也善于引导学生成长成才，更重要的是，他能够设身处地为学生着想，能够大胆地任用学生、积极吸纳学生进入团队开展科研锻炼。

李乐民把人才培养放在了和科学研究同样重要的位置，有时候甚至让人感到，人才培养才是他最在意的工作。如果让他回顾自己一生的贡献，他最得意的其实并不是曾经攻克了某个技术难题，而是他培养了200余位研究生。

如今，李乐民培养的优秀人才，已经在各自的工作岗位上作出了许多重要贡献，也正在像李乐民培养他们那样，把他们学到的做人做事的理念、刻苦钻研的精神和先进的科技知识等传授给一届又一届青年学子，从而使我国的通信人才队伍源源不断、永葆青春。

李乐民对过去的一些科研成绩甚至都不想再提起，但对于他带过的学生，他一直念念不忘，直到现在还能够清晰地记得每个学生的名字。过去的科研具有阶段性和时代性，而师生的情谊一旦结下了那就是一辈子。

总括李乐民的人生历程，他的人生像一条平静的河流，但在这种平静中，分明能够感受到它的波澜壮阔。他用毕生的精力为信息社会的到来做着各种努力，如今，信息社会已然来临，他依然奋斗不息。对他来说，生命已经与通信事业凝为一体。

如果要用一句话来概括李乐民院士的一生，那就是，他一直在用生命拥抱信息时代！

附录一　李乐民年表

1932 年
5 月 28 日，出生于浙江省吴兴县南浔镇（现浙江省湖州市南浔区），父亲李庆贤为东吴大学教授，母亲金羡贞无职业。

1934 年
随父亲李庆贤、母亲金羡贞、弟弟李悦民到苏州生活。

1937 年
"八一三"事变后，上海被日军占领，东吴大学大学部迁往南浔，随父母回到南浔，不久又逃难至安徽黟县。

1938 年
随父母回到上海，9 月，在上海位育小学读小学。

1940 年
三年级上学期，获位育小学演讲竞赛优胜奖。授课老师赵富芳（物理学家赵富鑫的妹妹）为他准备了演讲稿，他用国语演讲并获奖。演讲内容是"白雪公主和七个小矮人"。

1943 年

7 月，提前一年读完小学。

9 月，开始在上海市正养中学读初中。

1945 年

8 月，抗战胜利，上海正养中学师生职工庆祝日本投降。

在上海随父亲参加东吴大学毕业典礼。

1946 年

暑假，随父母从上海回到苏州，开始在东吴大学附属中学读高中。

1947 年

祖父李诵先病故。

1949 年

4 月 27 日，苏州解放，解放军入城。

7 月，从东吴大学附属中学高中毕业，并以优异成绩被上海交通大学纺织系录取。

9 月，开始在上海交通大学接受本科教育。

1950 年

在交通大学读二年级时，发现自己并不喜欢纺织机械专业，于是在二舅金忠谋的建议下，转系到电机系。其中，电机系分"电力组"和"电讯组"两个专业，前者是"强电"领域，后者是"弱电"领域。由于他对"强电"的兴趣较弱，但对"弱电"的兴趣十分浓厚，认为"电讯组研究的都是电话、电报、收音机等人们常用的东西"，于是选择了电讯组，从此与通信结缘。

1951 年

5月13日，加入中国新民主主义青年团（中国共产主义青年团前身）。

5月，加入中苏友好协会（交通大学支会）。

1952 年

按照国家统一要求，提前一年大学本科毕业，并留在上海交通大学电讯系工作。

10月，开始担任张钟俊教授的助教。

1953 年

1月20日—2月5日，在上海俄文专科学校（今上海外国语大学）学习俄语。

3月，开始担任张煦教授（1980年当选为中国科学院学部委员）的助教。

暑假，带学生到上海电信局、上海铁路局的长途载波电话室实习。

1954 年

担任系秘书工作。

暑假，带学生到上海电信局、上海铁路局的长途载波电话室实习。

10月，赴天津大学电讯系进修，跟随苏联专家吉杰列夫学习。

1955 年

8月，结束在天津大学电讯系进修，在北京市电话局的长途载波室实习。

9月，天津大学电讯系搬迁至北京，和重庆大学电讯系等组建了北京邮电学院（今北京邮电大学）。

苏联专家吉杰列夫也来到北京邮电学院，于是继续跟随吉杰列夫学习。

1956 年

年初，中国科学院应用物理所首先举办了半导体器件短期培训班，请回国的多位半导体专家黄昆、成众志等讲授半导体理论和晶体管电路。他参加了该培训班。

上半年，在北京邮电学院做进修结业论文，利用随机过程理论，推导出多路载波电话的非线性产物的频率分布计算式。

8月底，结束在北京邮电学院的进修，回到上海。

9月，从上海出发，随交通大学电讯系整体西迁成都。

9月27日，成都电讯工程学院（今电子科技大学）举行首届开学典礼。该校是在周恩来总理的亲自部署下，由交通大学（今上海交通大学、西安交通大学）、南京工学院（今东南大学）、华南工学院（今华南理工大学）的电讯工程有关专业合并创建而成的。

成为中国通信学会会员、中国电子学会会员。

1957 年

8月9日，与上海铁路学校（后为上海铁道学院、上海铁道大学，现并入同济大学）彭水贞（曾为上海铁路局技术员）结婚。

在《电信科学》第2期发表第一篇学术论文《发送电平预先倾斜在多路电话系统的运用》。该文的方法后来在南京有线电厂设计300路小同轴电缆载波机时被采用。

在成都电讯工程学院晋升为讲师。

1958 年

11月16日，女儿李爱劳出生。

父亲李庆贤入党。

1959 年

被评为成都电讯工程学院科学研究二等优秀工作者。

为成都电讯工程学院本科生开设了"脉冲多路通信"课程。

与青年教师李幼平（1999年当选为中国工程院院士）进行科研合作。

1960 年

带着妻子和女儿，去南京看望父母、弟弟和弟媳。

成都电讯工程学院开始招收三年制研究生，增设市内电话、长途电话、无线电通讯、无线电定位等13个专业招收研究生，共有16位指导教师。他与张煦为长途电话专业指导教师。

成都电讯工程学院被列为全国重点高等院校。

以讲师身份，招收了一名长途电话专业的硕士研究生。研究生是许姜南，论文题目是"锁相环捕获时间的研究"。许姜南毕业后分配到南京邮电学院（现南京邮电大学），退休前为副教授。

1961 年

所著的《脉冲多路通信》讲义由成都电讯工程学院印刷所印刷出版。

美国贝尔实验室研制出用于市内电话中继电缆的24路时分脉冲编码调制设备，全机共约300个晶体三极管和900个晶体二极管，增强了他继续开设"脉冲多路通信"课程的信心。

1962 年

3月，在《成电学报》第3期发表论文《脉冲式自动相位微调系统的稳定性》。

1965 年

12月，在《电子学报》第4期发表论文《具有附加RC网络时脉冲式自动相位控制系统的稳定性》。

母亲金羡贞病故。

1970 年

5月19日，"彩色电视会战"正式启动，在成都电讯工程学院举行欢迎仪式，来自广东、广西、湖北、河南、陕西、甘肃、宁夏、云南、贵州、四川等十个省区的 210 人参加欢迎仪式。

参与"彩色电视会战"，负责研制一个彩色编码电路板。

担任"载波话路用 9600bit/s 数传机"课题组技术负责人。该项目由成都电讯工程学院开始承担研制。

1974 年

去川西平原的崇庆县（今崇州市）白马村校办农场进行劳动锻炼半年，科研任务暂告一段落。

1975 年

担任 ××× 工程用数据转接终端机项目课题组长，开始新的科研攻关。

1977 年

12 月当选为成都电讯工程学院第二届学术委员会委员。同年，还被评为学大庆先进工作（生产）者。

1978 年

被评为成都市先进科技工作者。

参与研制的"无线电接续信息传输设备"项目获全国科学大会奖。

1979 年

1 月，晋升为副教授。

3 月，在《成都电讯工程学院学报》发表论文《自适应均衡器平均电路的计算》。

主审《通信系统》30 万字。

1980 年

3月，与叶佳祥合著的《数字传输设备中的均衡器》由人民邮电出版社出版。

担任成都电讯工程学院无线技术系 102 教研室副主任。

8月，赴美国加州大学圣迭戈分校（University of California San Diego）做访问学者。

1981 年

11月，在美国新奥尔良参加 National Telecommunications Conference（国家通信会议），并宣读自己撰写的论文 *The use of adaptive filters for narrowband interference*（用自适应滤波器抑制窄带干扰）。

从本年到 1983 年担任 IEEE 通信学报审稿人。

1982 年

5月，在 *IEEE Transactions on Communications*（IEEE 通信学报）第 5 期发表论文 *Rejection of Narrow-Band Interference in PN Spread-Spectrum Systems Using Transversal Filters*（用横向滤波器抑制扩频系统中的窄带干扰）。

8月，从美国加州大学圣迭戈分校回国。

父亲李庆贤作为从事物理工作五十年以上的科学家受到中国物理学会的表彰。

1983 年

1月，在 *IEEE Transactions on Communications*（IEEE 通信学报）第 1 期发表论文 *Rejection of Pulsed CW Interference in PN Spread-Spectrum Systems Using Complex Adaptive Filters*（用复数自适应滤波器抑制准噪声扩频系统中的脉冲式连续波干扰）。

2月，任成都电讯工程学院无线技术系 102 教研室主任。

4月，在 *IEEE Transactions on Communications*（IEEE 通信学报）第

4期发表论文 *Rejection of CW Interference in QPSK Systems Using Decision-Feedback Filters*（用判决反馈滤波器抑制四相相移键控系统中的连续波干扰）。

招收硕士研究生一名。研究生名字叫樊丰，论文题目是"卫星直播电视数字伴音副载波调制制度的研究"，其中研究成果发表在1990年2月的 *IEEE Transactions on Communications*（IEEE通信学报）上。樊丰毕业后留校，现为电子科技大学信息与通信工程学院副教授。

×××工程通过现场考核，正式交付部队使用。

1984年

6月，电子工业部批准成都电讯工程学院成立信息系统研究所。

7月11日，被聘为成都电讯工程学院信息系统研究所首任所长。

7月，当选为成都电讯工程学院第三届学术委员会委员。

参编《数字通信原理》3.5万字。

参加电子工业部无线通信专业科技情报网组织编写的《无线通信技术教材》。

主持研制的"用判决反馈滤波器抑制QPSK通信系统"项目获电子工业部科技进步二等奖。

被评为成都电讯工程学院先进工作（生产）者。

1985年

5月，在《电信科学》第4期发表论文《扩展频谱通信的应用与动向》。

6月23日到7月5日，赴英国参加国际信息论会议。

7月5日，国务院同意在我国试办博士后科研流动站试行博士后研究制度。

10月18日，经博士后科研流动站管理协调委员会第二次会议批准，确定在全国73个单位建站102个，成都电讯工程学院为首批建站单位，也是西南地区和电子工业部首批设站的唯一高校。"电子学与通信"学科首批建立博士后科研流动站，包括通信与电子系统、信号与信息处理等7个二级学科专业可以接受博士后研究人员。

10月，在《通信学报》第4期发表论文《用横向均衡器抑止第四类部分响应系统中的导频干扰》。

获成都电讯工程学院优秀工作一等奖。

被评为成都市先进教师和电子工业部优秀教师。

主持研制的"140兆比特／秒数字彩色电视光纤传输系统"项目获电子工业部科技成果一等奖。

下半年，开始组织学术梯队，编写"通信与电子系统"博士点申请书和博士生导师申请书。

被四川省通信学会推荐为有成就、有贡献的科技人员。

1986 年

4月30日，晋升为教授。

5月，在《电信科学》第5期发表论文《光纤数字传输系统的线路编码》。

7月28日，晋升为"通信与电子系统"博士生导师，是成都电讯工程学院该学科首位博士生导师。

8月，和赵梓森、杨知行等合著的《数字通信传输系统》由人民邮电出版社出版。

9月，为《中国大百科全书·电子学与计算机2》撰写"基带传输""均衡技术""数据通信""调制解调器"等词条。

"通信与电子系统"获准为博士学科点，并是首批获准能招收博士后的学科。

被评为成都电讯工程学院优秀教师（职工）。

主持研制的"用复数自适应滤波器抑制扩频系统中的脉冲式连续波干扰"项目获电子工业部科技进步二等奖。

被人事部授予"国家级有突出贡献的中青年专家"荣誉称号。

1987 年

1月，四川省第六届人民代表大会常务委员会第二十三次会议用无记名投票方式补选了李乐民、杨东桥二位同志为六届全国人大代表。

3月，参加第六届全国人民代表大会第五次会议。

5月，在《电子学报》第3期发表论文《数字电视系统中量化失真对微分增益和微分相位的影响》。

6月，参加在中国南京举行的国际通信技术会议，担任会议技术程序委员会委员，并发表论文 Rejection of finite-bandwidth interference in direct sequence Spread-spectrum systems using adaptive IIR filters（用自适应无限冲激响应滤波器抑制直接序列扩频系统中的有限带宽干扰）。

11月15—18日，赴日本东京参加全球通信会议（Global Telecommunications Conference）。会议主题是"走向智能通信系统"。

在美国波士顿举行的国际通信会议上发表论文 Rejection of finite-bandwidth interference in QPSK systems using decision-feedback filters（用判决反馈滤波器抑制四相相移键控系统中的有限带宽干扰）。

被评为成都电讯工程学院优秀教师（职工）。

父亲李庆贤去世。

1988 年

当选为第七届全国人大代表。

3月，参加第七届全国人民代表大会第一次会议。

5月14日，经国家教委批准，成都电讯工程学院更名为电子科技大学。

在《电信科学》第4期发表《1987年全球通信会议论文要目》。

负责"七五"攻关项目"实用化三次群光纤通信系统"的关键部分"实用化三次群光纤通信系统中的线路编码与上、下区间通信"研制。

"通信与电子系统"二级学科被评为首批国家重点学科。

承担国家教委博士点项目"光纤通信网中综合图像信息的理论与应用研究。"

1989 年

3 月，参加第七届全国人民代表大会第二次会议。

3 月，在《电路与系统学报（试刊）》创刊号发表论文《帧同步系统捕捉时间的统计分析》。

5 月，被授予"四川省职工劳动模范"称号。

9 月，被授予"全国先进工作者"称号，成都市大中小学校唯一获表彰者。

主持研制的"用横向滤波器抑制扩频系统中的窄带干扰"项目获机械电子工业部科技进步二等奖。

主持研制的"卫星直播电视与伴音体制研究"项目获机械电子工业部科技进步三等奖。

主持研制的"非线性卫星链路的均衡"项目获机械电子工业部科技进步三等奖。

被评为电子科技大学先进工作（生产）者。

入选由成都市科学技术委员会编辑的《蓉城科技群英荟萃》一书。

参与研制的"多结构可单芯光纤 3+ 网络系统"项目获得四川省科技进步二等奖。

与吴诗其发表的论文《电视信号通过带限调频信道后的交调失真》被中国电子学会评为受奖论文。

1990 年

1 月，作为领衔代表，向第七届全国人民代表大会提出《建议在人民大会堂发售纪念邮票时维持秩序》的议案。

2 月，在 *IEEE Transactions on Communications*（IEEE 通信学报）第 5 期发表论文 *Effect of noisy phase reference on coherent detection of band-limited offset-QPSK signals*（有噪相位参考对频带受限的偏离－四相相移键控信相干检测的影响）。

3 月，参加第七届全国人民代表大会第三次会议。

5月,当选为电子科技大学第四届学术委员会委员。

8月,在《电子科技大学学报》第4期发表论文《光纤通信系统中的帧同步捕捉时间》。

12月,经国家计委、国家教委和电子工业部批准,宽带光纤传输与通信系统技术国家重点实验室成立。

担任该实验室首任主任,中国科学院院士林为干担任首任学术委员会主任。

主持研制的"光纤计算机网络系统"项目荣获四川省"七五"期间计算机开发应用成果展览会优秀项目。

在第五届数据通信学术会议上发表的《高性能交换结构》《光纤3+网络系统的研究与实现》论文被中国电子学会(通信)评为优秀论文。

1991年

3月,参加第七届全国人民代表大会第四次会议。

12月,赴美国参加国际通信会议。

获国务院政府特殊津贴。

主持研制的"数字通信系统中传输性能与抑制窄带干扰的研究"项目获国家自然科学四等奖。

1992年

3月,参加第七届全国人民代表大会第五次会议。

8月,在《电子科技大学学报》第S1期发表论文《宽带光纤通信网》。

9月,参加在北京举行的国际通信技术会议,并担任会议技术程序委员会委员。

承担国家教委博士点项目"话音与数据综合的个人通信网体制研究"。

主持研制的"宽带综合业务局域网关键技术与实验系统"项目获机械电子工业部科技进步一等奖。

获光华科技基金二等奖。

1993 年

当选第八届全国人大代表。

3 月，参加第八届全国人民代表大会第一次会议。

11 月，去美国贝尔实验室及通信公司考察。

12 月 28 日，担任电子科技大学欧美同学会副会长。

12 月，被批准为中国通信学会会士。

主持研制的"B-ISDN 网络／节点接口设备"项目获四川省科技进步二等奖。

承担国家自然科学基金项目"宽带综合业务数字网中的拥塞控制的研究"。

承担国家"863"项目"ATM 通信网试验模型"。

1994 年

3 月，参加第八届全国人民代表大会第二次会议。

4 月，电子科技大学通过"211 工程"部门预审。

6 月，参加在上海举行的国际通信技术会议，并担任会议技术程序委员会委员。

8 月，赴香港中文大学参加宽带通信、无线通信研讨会。

10 月，卸任宽带光纤传输与通信系统技术国家重点实验室主任，担任该实验室学术委员会主任。

12 月，在 *IEEE Transactions on Communications*（IEEE 通信学报）第 12 期发表论文 *Maximum Throughput of an Input Queueing Packet Switch with Two Priority Classes*（具有两种优先级的输入排队分组交换机的最大吞吐量）。

1995 年

1 月，随信息产业部代表团访问日本富士通公司。

1 月 10 日，电子科技大学信息系统研究所被撤销，卸任该所所长。

3 月，参加第八届全国人民代表大会第三次会议。

与孙海荣合著的《ATM 技术——概念、原理和应用》由电子科技大学出版社出版。

主持研制的"使用 T 型光电中继器的抗毁光纤以太网"项目获四川省科技进步三等奖。

1996 年

2 月，去美国堪萨斯州立大学洽谈合作。

3 月，参加第八届全国人民代表大会第四次会议。

主持研制的"光纤宽带局域网原理模型"项目获电子工业部科技进步二等奖。

主持研制的"电视与数据综合光纤传输网"项目获电子工业部科技进步三等奖。

与吴诗其、冯钢合著的《数字通信系统中的网络优化技术》由国防工业出版社出版。

当选电子科技大学第五届学术委员会委员。

1997 年

1 月，在《电子学报》第 1 期发表论文《周期性业务流通通过 ATM 复用器的时延抖动分析》。

3 月，参加第八届全国人民代表大会第五次会议。

11 月，在香港中文大学做访问学者。

11 月，当选中国工程院院士。

主持研制的"单节点 ATM 试验系统"项目获电子工业部科技进步二等奖。

主持研制的"城域网介质访问控制协议的性能研究"项目获电子工业部科技进步三等奖。

电子科技大学成为国家"211 工程"重点建设大学。

1998 年

当选第九届全国人大代表。

3月，参加第九届全国人民代表大会第一次会议。作为领衔代表，向第九届全国人民代表大会提出《建议计委和教育部按市场需求审批研究生扩招名额》《建议教育部重视解决高等学校青年教师的稳定，投资建设青年教师公寓》两份议案。

6月，当选为四川省第四届科技顾问团成员。

7月，四川知识分子联谊会在成都金牛宾馆成立，陈文光、刘诗白、陈祖湘、李克光、徐尚志、罗元俊、刘应明、李乐民为四川知识分子联谊会首届理事会顾问。

11月29日，通过第三期中国科学院、中国工程院党外院士理论研究班学习，圆满结业。

主持研制的"数字通信系统中的网络优化技术"项目获信息产业部科技进步二等奖。

1999 年

3月，参加第九届全国人民代表大会第二次会议。作为领衔代表，向第九届全国人民代表大会提出《关于支持和发展具有自主版权的信息服务业》《建议国家自然科学基金会重视将人力投入作为科研成本》议案。

3月，承担国家自然科学基金重大项目"WDM 全光网基础研究"中的课题"WDM 全光网和 IP 网结合的研究"。

6月3日，被西南交通大学聘为名誉教授。

在《电子科技大学学报（社科版）》第3期发表论文《通信技术的发展及其通信政策》。

2000 年

1月15日，受聘为《无线电工程》编辑委员会委员。

3月，参加第九届全国人民代表大会第三次会议。作为领衔代表，向第九届全国人民代表大会提出《建议国务院解决"一个单位能同时经营电话和广播电视"问题》议案。

4月25日，被四川省咨询业协会授予院士级咨询师职业资格证书。

7月27日，受聘为成都市公安局科技顾问。

8月，作为《中兴新通讯》编委成员，赴江西井冈山参加《中兴新通讯》第六次编委会暨中兴通讯技术发展研讨会。

在《电子科技大学学报》第4期发表论文《WDM网上运行IP的研究》。

10月，在 IEEE Journal on Selected Areas in Communications 发表论文 Dynamic routing and assignment of wavelength algorithms in multifiber wavelength division multiplexing networks（多光纤波分复用网动态路由和波长分配算法）。

12月，当选为四川省通信学会第六届理事会理事。

受聘为成都曙光光纤网络有限责任公司高级科技顾问，聘期一年。

当选为电子科技大学第六届学术委员会委员。

2001年

1月，在《中国数据通讯》第1期发表论文《通信网络的发展》。

3月，参加第九届全国人民代表大会第四次会议，对四川省信息产业发展、人才机制问题和西部信息高速公路建设建言。

5月17日，四川省通信管理局和四川省通信学会在成都联合举办第33届世界电信日纪念会。李乐民作报告，介绍互联网的发展与展望。

6月，在 IEEE International Conference on Communications（IEEE国际通信会议）发表论文 A new algorithm of design protection for wavelength routed networks and efficient wavelength converter placement（一种新的用于波长选路网络的设计保护算法及有效的波长变换器放置）。

8月，受聘为四川省人民政府参事。

9月26日，电子科技大学庆祝建校45周年，作为教师代表在庆祝大会上发言。

主持研制的"ATM用户接入设备研究"项目获信息产业部科技进步三等奖。

电子科技大学成为国家"985工程"重点建设大学。

2002 年

2月，受聘为国家信息化工程师认证考试工作指导委员会委员。

3月，参加第九届全国人民代表大会第五次会议。作为领衔代表，向第九届全国人民代表大会提出《关于尽快制订"电信法"的建议》议案。

5月28日，七十大寿，电子科技大学举行庆祝活动。

6月，受聘为成都高新区顾问。

7月，参加首届国际通信电路与系统学术会议，并担任大会主席。

2003 年

1月，《实验科学与技术》创刊，担任首任主编。

1月，承担国家自然科学基金委员会与香港研究资助局联合资助基金：多业务无线蜂窝网中的资源管理研究，作为内地负责人。

当选第十届全国人大代表。

3月，参加第十届全国人民代表大会第一次会议。作为领衔代表，向第十届全国人民代表大会提出《关于建议国家对西部招商引资有比东部更优惠的财税政策的建议》议案。

3月，在 Photonic Network Communications（光网络通信）发表论文 Dynamic grooming algorithms for survivable WDM mesh networks（用于抗毁波分复用网状网的动态疏导算法）。

5月16日，受聘为电子科技大学科学技术委员会顾问，聘期一年。

5月30日，受聘为中国电子科技集团公司第七研究所"渡海抢滩战术通信演示验证"项目客座专家。

6月，在《电子科技大学学报》第3期发表论文《IP over WDM 网络的研究》。

8月，在成都参加第四届并行与分布式计算、应用与技术（PDCAT'03）国际会议，并作了题为 Recent Advances in IP over WDM networks（WDM 光网络的最新研究进展）的主题报告。

9月2日，受聘为中国科学院广州电子技术研究所《电路与系统学报》编辑委员会委员，聘期三年。

10月29日，参加四川光电技术产业研讨会。该会由中国工程院信息与电子工程学部、四川省科技顾问团等联合举办。

10月，访问德国罗德与施瓦茨公司。

11月，访问台湾新竹科学园区、台湾工业技术研究院的天瀚科技股份有限公司、光电工业研究所等。

2004年

1月，作为鉴定专家受邀赴大连参加我国自主研制的新一代移动通信系统——"CMT复合移动通信系统"鉴定会。

3月，参加第十届全国人民代表大会第二次会议。

在《中兴通讯技术》发表论文《光网络选路和波长分配研究》。

2005年

3月，参加第十届全国人民代表大会第三次会议。建议国家不宜盲目取消"经济适用房"，国家相关部门应针对"经济适用房"建设和使用中存在的问题，顺藤摸瓜，找出原因、对症下药，让好的政策最大化地发挥为民服务的效力；呼吁国家有关部门修订《义务教育数学课程标准》，停止在全国统一推行新课标初中数学教材，请求教育部允许各省市自选数学教材。

5月27日，因在"十五"科学研究工作中成绩突出，被评为电子科技大学科研先进工作者。

2006年

1月，在成都参加成都市中长期科技发展规划院士专家咨询会，就成都市自主创新能力的培育和科技成果转化建言献策。

3月，参加第十届全国人民代表大会第四次会议。作为领衔代表，向第十届全国人民代表大会提出《关于国家进一步做好医疗卫生改革，重在实效的建议》议案；就创新型国家建设，尤其是成都市的知识产权保护问题建言献策，认为成都市在知识产权保护上起步早，但也要走得好。

在 IEEE/OSA Journal of Lightwave Technology（IEEE/OSA 光波技术期

刊）发表论文 *Path-based routing provisioning with mixed shared protection in WDM mesh networks*（波分复用网状网中采用混合共享保护的基于路径的选路设置）。

8月12—13日，在西安参加《中兴通讯技术》杂志第12次编委会暨2006中兴通讯高级论坛，并做了题为《新一代网络的研究》的专题报告。

8月17日，被选为四川省通信学会学术工作委员会主任委员，并主持研讨了组建四川省通信学会专家委员会意见及工作条例、调整四川省通信学会专业委员会设置及主要工作范围和内容，以及学会高级会员评审委员会机构及审批新提名高级会员等事宜。

9月，在 *IEEE Communications Letters*（IEEE通信快报）发表论文 *Dynamic survivable routing heuristic for shared protected WDM optical networks*（用于共享保护的波分复用光网络的动态抗毁选路试探）。

9月27日，电子科技大学庆祝建校50周年，作为教师代表在庆祝大会上发言。

10月，在 *IEEE Communications Letters*（IEEE通信快报）发表论文 *Cost reduction for provisioning survivable multicast sessions in WDM mesh networks*（波分复用网状网中设置抗毁多播会话的成本降低）。

11月，在美国旧金山举行的 IEEE Global Telecommunications Conference（IEEE全球通信会议）上发表论文 *Insights for segment protection in survivable WDM networks with SRLG Constraints*（有共享风险链路组约束时对波分复用网络中分段保护的见解）。

担任ITST国际会议（Intelligent Transportation System Telecommunication）大会主席。

为《电子科技大学学报》庆祝建校50周年专刊撰写序言。

12月17—19日，在成都参加第二届电子课程报告论坛并作报告，从通信产业发展的角度提出了对电工电子基础课程教学的新要求。

2007年

1月，在 *IEEE/OSA Journal of Lightwave Technology*（IEEE/OSA光波技

术期刊）发表论文 On finding feasible solutions with shared backup resources for surviving double-link failures in path protected WDM mesh networks（路径保护的波分复用网状网中采用共享备用资源抵抗双链路失效的可行解寻找）。

3月，参加第十届全国人民代表大会第五次会议，审议《物权法》，建议公正和公平并重，希望把"公平""合理"两个词加到《物权法》原则里。同时，还就农民工的选举权问题建言。

卸任第十届全国人大代表。

6月，在 IEEE/OSA Journal of Lightwave Technology（IEEE/OSA 光波技术期刊）发表论文 A novel survivable routing algorithm with partial shared-risk link groups disjoint protection based on differentiated reliability constraints in WDM optical mesh networks（一种波分复用网状光网络中基于区分可靠性约束的采用部分共享风险链路组分离保护的新型抗毁选路算法）。

10月16日，受聘为重庆邮电大学名誉教授。

12月3日，指导的学生郭磊的论文《网状WDM网中的抗毁保护算法研究》，被四川省人民政府学位委员会和四川省教育厅评为"四川省2007年优秀博士学位论文"。

12月，在 IEEE Journal on Selected Areas in Communications（IEEE 通信领域期刊）发表论文 Achieving shared protection for dynamic multicast sessions in survivable mesh WDM networks（抗毁网状波分复用网中为动态多播会话取得共享保护）。

参加国家973项目"一体化可信网络与普适服务体系基础研究"项目2007年度总结研讨会，并受聘为专家组专家。

在香港举行的 IEEE Wireless Communications and Networking Conference（IEEE 无线通信与网络会议）上发表论文 Opportunistic scheduling with multiple QoS constraints in wireless multiservice networks（无线多服务网络中具有多服务质量约束的机会性调度）。

2008年

5月，在北京举行的 IEEE International Conference on Communications

（IEEE 国际通信会议）上发表论文 Provisioning of survivable multicast sessions in sparse light splitting WDM networks（稀疏光分离波分复用网络中抗毁多波会话的设置）。

7月14日，应邀赴兰州大学做客"百年兰大·名家讲坛"作了题为《通信网络的创新研究》的学术报告。

10月1日，为湖州师范学院高等教育50周年暨办学92周年纪念，题词"德智体美圈发展，自强不息谱华章"表示祝贺。

11月，在美国新奥尔良举行的 IEEE Global Telecommunications Conference（IEEE 全球通信会议）发表论文 Robust routing in load-balancing WDM networks to cope with multiple failures（负载均衡波分复用网络中处理多失效的鲁棒选路）。

12月20日，被四川省通信学会评为2008年度学会工作先进个人。

12月30日，受聘为四川九洲电器集团有限责任公司顾问，聘期一年。

2009 年

2月，在 IEEE/ACM Transactions on Networking（IEEE/ACM 网络学报）发表论文 Routing connections with differentiated reliability requirements in WDM mesh networks（波分复用网状网中具有区分可靠性要求的路由连接）。

6月18日，与福建先创电子有限公司开展校企合作，"射频信号数字处理（DPD）"和"TD-LTE射频拉远（RRU）"两个现代通讯合作项目。

6月26—28日，赴昆明参加2009年西部高校IT院长主任和专家前沿论坛，并做"未来互联网"专题报告。

8月15—16日，赴贵阳参加2009中兴通讯高级论坛并作主题报告。

9月，携夫人访问美国加州理工学院。

12月18日，在成都参加四川省通信学会2009年学术年会，并作了题为《未来网络的体系结构研究》的主题报告。

2010 年

3月25日，作为四川省通信学会理事，在成都参加四川省通信学会2010年常务理事扩大会暨迎春座谈会。

4月26—27日，与陈佳洱、左铁镛、杨国桢、樊明武、范滇元、郭光灿、陈国良、涂铭旌、吴以成、荣廷昭、张锡祥、吴培亨、姚建铨、陈星弼、刘盛纲等15位院士一道，参加在电子科技大学举行的中国太赫兹科学技术及应用发展研讨会。

4月，在第十四届台交会"海峡两岸光电论坛暨产业对接会"上，作了题为《三网融合的网络体系结构及光通信应用》的演讲。

5月12日，入驻福建省泉州市"院士专家工作站"，并受聘为先创电子有限公司高级顾问。

6月1日，为国内唯一一家国家级塑料光纤工程实验室——"塑料光纤制备与应用"国家地方联合工程实验室揭牌，并受聘为该实验室技术委员会主任。

6月22日，在成都参加"三网融合的机遇与挑战"论坛并作题为《三网融合的未来网络体系结构研究》的报告。

8月7—8日，赴青岛参加"《中兴通讯技术》杂志第16次编委会暨2010通信热点技术研讨会"。

9月8日，参加"2010中国（成都）建筑智能化与物联网应用发展论坛"并作题为《未来网络体系结构研究及其对物联网的影响》的报告。

9月，通信光电器件发展高峰论坛在武汉举行，受邀作学术报告。

10月27日，被电子科技大学评为"先进科研工作者"。

12月12日，海峡两岸光通信论坛暨《光纤通信信息集锦》首发仪式和国际光纤通信发展报告会在上海举行，作题为《光交换网络的研究与开发》报告。

12月，受聘为成都物联网产业研究发展中心专家委员会委员。

12月20日，参加中科院成都分院"十二五"发展规划院士咨询会。

2011 年

4月9日，受聘为《中国通信》编委会委员，任期三年。

4月，获2011年度上海交通大学杰出校友"卓越成就奖"。

5月19日，参加《四川省通信业"十二五"规划》评审会，担任评审专家组组长。

6月10日，电子科技大学举办杰出校友座谈会、通信前沿技术及产业发展论坛、祝寿晚宴等系列活动，庆祝八十寿辰暨从教六十周年。

6月，由电子科技大学党委宣传部编撰的《通信人生——中国工程院院士李乐民传略》一书出版。

8月18—19日，赴郑州参加"中兴通讯技术杂志社第18次编委会议暨2012通信热点技术研讨会"。

10月11—13日，赴苏州国际科技园参加2011'海峡两岸光通信论坛并作学术报告，介绍了采用光分组交换（OPS）和光突发交换（OBS）技术解决细分波长问题。

10月14—18日，与香港理工大学副校长卫炳江教授共同担任第七届全国塑料光纤与聚合物光子学会议大会名誉主席，并作特邀报告。

10月22日，出席第二届计算解决方案国际会议，并在开幕式上致辞。

11月23日，受邀参加"2011中国（成都）国际物联网峰会"并作报告。

12月28日，参加四川省通信学会2011年学术年会，并围绕"信息通信网络演进和智慧城市建设"这一主题，作了题为《未来网络的体系结构研究》的学术报告。

12月30日，受聘为成都湖州商会第一届顾问。

12月，参加2011年中国科协（四川）会员日活动，并在座谈会上寄语青年科技奖获得者"潜心做学问，做好学文，不断创新，继续努力，把握国家需求，加强基础研究以及前沿技术研究，在各自的领域中，独树一帜"。

2012 年

3月1日，国家空管自动化系统技术重点实验室正式落户四川大学，受聘担任实验室学术委员会主任。

4月19日，与张景中、刘宝珺、朱中梁、陈星弼、姜文汉、张锡祥等部分在蓉院士视察成都市高新西区东电集团和郫县安德镇。

7月，参加"四川智能电视产业联盟"成立大会，并认为智能电视产业差异化竞争集中在终端、云端、运营服务等不同层级，建议联盟搭建产业链的共性技术服务平台，打造智能电视产业链及示范应用系统。

8月11—12日，受邀参加2012国际光纤通信论坛，并主持了以"中国通信塑料光纤产业的发展机遇"为主题的通信塑料光纤发展战略圆桌会议。

9月7日，出席电子科技大学庆祝2012年教师节暨表彰大会。

10月21日，出席2012年计算解决问题国际会议。

11月1—5日，受邀参加在成都举行的第八届全国塑料光纤与聚合物光子学会议。

11月6日，受邀参加中国信息与通信学科的奠基者、中国科学院资深院士、上海交通大学电信学院张煦院士百岁寿辰庆祝会，地点位于上海交通大学在徐汇校区钱学森图书馆会议室。

12月8日，出席电子科技大学经济与管理学院EMBA2012年第三期（总第二十一期）开班典礼，并致辞。

12月19日，参加四川省通信学会IP应用和增值电信技术专委会学术交流会，并作了题为《未来网络的体系架构》的学术报告。

12月20日，参加四川省信息与通信工程高评委成立暨通信高技能人才队伍建设工作座谈会。

2013 年

1月14日，参加四川省科协举办的院士座谈会。

1月16日，参加由成都市科协主办的院士专家座谈会。

4月，担任"广东省新型通信网络院士工作站"带头人。该工作站由东莞电子科技大学电子信息工程研究院组织建设的"广东省新型通信网络院士工作站"获得广东省教育部科技部工信部产学研结合协调领导小组办公室批复立项并给予专项资金支持。

8月26日，参加由上海市无线电管理局组织的"上海市网格化无线电监测系统试验网"技术评审会。

11月13日，参观考察东莞电子科技大学电子信息工程研究院。

11月29日，受邀参加在番禺举行的2013中国光纤通信发展报告会，发表了《塑料光纤产业发展现状与趋势》的报告。

11月，与杜祥琬、周炳琨、姚建铨、吴培亨、范滇元、庄松林、雷啸霖、金亚秋、姜文汉、杜祥棣、刘宝镛、朱中梁、魏于全、刘盛纲、陈星弼等院士一起，受聘为太赫兹科学协同创新中心国际咨询委员会委员。

12月，在《中兴通讯技术》第19卷第6期发表论文《未来网络的体系结构研究》。

12月，受聘为通信抗干扰技术国家级重点实验室第四届学术委员会委员，聘期五年。

2014年

1月13日，受邀赴四川九寨沟参加第五届智慧景区国际论坛论坛并作报告。

1月，受聘为《中国测试》杂志编委会委员，聘期两年。

3月29日至30日，出席太赫兹科学技术战略发展学术研讨会。

4月11日，出席电子科大光纤传感与通信教育部重点实验室第六届学术委员会第一次会议。

4月，受聘为电子科技大学成都研究院第一届技术发展委员会主任委员。

5月，受聘为第三届四川省专家评议（审）委员会组成人员，聘期五年。

6月5日，出席电子科大新技术革命与创新创业主题论坛，并作关于第五代移动通信技术的学术报告。

7月31日，作为四川省通信学会学术委员会主任，主持了2014年申报中国通信学会科学技术奖项目初审会。

9月24日，受聘为电子科技大学科学技术委员会顾问。

10月，被国家重点图书出版规划项目《20世纪中国知名科学家学术成就概览·信息科学与技术卷》第一分册收录。

10月20日，和西南交通大学钱清泉院士、中科院成都计算所张景中院士一同受聘为"科技云服务产业技术创新战略联盟"专家委员会名誉主任。

10月，任"可信云计算与大数据四川省重点实验室"学术委员会主任。

11月11日，作为《实验科学与技术》期刊第四届编委会顾问，在电子科技大学参加第四届编委会第一次全会，并希望期刊对稿件的署名、稿件的原创性严格把关。

11月12日，赴广东成电华瓷电子科技有限公司考察指导。

12月5日，受邀参加2014国际光纤通信论坛，并作题为《塑料光纤的应用及对发展的思考》的大会报告。

12月24日，做客电子科技大学数学科学学院第三期"师说"活动。

2015年

1月，"十二五"国家重点图书出版规划项目，《中国工程院院士传记·李乐民传》由人民出版社和航空工业出版社联合出版。

1月，被张前方著作《中国院士与湖州》一书收录。

4月30日，当选电子科技大学第九届学术委员会委员。

5月25日，题词祝贺《中兴通讯技术》创刊20周年。题词为："立足中国，放眼世界；依托中兴，服务行业。"

12月18日，出席电子科技大学2015年科技工作会，获评电子科技大学"十二五"先进科研工作者。

2016 年

4月22日，受邀参加天津市无线移动通信与无线电能传输重点实验室揭牌仪式暨第一届学术委员会第一次会议，受聘为该实验室第一届学术委员会主任，聘期三年。

4月23日，出席塑料光纤制备与应用国家地方联合工程实验室2015年工作总结与学术研讨会。

4月26日，受聘为四川军民融合高技术产业联盟专家委员会主任。

6月16日，在成都参加以"深化合作，共享机遇"为主题的2016中国（四川）电子信息产业投资合作推介会，并作了题为《电子信息产业发展趋势和四川优势》的演讲。

6月18—19日，在河南省鹤壁市参加由中国光学学会纤维光学与集成光学专业委员会、中国通信学会光通信委员会和《中国光纤通信年鉴》编委会共同主办的"光纤通信50年"高峰论坛。

9月，受聘为电子科技大学发展战略咨询委员会委员。

10月22日，受邀参加杭州电子科技大学60周年校庆活动，并作学术报告。

11月26日，与中国科学院院士李树深、郝跃、尹浩、陆建华，中国工程院院士廖湘科，加拿大皇家科学院院士沈学民等一道参加广州市无线电集团有限公司海格通信院士工作站揭牌并签署合作协议系列活动。受聘为该公司院士工作站入站院士。

获2015年度华为成都研究所"伯乐奖"。

2017 年

1月1日，受聘为四川省互联网协会专家委员会专家，聘期两年。

4月13日，受邀参加天津市无线移动通信与无线电能传输重点实验室第一届学术委员会第二次会议，并主持会议。

5月22日，教育部专家组来电子科技大学开展本科教学工作审核评估，出席专家见面会。

6月8日，被国家工业信息安全发展研究中心聘为"国家工业信息安全专家咨询委员会委员",聘期三年。

9月16日,与中国工程院院士李骏、陈清泉、李言荣等一道参加由电子科技大学和车载信息服务产业应用联盟、四川博览事务局、四川省经济和信息化委员会、联通智网科技有限公司共同主办的第四届中国智能汽车国际论坛。

9月22日,受聘为四川省浙江商会专家委员会委员。

9月28日,出席第二届电子科技大学"互联网+"本科教育高峰论坛并做报告。

9月,受聘为四川省通信学会第七届理事会名誉理事。

10月25日,在电子科技大学举行2017年重阳节庆祝钻石婚、金婚暨寿星祝寿会上作为钻石婚、金婚夫妇代表发言。

10月28日,受中共浙江省委人才工作领导小组委托,到浙江省湖州市森赫电梯指导工作并为森赫电梯浙江省院士专家工作站授牌。

附录二 李乐民主要论著目录

著作

［1］李乐民，叶佳祥. 数字传输设备中的均衡器［M］. 北京：人民邮电出版社，1980 年.

［2］李乐民，赵梓森等. 数字通信传输系统［M］. 北京：人民邮电出版社，1986 年.

［3］孙海荣，李乐民. ATM 技术——概念、原理和应用［M］. 成都：电子科技大学出版社，1995 年.

［4］李乐民，吴诗其，冯钢. 数字通信系统中的网络优化技术［M］. 国防工业出版社，1996 年.

论文

［5］李乐民. 发送电平预先倾斜在多路电话系统的运用［J］. 电信科学，1957（2）：45-50.

［6］李乐民. 脉冲式自动相位微调系统的稳定问题［J］. 成都电讯工程学院学报，1962（1）：25-40.

［7］李乐民. 具有附加 RC 网络时脉冲式自动相位控制系统的稳定性［J］.

电子学报，1965（4）：388-396.

[8] 李乐民. 自适应均衡器平均电路的计算 [J]. 成都电讯工程学院学报，1979（1）：37-46.

[9] Li LohMing, L. Milstein. The use of adaptive filters for narrowband interference rejection [C]. 1981 National Telecommunications Conference, New Orleans, USA.1981（B）：841-844.

[10] Li LohMing, L. Milstein. Rejection of narrow-band interference in PN spread-spectrum system using transversal Filters [J]. IEEE Transactions on Communications, 1982（5）：925-928.

[11] Li LohMing, L. Milstein. Rejection of pulsed CW interference in PN spread-spectrum systems using complex adaptive filters [J]. IEEE Transactions on Communications. 1983（1）：10-20.

[12] Li LohMing, L. Milstein. Rejection of CW interference in QPSK systems using decision-feedback filters. [J] IEEE Transactions on Communications, 1983（4）：473-483.

[13] Li LohMing, L. Milstein. CW interference attenuation using decision feedback filters [C]. 1983 International Conference on Communnications, Boston, USA.1983（2）：859-863.

[14] 李乐民. 扩展频谱通信的应用与动向 [J]. 电信科学，1985（4）：1-6.

[15] 曾大章，李乐民，严瑞良. 140Mbit/s 数字信号的加扰与再生 [J]. 成都电讯工程学院学报，1985（3）：59-66.

[16] 李乐民. 用横向均衡器抑止第四类部分响应系统中的导频干扰 [J]. 通信学报，1985（4）：19-25, 69.

[17] 李乐民. 光纤数字传输系统的线路编码 [J]. 电信科学，1986（5）：37-43.

[18] 李乐民. 数字电视系统中量化失真对微分增益和微分相位的影响 [J]. 电子学报，1987（3）：38-45.

[19] 来光明，李乐民. B-ISDN 中的快速分组交换结构 [J]. 电信科学，

1990（5）：34-39.

［20］Fan Feng; Li LohMing. Effect of noisy phase reference on coherent detection of band-limited offset-QPSK signals［J］. IEEE Transactions on Communications，1990（2）：156-159.

［21］沈晓讯，李乐民. 光纤通信系统中的帧同步捕捉时间［J］. 电子科技大学学报，1990（4）：364-368.

［22］张铭，杨万麟，李乐民. 用更完全的 SVD 逼近和信息利用技术实现单次快摄的阵信号处理［J］. 电子学报，1991（1）：78-84.

［23］Feng Gang, Li LeMin, Wu ShiQi. A modified adaptive compensation scheme for nonlinear bandlimited satellite channels［C］. Global Telecommunications Conference, New Orleans, USA, 1991：1551-1555.

［24］来光明，李乐民. Batcher-双 Banyan 交换结构［J］. 电子学报，1991（4）：88-94.

［25］曾大章，李乐民，梅克俊，谭真平. 办公自动化光纤计算机网络系统的研究与实现［J］. 通信技术，1991（2）：5-10.

［26］胡财君，李乐民. 流体流法分析分组图象／话音／数据综合通信系统的排队性能［J］. 电子学报，1991（6）：73-79.

［27］胡财君，李乐民. 分组图象／话音综合通信系统的排队分析［J］. 通信学报，1991（4）：13-20.

［28］Zhang Ming, Yang Wanlin, Li Lohming. A novel-approach of resolution enhancement with application in array-processing of single snapshot［J］. IEEE Transactions on Antennas and Propagation，1991（39）：1125-1129.

［29］Zhang Ming, Yang Wanlin, Li Lohming. New method of constructing the projection matrix for array-processing in single snapshot case［J］. IEE Proceedings-F，1991（5）：407-410.

［30］来光明，李乐民. B-DMB 快速分组交换机的性能分析［J］. 电子学报，1992（1）：45-53.

[31] 来光明, 李乐民. 改进 Batcher—Banyan 网络 [J]. 通信学报, 1992 (2): 15-21.

[32] 李乐民. 宽带光纤通信网 [J]. 电子科技大学学报, 1992 (S1): 11-16.

[33] 胡钢, 李乐民. 城域网 MAC 层协议的优先级结构及性能 [J]. 电子科技大学学报, 1992 (S1): 41-45.

[34] 谭真平, 李乐民, 曾大章. 以太网光桥的研究 [J]. 电子科技大学学报, 1992 (S1): 46-52.

[35] 唐军, 李振邦, 李乐民. HF 串行数据传输系统抑制 CW 干扰的性能分析 [J]. 电子学报 1993 (1): 34-40.

[36] 舒光恒, 洪福明, 李乐民. FH-CDMA 系统吞吐量的研究 [J]. 电子学报, 1993 (4): 71-77.

[37] 胡财君, 李乐民. 有优先级的输出排队快速分组交换机性能研究 [J]. 电子学报, 1993 (4): 78-84.

[38] 谭立军, 李乐民, 窦瑞华. 抵抗脉冲噪声影响的网格编码调制方案的性能估计 [J]. 通信学报, 1993 (3): 101-104.

[39] 孙海荣, 李乐民. DQDB 城域网暂态和稳态公平性分析 [J]. 电子学报, 1993 (6): 27-34.

[40] 吕光宏, 李乐民. 大容量、高性能多信道光纤环网 [J]. 通信学报, 1993 (4): 1-7.

[41] 谭立军, 李乐民, 窦瑞华. 采用 MT-TCM 的跳频/扩频多址系统的性能研究 [J]. 电子学报, 1993 (10): 47-54.

[42] 孙海荣, 李乐民. DQDB 城域网排队性能的矩阵几何法分析 [J]. 通信学报, 1993 (6): 1-8.

[43] 孙海荣, 李乐民. DQCA: 一种新的城域网介质访问控制协议 [J]. 电子学报, 1994 (4): 76-79.

[44] Zhang Ming, Wu ShiDa, Li Lohming. Improving resolution for array processing by new array geometry and spatial filter [J]. IEEE Transactions on Signal Processing, 1994 (3): 680-683.

[45] 李乐民，何家福. ATM 网络中等效容量的计算 [J]. 电子科技大学学报，1994（23）：210-213.

[46] 孙海荣，李乐民. ATM 网络中视频业务的适配 [J]. 电子科技大学学报，1994（23）：220-223.

[47] 蒋志刚，李乐民. ATM 网络中漏桶流量控制特性的研究 [J]. 通信学报，1994（3）：102-108.

[48] 孙海荣，李乐民. M－DQCA：可调信道访问光波网介质访问控制协议 [J]. 通信学报，1994（5）：1-9.

[49] Li Lemin, Hu Caijun, Liu Pu. Maximum throughput of an input queuing packet switch with 2 priority classes [J]. IEEE Transactions on Communications，1994（12）：3095-3098.

[50] 蒋志刚，李乐民. ATM 网络中突发业务的漏桶算法分析 [J]. 电子学报，1995（1）：8-14.

[51] 吕光宏，李乐民. 互连网络接口可靠性性能分析 [J]. 电子学报，1995（1）：47-52.

[52] 谭立军，李乐民. 区间 C/I 平衡多区蜂窝 CDMA 系统的性能 [J]. 通信学报，1995（1）：40-47.

[53] 孙海荣，李乐民. ATM 网络中漏桶算法在突发业务输入时的性能分析 [J]. 电子科学学刊，1995（1）：48-54.

[54] 孙海荣，李乐民. 信道成组 ATM 交换系统中混合业务的性能分析 [J]. 电子学报，1995（4）：57-61.

[55] 曹世文，李乐民. 卫星分组话音/数据扩频时隙 ALOHA 的性能分析 [J]. 电子学报，1995（4）：62-64.

[56] Sun Hairong, Li Lohming. Performance analysis of leaky bucket algorithm with bursty traffic input in ATM networks [J]. Journal of Electronics (China)，1995（2）：105-112.

[57] 谭立军，李乐民. 采用区内 C/I 平衡的多区峰窝 CDMA 系统下行链路的性能 [J]. 电子学报 1995（7）：31-35.

[58] 谭立军，李乐民. 多区蜂窝 CDMA 系统上行链路的区内 C/I 平衡技

术[J]. 电子科学学刊, 1995(4): 365-371.

[59] 曹世文, 李乐民. 动态多通道卫星话音/数据综合的 S—ALOHA 性能分析[J]. 电子学报, 1995(9): 66-69.

[60] 孙海荣, 李乐民. DQDB 城域网实现计算机局域网互连时的性能分析[J]. 电子科学学刊, 1995(5): 484-491.

[61] Sun Hairong, Li Lemin. Sojourn time analysis of DQDB MAN for LANs interconnection[J]. Journal of Electronics (China), 1995(4): 343-351.

[62] 郭南, 洪福明, 李乐民. 软限幅效应、量化阶数及取样间隔对直扩数字匹配滤波性能的影响[J]. 通信学报, 1996(1): 12-17.

[63] Sun Hairong, Li Lemin. Sojourn time analysis for constant-bit-rate services in the ATM DQDB MAN. International Conference on Communication Technology Proceedings[C]. International Conference on Communication Technology Proceedings, 1996: 638-642.

[64] Dong Xiaofeng, Li Lemin, Wu Xiaowen. Spread spectrum PRMA and minimum reservation capacity spread spectrum PRMA for microcellular networks[J]. Personal, Indoor and Mobile Radio Communications, 1996: 633-637.

[65] Dong Xiaofeng, Li Lemin, Xiaowen Wu. A spread spectrum PRMA protocol with randomized arrival time for microcellular networks[C]. Global Telecommunications Conference, 1996: 1850-1854.

[66] Li Yiwu, Li Lemin. WDM multi-access protocol with optical switch and optical shift register[C]. International Conference on Communication Technology Proceedings, 1996: 555-558.

[67] 曹世文, 李乐民, 吴诗其. 非静止轨道移动卫星通信中 CDMA 误码性能分析[J]. 通信学报, 1996(2): 17-21.

[68] 蒋志刚, 李乐民. ATM 网络中优先级业务漏桶算法的研究[J]. 电子科学学刊, 1996(2): 152-157.

[69] 廖建新, 李乐民, 孙海荣. 具有漏桶控制的 ATM 复接器性能分析[J].

通信学报，1996（4）：34-40.

[70] 孙海荣，李乐民. 多优先级 DQDB 城域网的性能分析 [J]. 电子科学学刊，1996（4）：377-384.

[71] 廖建新，李乐民，孙海荣. 具有业务量平滑功能的 ATM 交换机的性能分析 [J]. 电子科学学刊，1996（5）：473-478.

[72] 曹世文，李乐民，吴诗其. 分组卫星话音/数据综合的混合多址协议性能研究 [J]. 通信学报，1996（6）：68-73.

[73] 李乐民，何家福. 周期性业务流通过 ATM 复用器的时延抖动分析 [J]. 电子学报，1997（1）：15-23.

[74] Xiaofeng Dong, Lemin Li. A spread spectrum PRMA protocol with randomized arrival time over fading channels for microcellular networks [C]. 1997 IEEE 47th Vehicular Technology Conference，1997（3）：1336-1340.

[75] 廖建新，李乐民，孙海荣. ATM 网络中突发源经漏桶的输出过程研究 [J]. 电子科学学刊，1997（1）：37-43.

[76] 廖建新，李乐民，孙海荣. 具有突发业务量成形的 ATM 复接器的性能分析 [J]. 电子学报，1997（4）：24-27.

[77] 李一武，李乐民. 波分复用访问控制（WDMA）协议 [J]. 通信学报，1997（5）：45-51.

[78] 曹世文，吴诗其，李乐民. 低轨卫星移动通信中扩频 S-ALOHA 协议吞吐性能分析 [J]. 通信学报，1997（7）：43-47.

[79] 何家福，李乐民. 突发性业务环境下周期性信元流通过 ATM 复接器的时延抖动 [J]. 电子科学学刊，1997（4）：494-502.

[80] 李一武，李乐民. 一种动态时分/波分复用网络的访问控制协议 [J]. 通信学报，1997（9）：37-44.

[81] 孙海荣，李乐民. DQCA 城域网实现计算机局域网互连时的性能研究 [J]. 通信学报，1997（10）：91-96.

[82] 钱炜宏，李乐民. 具有多优先级的输入/输出排队 ATM 交换机性能分析 [J]. 通信学报，1997（12）：32-38.

[83] 董晓峰，李乐民. 具有随机到达时间的扩频 PRMA 及其性能分析 [J]. 电子学报，1998（1）：53-58.

[84] 李一武，李乐民. 分群式波分复用网 [J]. 电子学报，1998（4）：94-97.

[85] 胡明，李乐民. 一种基于双环结构的 WDMA 协议 [J]. 电子科学学刊，1998（3）：352-357.

[86] 孙海荣，李乐民，何家福. ATM 网络中 Pareto 分布的 On-Off 业务源对 CBR 业务时延性能的影响 [J]. 电子学报，1998（7）：74-78.

[87] 李一武，李乐民. 双跳波分复用网络的结构和访问控制协议 [J]. 电子学报，1998（7）：149-154.

[88] 唐瑜，洪福明，李乐民. 扩频通信中稳健自适应抗干扰技术的研究 [J]. 通信学报，1998（7）：36-43.

[89] 钱炜宏，李乐民. 均匀业务下反压型输入/输出排队 ATM 交换机的性能分析 [J]. 电子科学学刊，1998（4）：519-526.

[90] 钱炜宏，李乐民. 输入/输出 ATM 交换机在突发性业务下的性能 [J]. 通信学报，1998（8）：13-19.

[91] 许都，李乐民. 自相似业务流的快速生成方法及其性能研究 [J]. 通信学报，1998（8）：89-95.

[92] 李一武，李乐民. 波长重用的单跳星形 WDM 网络 [J]. 通信学报，1998（9）：68-74.

[93] 李一武，李乐民. 单跳波分复用网络中的优化数据传送策略 [J]. 通信学报，1998（10）：7-12.

[94] 钱炜宏，李乐民. 非均匀业务下反压型输入/输出排队 ATM 交换机的性能分析 [J]. 电子学报，1998（11）：46-50.

[95] 钱炜宏，李乐民. 具有丢失优先级策略的输入/输出排队 ATM 交换机的性能分析 [J]. 通信学报，1998（12）：27-33.

[96] 唐瑜，洪福明，李乐民. 一种新的同步 CDMA 次优化多用户检测技术 [J]. 电子学报，1999.

[97] 陆明泉，肖先赐，李乐民. 从 GAR 模型参数提取特征的数字调制识

别新方法[J]. 电子科学学刊, 1999（4）: 28-30.

[98] 马逾钢, 洪福明, 李乐民. 相干接收随机访问多码 CDMA 在多径衰落信道中的容量性能研究[J]. 电子学报, 1999（1）: 81-84.

[99] 孙海荣, 李乐民. ATM 网中的 ABR 业务在不同 ON-OFF 业务背景下的性能研究[J]. 电子学报, 1999（1）: 49-53.

[100] 李一武, 李乐民. 波分复用网络中无接收碰撞的访问控制协议[J]. 电子科学学刊, 1999（1）: 8-15.

[101] 王晟, 李乐民. 一种新的连续值反馈闭环拥塞控制方案的设计及性能分析[J]. 电子学报, 1999（3）: 56-59.

[102] 许都, 李乐民. ATM 网络中自相似业务下复接器性能的研究[J]. 电子科学学刊, 1999（2）: 158-167.

[103] 许都, 李乐民. 网络中业务流的自相似性与线性 AR1 模型[J]. 电子学报, 1999（4）: 6-10.

[104] 吴昱静, 孙海荣, 李乐民. 长期相关过程的自相关对排队性能的影响[J]. 电子学报, 1999（6）: 92-95.

[105] 景志钢, 李乐民, 孙海荣. VBR 背景业务下的 ABR 拥塞特性[J]. 电子学报, 1999（7）: 9-13.

[106] 王晟, 李乐民. 一种新的适用于多种公平准则的 ABR 流控算法的设计和研究[J]. 电子科学学刊, 1999（5）: 652-659.

[107] 王捷, 李乐民. 一种适用于移动宽带系统（MBS）的传输容量动态分配算法[J]. 通信学报, 1999（12）: 25-30.

[108] 王灿, 李乐民. 一种 OFDM-DS-CDMA 系统的性能分析[J]. 通信学报, 1999（S1）: 57-61.

[109] 孙海荣, 李乐民. ATM 网络中漏桶输出特性的研究[J]. 通信学报, 1999（S1）: 216-219.

[110] 李立忠, 李乐民. ATM 在无线衰落信道上的前向纠错技术及其性能分析[J]. 通信学报, 1999（S1）: 293-298.

[111] Zhigang Jing, Lemin Li, Hairong Sun, Yuan Chen. Performance of priority scheduling to support differentiated services in ATM switches[C].

International Conference on Communication Technology Proceedings, 2000: 463-470.

[112] 王捷, 李乐民. 有/无线 ATM 混合网络传输容量动态分配方案 [J]. 电子科学学刊, 2000 (1): 90-97.

[113] 王捷, 李乐民. 有/无线 ATM 网的组播选路算法 [J]. 通信学报, 2000 (2): 49-54.

[114] 李立忠, 李乐民. 无线 ATM 系统的混合纠错方案及其在突发信道上的性能分析 [J]. 电子科学学刊, 2000 (2): 177-182.

[115] 景志钢, 李乐民, 孙海荣. RED 分组丢弃算法性能研究 [J]. 电子学报, 2000 (4): 4-9.

[116] 王晟, 李乐民. ABR 业务计费机制及带宽分配算法 [J]. 电子学报, 2000 (7): 8-11, 7.

[117] 徐世中, 李乐民, 王晟. 多光纤波分复用网动态路由和波长分配算法 [J]. 电子学报, 2000 (7): 23-27.

[118] 王晟, 李乐民. 一种用于 ATM 网中 ABR 多点对点连接的拥塞控制算法 [J]. 电子科学学刊, 2000 (4): 560-567.

[119] 王晟, 李乐民. 一种新的用于 ATM 网中 ABR 点对多点连接的反馈合并算法 [J]. 通信学报, 2000 (8): 14-20.

[120] 李乐民. WDM 网上运行 IP 的研究 [J]. 电子科技大学学报, 2000 (4): 331-336.

[121] 涂晓东, 李乐民. 分组公平排队算法的仿真研究 [J]. 电子科技大学学报, 2000 (4): 440-444.

[122] 王晟, 李乐民. 按最小速率分配的 ABR 控制算法公平性的研究 [J]. 通信学报, 2000 (9): 1-6.

[123] Shizhong Xu, Lemin Li, Sheng Wang. Dynamic routing and assignment of wavelength algorithms in multifiber wavelength division multiplexing networks [J]. IEEE Journal on Selected Areas in Communications, 2000 (10): 2130-2137.

[124] 景志钢, 李乐民, 孙海荣. 在基于 MPLS 的 ATM 交换机上的 RIO

分组丢弃算法性能研究[J]. 通信学报, 2000 (11): 14-21.

[125] 景志钢, 李乐民, 孙海荣. 在基于 MPLS 的 ATM 交换机上 RIO 算法实现的研究[J]. 电子科学学刊, 2000 (6): 881-889.

[126] Wang Ye, Li Lemin, Wang Sheng. A new algorithm of design protection for wavelength-routed networks and efficient wavelength converter placement[C]. IEEE International Conference on Communications, 2001: 1807-1811.

[127] 李乐民. 通信网络的发展[J]. 中国数据通讯, 2001 (1): 14-15.

[128] 李立忠, 李乐民. 话音/数据综合的多时隙预约多址协议及其性能分析[J]. 电子学报, 2001 (1): 19-23.

[129] 王烨, 李乐民, 徐世中, 王晟. 抗毁 WDM 网络中支持多优先级的波长分配算法[J]. 电子学报, 2001 (1): 27-31.

[130] 涂晓东, 李乐民. OTPS: 一种实现 PFQ 算法的有效方法[J]. 通信学报, 2001 (1): 97-102.

[131] 徐世中, 李乐民, 王晟. 固定选路的波分复用全光网中的波长分配算法[J]. 电子与信息学报, 2001 (3): 209-214.

[132] 何荣希, 李乐民, 徐世中. WDM 光传送网中支持优先级的波长分配算法[J]. 通信学报, 2001 (3): 27-32.

[133] 徐世中, 王晟, 李乐民. DWDM 光传送网中选路和波长分配[J]. 通信学报, 2001 (4): 51-57.

[134] 张治中, 张云麟, 李乐民. WDM 网络中支持优先级的波长分配算法[J]. 通信学报, 2001 (7): 54-60.

[135] 徐宇锋, 李乐民. 快速路由查找算法及其实现[J]. 通信技术, 2001 (7): 48-51.

[136] 涂晓东, 李乐民. 一类基于调度表的公平轮循调度算法[J]. 电子学报, 2001 (9): 1290-1293.

[137] 王烨, 李乐民, 王晟. 考虑链路负载均衡和容量限制的 WDM 光传送网保护设计[J]. 电子学报, 2001 (10): 1319-1322.

[138] 王烨, 李乐民, 王晟. 网状 WDM 网络的抗毁设计[J]. 通信学报,

2001（11）：22-29.

[139] 李乐民. WDM 光传送网的选路和波长分配算法 [J]. 中兴通讯技术，2001（6）：4-7.

[140] 景志钢，李乐民，孙海荣. 分组丢弃算法性能仿真研究 [J]. 电子与信息学报，2001（12）：1348-1355.

[141] 王烨，李乐民，王晟. 波长转换对抗毁多光纤网状 WDM 网络的性能影响 [J]. 电子与信息学报，2001（12）：1403-1410.

[142] 王烨，李乐民，王晟. 一种新的 WDM 光传送网保护设计算法 [J]. 电子学报，2001（12）：1623-1627.

[143] Song Jian, Li Lemin, James J. Han. A wireless fair scheduling algorithm supporting CoS [C]. International Conference on Communications, Circuits and Systems and West Sino Exposition Proceedings, 2002（4）: 428-434.

[144] He Rongxi, Li Lemin, Wang Sheng. Dynamic integrated path-protection algorithms in IP over WDM networks under shared-risk-link-groups constraints [C]. APOC 2002: ASIA-PACIFIC Optical and Wireless Communications; Optical Networking II, 2002: 283-291.

[145] Wen Haibo, Li Lemin, Wang Sheng. New routing algorithm under shared-risk-link-groups constraints for optical networks [C]. APOC 2002: ASIA-PACIFIC Optical and Wireless Communications; Optical Networking II, 2002: 292-300.

[146] Zhu Xudong, Li Lemin, Song Huan. Analysis of a scalable switching fabric for Internet routers [C]. APOC 2002: ASIA-PACIFIC Optical and Wireless Communications, Optical Switching and Optical Interconnection II, 2002: 250-256.

[147] 张雷，李乐民. XGM 波长变换器网络的路由波长分配算法研究 [J]. 电子与信息学报，2002（2）：145-150.

[148] 涂晓东，李乐民. LL-DRR：一种有效的用于高速分组网络的调度算法 [J]. 电子与信息学报，2002（3）：361-369.

[149] 徐世中，李乐民，王晟. 波分复用光传送网中备用选路下的选路和波长分配算法［J］. 电子学报，2002（4）：488-491.

[150] 张雷，李乐民. XGM 波长变换器网络的性能分析［J］. 电子学报，2002（4）：611-613.

[151] 胡光岷，李乐民，安红岩. 最小代价多播生成树的快速算法［J］. 电子学报，2002（6）：880-882.

[152] 温蜀山，李乐民，孙海荣. Internet 中分组丢弃缓存管理技术的研究［J］. 通信学报，2002（7）：98-106.

[153] 金明晔，李乐民，陆斌. 一种新的基于光路交换的 IP/WDM 体系结构设计［J］. 通信学报，2002（7）：116-122.

[154] 金明晔，黄永明，李乐民. 一种新的 IP 分组丢弃策略 PRDP［J］. 电子与信息学报，2002（8）：1073-1079.

[155] 江虹，陆斌，李乐民. GSM 网络中的一种新的呼叫建立机制［J］. 通信学报，2002（8）：52-58.

[156] 何荣希，李乐民，徐世中，王晟. 抗毁 WDM 网中支持 QoS 的选路和波长分配算法［J］. 电子与信息学报，2002（9）：1153-1160.

[157] 温蜀山，李乐民，孙海荣. 一种基于 RED 分组丢弃历史的带宽均衡分配算法［J］. 电子与信息学报，2002（10）：1391-1397.

[158] 温蜀山，李乐民，孙海荣. 用于缓存管理的最高速流早期丢弃策略［J］. 电子学报，2002（10）：1455-1458.

[159] 何荣希，李乐民，徐世中. 多光纤 WDM 网中的 QoS 路由算法［J］. 电子与信息学报，2002（11）：1589-1596.

[160] 张治中，毛期俭，张云麟，李乐民. 光因特网中动态综合考虑的资源分配算法［J］. 电子与信息学报，2002（12）：1729-1736.

[161] 何荣希，李乐民，王晟. 多光纤 WDM 网中支持 QoS 的波长重路由算法［J］. 电子与信息学报，2002（12）：1751-1759.

[162] Song Jian, Li Lemin. A fair scheduling algorithm based on proportional compensation for wireless networks［C］. APOC 2003: Asia-Pacific Optical and Wireless Communications; Wireless Communications and

Networks, 2003: 163-168.

[163] Song Jian, Li Lemin, James. J. Han. A fair scheduling algorithm combined with reservation resource compensation for wireless networks [C]. PIMRC 2003: 14TH IEEE 2003 International Symposium on Personal, Indoor and Mobile Radio Communications Proceedings, 2003: 2338-2342.

[164] 张雷, 李乐民. WDM 网络中确定波长变换器位置与数目的启发式算法 [J]. 电子与信息学报, 2003 (1): 80-87.

[165] 胡光岷, 李乐民, 安红岩. 动态多播最小生成树算法 [J]. 电子与信息学报, 2003 (1): 88-93.

[166] 宋舰, 李乐民. 无线网络中的分组调度算法 [J]. 通信学报, 2003 (3): 42-48.

[167] 金明晔, 陆斌, 李乐民. 跨越不同容量设置 DWDM 网络的动态 IP/DWDM 综合路由算法研究 [J]. 通信学报, 2003 (3): 55-63.

[168] 涂晓东, 李乐民. 一种输入输出排队交换机中分布式分组调度方法的研究 [J]. 电子与信息学报, 2003 (4): 515-521.

[169] 胡光岷, 李乐民, 安红岩. 带宽预留的成组多播快速路由算法 [J]. 电子学报, 2003 (4): 569-572.

[170] 苏恭超, 李乐民. 高速 IP 路由查找中改善更新性能的方法 [J]. 通信技术, 2003 (4): 1-3.

[171] 何荣希, 李乐民, 王晟. IP over WDM 网中的策略路由算法 [J]. 电子与信息学报, 2003 (6): 808-815.

[172] 温海波, 李乐民, 王晟. 一种不共享风险的双路径选路算法 [J]. 电子与信息学报, 2003 (6): 824-830.

[173] 李乐民. IP over WDM 网络的研究 [J]. 电子科技大学学报, 2003 (3): 225-229.

[174] 朱旭东, 李乐民. 直接互连结构在数据交换中的应用分析 [J]. 电子科技大学学报, 2003 (3): 272-275.

[175] Wen Haibo, Li Lemin, He Rongxi. Dynamic grooming algorithms

for survivable WDM mesh networks [C]. Photonic Network Communications, 2003 (3): 253-263.

[176] 张品, 李乐民, 王晟. 运用模糊数解决非确定环境下的路由问题 [J]. 电子学报, 2003 (12): 1861-1865.

[177] 张品, 李乐民, 王晟. 两约束路由问题的近似解法 [J]. 通信学报, 2003 (12): 32-41.

[178] Chen Yuan, Li Lemin. A wireless packet dropping algorithm considering fairness and channel condition [C]. 2004 International Conference on Communication, Circuits, and Systems, 2004 (2): 369-373.

[179] Liao Dan, Li Lemin, Li Bo. Service Degradation and compensation for multiclass traffic in wireless networks [C]. IEEE/ACM First International Workshop on Broadband Wireless Services and Applications (BroadWISE' 2005), 2005.

[180] Yao Xingmiao, Li Lemin, Hu Guangming. A fast IPv6 route lookup algorithm with hash compression [C]. 2004 International Conference on Communication, Circuits, and Systems, 2004 (2): 674-677.

[181] Zhang Yi, Li Lemin, Li Bo. Parameter estimation of cascades model for network traffic [C]. 2004 International Conference on Communication, Circuits, and Systems, 2004 (2): 855-858.

[182] 向兵, 王晟, 李乐民. WDM 网络中稀疏多纤及波长配置算法 [J]. 电子与信息学报, 2004 (1): 1-6.

[183] 宋舰, 李乐民. 一种支持服务类别的无线公平调度算法 [J]. 电子学报, 2004 (1): 59-63.

[184] 温海波, 李乐民, 虞红芳, 王晟. 支持不同可靠性要求的 WDM 网状网业务量疏导算法 [J]. 通信学报, 2004 (3): 1-10.

[185] 温海波, 李乐民, 向兵, 王晟. WDM 网状网中的基于平面构造的业务量疏导算法 [J]. 电子与信息学报, 2004 (4): 542-548.

[186] 温海波, 李乐民, 虞红芳, 王晟. WDM 抗毁网状网络中的业务量疏导算法 [J]. 通信学报, 2004 (4): 7-14.

[187] 王晟，李乐民．一种改进的多约束最佳路径算法研究［J］．电子学报，2004（4）：529-535．

[188] 宋舰，李乐民．一种按比例补偿的无线公平调度算法［J］．电子与信息学报，2004（5）：777-782．

[189] 张毅，李乐民．用层叠模型分析和估计网络业务量［J］．电子与信息学报，2004（9）：1420-1425．

[190] 阳小龙，张敏，李乐民．BM-VF-SBD：一种支持Qos的光突发交换数据信道调度算法［J］．电子与信息学报，2004（10）：1534-1539．

[191] 姚兴苗，李乐民，胡光岷．一种基于分段压缩的IPv6路由查找算法［J］．通信学报，2004（10）：51-57．

[192] 李乐民．光网络选路和波长分配研究［J］．中兴通讯技术，2004（6）：1-3，8．

[193] 章小宁，许都，李乐民．两级交换机中分组有序到达算法研究［J］．通信学报，2005（9）：41-45．

[194] 郭磊，虞红芳，李乐民．WDM抗毁网中考虑链路故障相关性的双链路失效保护算法［J］．电子与信息学报，2005（9）：1483-1487．

[195] Chen Yuan, Li Lemin. A fuzzy fair packet dropping algorithm supporting differentiated services［C］. Fifth International Conference on Computer and Information Technology - Proceedings, 2005: 442-446.

[196] Zhang Yi, Li Lemin, Li Bo. Network traffic modeling using fully-stable cascades［C］. 2005 International Conference on Communications, Circuits and Systems, 2005（1）: 726-730.

[197] 江虹，陆斌，李乐民．PCS网络中一种改进的登记方法［J］．电子与信息学报，2005（2）：243-246．

[198] 姚兴苗，李乐民．一种快速IPv6路由查找方案［J］．计算机学报，2005（2）：214-219．

[199] 朱旭东，李乐民，许都．直接互连结构中支持优先级业务的自适应路由算法［J］．电子与信息学报，2005（3）：337-340．

[200] 郭磊，虞红芳，李乐民. WDM 网状网中双链路失效的保护设计[J]. 电子学报，2005（5）：883-888.

[201] 张品，李乐民，王晟. 非确定环境下的 QoS 网络路由问题[J]. 电子与信息学报，2005（5）：707-711.

[202] 张品，李乐民，王晟. QoS 路由问题的反向优化算法[J]. 电子与信息学报，2005（6）：952-956.

[203] 陈远，李乐民. 一种兼顾信道条件和公平性的无线分组丢弃算法[J]. 通信学报，2005（6）：11-17.

[204] 郭磊，虞红芳，李乐民. 抗毁 WDM 网中单 SRLG 故障的共享子通路保护[J]. 电子与信息学报，2005（7）：1136-1140.

[205] 朱旭东，李乐民，许都. 一种在多维分组交换结构中使用的基于死锁恢复策略的自适应路由算法[J]. 电子与信息学报，2005（11）：1801-1805.

[206] Liao Luhua, Li Lemin, Wang Sheng. Dynamic multicast traffic grooming in WDM mesh networks[C]. 2006 2nd Conference on Next Generation Internet Design and Engineering，2006：366-370.

[207] Luo Hongbin, Li Lemin, Yu Hongfang. Insights for segment protection in survivable WDM mesh networks with SRLG constraints[C]. GLOBECOM 2006-2006 IEEE Global Telecommunications Conference，2006.

[208] Zhang Xiaoning, Li Lemin, Wang Sheng. Valiant load-balanced robust routing algorithm for multigranularity connection requests in traffic-grooming WDM mesh networks[C]. 2006 International Conference on Communications, Circuits and Systems Proceedings，2006：3498-3507.

[209] Liao Dan, Li Lemin. Traffic aided fair scheduling using compensation scheme in wireless CDMA networks[C]. 6TH International Conference on ITS Telecommunications Proceedings，2006：802-807.

[210] Luo Hongbin, Li Lemin, Yu Hongfang. A novel algorithm for

constructing light-trees in mesh WDM networks [C]. 2006 International Conference on Communications, Circuits and Systems Proceedings, 2006: 1918-1922.

[211] Zhao Taifei, Li Lemin, Yu Hongfang. Finding good candidate node-encircling pre-configuration cycles in survivable WDM mesh networks [C]. 2006 International Conference on Communications, Circuits and Systems Proceedings, 2006: 1877-1881.

[212] 张品,李乐民,王晟. 模糊参数下多播 QoS 路由及分解 [J]. 计算机学报, 2006 (2): 279-285.

[213] 聂伯霖,李乐民. 一种在无线衰落信道上支持实时业务的分组调度算法 [J]. 电子与信息学报, 2006 (4): 680-684.

[214] 朱旭东,李乐民,许都. 多维分组交换结构中的一种缓存设置方法 [J]. 通信学报, 2006 (5): 95-99.

[215] 陈远,李乐民. 无线网络中实时业务的随机超时早检测缓存管理算法 [J]. 电子与信息学报, 2006 (5): 769-773.

[216] 张毅,李乐民. 网络业务量的一种稳定多分形模型及其检验 [J]. 电子与信息学报, 2006 (6): 1124-1128.

[217] 陈远,李乐民. 一种支持区分服务的模糊公平分组丢弃算法 [J]. 电子与信息学报, 2006 (6): 1129-1134.

[218] 张品,李乐民,王晟. 延迟约束多播路由问题的分支优化算法 [J]. 电子学报, 2006 (6): 1114-1118.

[219] 鲁才,王晟,李乐民. 多约束条件下 WDM 光网中多播选路和波长分配算法 [J]. 电子与信息学报, 2006 (9): 1684-1688.

[220] 张品,章坚武,李乐民,王晟. Qos 约束下的链路分离路径问题研究 [J]. 通信学报, 2006 (6): 36-42.

[221] Guo Lei, Li Lemin, Yu Hongfang. Dynamic survivable routing heuristic for shared protected WDM optical networks [J]. IEEE Communications Letters, 2006 (9): 676-678.

[222] 赵太飞,李乐民,虞红芳. 工作容量约束下光网络 p 圈空闲容量分

配算法［J］. 光电子·激光，2006（9）：1086-1091.

［223］Luo Hongbin, Li Lemin, Yu Hongfang. Cost reduction for provisioning survivable multicast sessions in WDM mesh networks［J］. IEEE Communications Letters, 2006（10）：725-727.

［224］林蓉平，王晟，李乐民. 一种基于运行性能的网络可用性算法［J］. 电子与信息学报，2006（11）：2140-2143.

［225］Guo Lei, Li Lemin, Cao Jin. A new heuristic algorithm with shared segment-backup paths for trap avoidance in survivable optical networks［J］. Optics Express, 2006（23）：10990-10995.

［226］章小宁，李乐民，赵太飞，王晟. WDM网状网中鲁棒选路算法研究［J］. 光电子·激光，2006（11）：1351-1355.

［227］Zhao Taifei, Li Lemin, Cao Jin. Optimal capacity assignment for p-cycle in survivable optical mesh networks［J］. Optical Engineering, 2006（12）：45.

［228］Liao Dan, Li Lemin, Xu Shizhong. Opportunistic scheduling with multiple QoS constraints in wireless multiservice networks［C］. 2007 IEEE Wireless Communications & Networking Conference, 2007：1524-1528.

［229］Liu Jingyong, Li Lemin. Deterministic results on capacity-delay tradeoffs in wireless multi-hop networks［C］. 2007 Second International Conference in Communications and Networking in China, 2007：966-970.

［230］Wei Xuetao, Li Lemin, Yu Hongfang. Dynamic preemptive multi-class routing scheme under dynamic traffic in survivable WDM mesh networks［C］. High Performance Computing and Communications, Proceedings: Lecture Notes in Computer Science, 2007：744-754.

［231］Luo Hongbin, Li Lemin. A new consideration for provisioning survivable multicast sessions in WDM mesh networks［C］. 2007 International Conference on Communications, Circuits and Systems Proceedings,

2007: 544—548.

[232] Luo Hongbin, Li Lemin. An approximation algorithm for provisioning of survivable multicast sessions in WDM networks [C]. Proceedings-16th International Conference on Computer Communications and Networks, 2007: 297—302.

[233] Wang Yu, Li Lemin, Xu Du. Metrics transform based multi-constrained optimal path selection [C]. 2007 International Conference on Communications, Circuits and Systems Proceedings, 2007: 510—514.

[234] Zhang Xiaoning, Li Lemin, Wang Sheng. Improved selective randomized load balancing in mesh networks 6 [C]. ETRI Journal, 2007 (2): 255—257.

[235] Zhou Qian, Li Lemin, Wang Sheng, Xu Shezhong, Tan Wei. A novel approach to manage trust in ad hoc networks [C]. The Document 2007 International Conference on Convergence Information Technology, 2007: 295—300.

[236] Guo Lei, Li Lemin, Cao Jin. On finding feasible solutions with shared backup resources for surviving double-link failures in path-protected WDM mesh networks[J]. Journal of Lightwave Technology, 2007(1): 287—296.

[237] Liao Dan, Li Lemin. Traffic aided uplink opportunistic scheduling with QoS support in multiservice CDMA networks [J]. ETRI JOURNAL, 2007 (1): 120—123.

[238] Guo Lei, Li Lemin, Yu Hongfang. New and enhanced protection scheme in survivable meshed WDM optical networks [J]. European Transactions on Telecommunications, 2007 (2): 163—168.

[239] Liao Dan, Li Lemin. Opportunistic scheduling with QoS constraints for multiclass services HSUPA system [J]. ETRI Journal, 2007 (2): 201—211.

[240] 赵太飞，李乐民，虞红芳. 抗毁性 WDM 网状光网络中的 p 圈快速构造算法（英文）[J]. 光电工程，2007（4）：94-99.

[241] 唐治果，李乐民，虞红芳. 针对 MPLS 网络流量工程的链路关键性路由算法[J]. 电子与信息学报，2007（5）：1187-1190.

[242] 廖露华，李乐民，王晟，郭磊. 网状 WDM 网中多播业务的共享保护设计[J]. 光电子·激光，2007（5）：593-596.

[243] 张毅，李乐民. 用稳定 CPC 噪声合成网络业务量[J]. 电子与信息学报，2007（6）：1304-1309.

[244] Luo Hongbin, Li Lemin. Design and provisioning of survivable WDM mesh networks supporting multicast traffic [J]. Journal of Optical Networking, 2007（9）: 1064-1078.

[245] Luo Hongbin, Li Lemin, Yu Hongfang. Insights for segment protection in survivable WDM mesh networks with SRLG constraints [J]. Photonic Network Communications, 2007（3）: 361-368.

[246] Luo Hongbin, Li Lemin, Yu Hongfang. Achieving shared protection for dynamic multicast sessions in survivable mesh WDM networks [J]. IEEE Journal on Selected Areas in Communications, 2007（S9）: 83-95.

[247] Zhang Xiaoning, Li Lemin, Wang Sheng. Valiant load-balanced robust routing algorithm for multi-granularity connection requests in traffic-grooming WDM mesh networks [J]. Computer Communications, 2007（18）: 3498-3507.

[248] Dai Rui, Li Lemin, Wang Sheng. Robust routing in load-balancing WDM networks to cope with multiple failures [C]. GLOBECOM 2008-2008 IEEE Global Telecommunications Conference, 2007: 1-5.

[249] Dai Rui, Li Lemin, Wang Sheng. Adaptive load-balancing in WDM mesh networks with partial traffic information [C]. 2008 International Conference on Communications, Circuits and Systems Proceedings, 2008: 562-566.

[250] Liao Dan, Li Lemin. Opportunistic scheduling for multiclass services with different QoS constraints in wireless data networks [J]. AEU-International Journal of Electronics and Communications, 2008 (8): 631-634.

[251] Lu Cai, Li Lemin. Dynamic multicast traffic grooming for survivable WDM mesh networks [C]. 2008 International Conference on Communications, Circuits and Systems Proceedings, 2008: 641-645.

[252] Wang Yu, Li Lemin. An analytical approach to the unavailability estimation of protected connections in optical networks [C]. International Conference on Communication Technology Proceedings (ICCT), 2008: 417-420.

[253] Zhang Xiaoning, Li Lemin, Wang Sheng. A novel robust routing algorithm for multi-granularity connection requests in wavelength division multiplexing mesh networks [C]. Optical Fiber Technology, 2008 (2): 119-129.

[254] 章小宁,李乐民,王晟,危学涛. WDM 光网络中单链路失效的混合生存性算法研究 [J]. 光电子.激光, 2008 (5): 603-606.

[255] Wei Xuetao, Li Lemin, Yu Hongfang. An improved lightpath allocation for grade of services in survivable WDM mesh networks [J]. Computer Communications, 2008 (10): 2391-2397.

[256] Liao Luhua, Li Lemin, Wang Sheng. Multicast protection scheme in survivable WDM optical networks [C]. Journal of Network and Computer Applications, 2008 (3): 303-316.

[257] 章小宁,李乐民,王晟,郭磊. Hose 不确定模型下一种新的动态选路算法研究 [J]. 电子与信息学报, 2008 (8): 1994-1998.

[258] Niu Changxi, Li Lemin, Xu Du. A new network immunization strategy better than high degree first [C]. Proceedings of 2009 IEEE International Conference on Communications Technology and Applications, 2009: 821-825.

[259] Zhang Xiaoning, Li Lemin, Wang, Sheng. OHS: A Novel hybrid survivability approach for WDM mesh networks [J]. AEU-International Journal of Electronics and Communications, 2009(8): 708-711.

[260] Zhang Yan, Li Lemin, Wang Sheng. Improving Reno and New-Reno's performances over OBS networks without SACK [J]. AEU-International Journal of Electronics and Communications, 2009(4): 294-303.

[261] Luo Hongbin, Li Lemin, Yu Hongfang. Routing Connections With Differentiated Reliability Requirements in WDM Mesh Networks [J]. IEEE-ACM Transactions on Networking, 2009(1): 253-266.

[262] Dai Rui, Li Lemin, Wang Sheng. Survivable and traffic-oblivious routing in WDM networks: valiant load balancing versus tree routing [J]. Journal of Optical Networking, 2009(5): 438-453.

[263] 周朝荣, 李乐民, 张翼德, 冯钢. 采用串行干扰消除的DS-CDMA系统中速率分配与译码顺序调整的联合优化 [J]. 电子与信息学报, 2009(6): 1400-1404.

[264] An Lihua, Li Lemin, Zhang Xiaoning. Shared-lightpath-protection algorithm based on connection-holding-time awareness in two-layer Optical Networks [C]. 2009 International Conference on Communications, Circuits and Systems Proceedings, 2009: 349-353.

[265] 刘靖永, 李乐民. 一种多跳无线网络中的高效广播算法 [J]. 电子与信息学报, 2009(12): 2813-2818.

[266] 张石清, 李乐民, 赵知劲. 基于一种改进的监督流形学习算法的语音情感识别 [J]. 电子与信息学报, 2010(11): 2724-2729.

[267] Di Hao, Li Lemin, Vishal Anand, Yu Hongfang, Guang Sun. Cost efficient virtual infrastructure mapping using subgraph isomorphism [C]. 2010 Asia Communications and Photonics Conference and Exhibition, 2010: 533-534.

[268] Luo Hongbin, Li Lemin. Routing multicast sessions with differentiated

reliability requirement in WDM mesh networks [J]. AEU-International Journal of Electronics and Communications, 2010 (3): 231-242.

[269] Sun Gang, Li Lemin, Yu Hongfang, Di Hao. A distributed algorithm for optimal network resource allocation considering delay sensitive traffic [C]. 2010 International Conference on Communications, Circuits and Systems, 2010: 298-302.

[270] 刘靖永，李乐民，景小荣. 多跳无线网络中无需邻节点信息的空间覆盖广播算法 [J]. 电子与信息学报，2010 (10): 2434-2439.

[271] 戴世瑾，李乐民. 高能量有效性的无线传感器网络数据收集和路由协议 [J]. 电子学报，2010 (10): 2336-2341.

[272] Shi Kansheng, Li Lemin, He Jie. A linguistic feature based text clustering method [C]. 2011 IEEE International Conference on Cloud Computing and Intelligence Systems, 2011: 108-112.

[273] Shi Kansheng, Li Lemin, He Jie. Improved GA-based text clustering algorithm [C]. 2011 4TH IEEE International Conference on Broadband Network and Multimedia Technology (4TH IEEE IC-BNMT2011), 2011: 675-679.

[274] Zhang Shiqing, Li Lemin, Zhao Zhijin. Facial expression recognition based on Gabor wavelets and sparse representation [C]. Proceedings of 2012 IEEE 11TH International Conference on Signal Proceedings (ICSP) VOLS 1-3, 2012: 816-819.

[275] Bao Ninghai, Li Lemin, Yu Hongfang. Power-aware provisioning strategy with shared path protection in optical WDM networks [J]. Optical Fiber Technology, 2012 (2): 81-87.

[276] Niu Changxi, Li Lemin. A new network immunization strategy better than the EGP strategy [J]. China Communications, 2012 (5): 90-99.

[277] Shi Kansheng, Li Lemin. A close-to-linear topic detection algorithm using

relative entropy based relevance model and inverted indices retrieval［J］. International Journal of Computational Intelligence Systems，2012（4）：735-744.

［278］Bao Ninghai，Li Lemin，Luo Hongbin. On exploiting sharable resources with resource contention resolution for surviving double-link failures in optical mesh networks［J］. Journal of Lightwave Technology，2012（30）：2788-2795.

［279］Zeng Shuai，Li Lemin，Liao Dan. A distributed flow rate control algorithm for networked agent system with multiple coding rates to optimize multimedia data transmission［J］. Mathematical Problems in Engineering，2012：1-11.

［280］李乐民. 未来网络的体系结构研究［J］. 中兴通讯技术，2013（6）：39-42.

［281］Su Gongchao，Li Lemin，Lin Xiaohui. On the optimal small cell deployment for energy-efficient heterogeneous cellular networks［C］. 2014 Sixth International Conference on Ubiquitous and Future Networks（ICUFN 2014），2014：172-175.

［282］虞红芳，李乐民. 网络以及功能虚拟化［J］. 中兴通讯技术，2014（3）：1.

［283］Su Gongchao，Li Lemin，Chen Bin. Outage-aware cell association in heterogeneous cellular networks［C］. Seventh International Conference on Ubiquitous and Future Networks，2015：524-528.

［284］Ren Jing，Li Lemin，Chen Huan. On the deployment of information-centric network：Programmability and virtualization［C］. 2015 International Conference on Computing，Networking and Communications（ICNC），2015：690-694.

［285］Chen Huan，Li Lemin，Ren Jing. A scheme to optimize flow routing and polling switch selection of software defined networks［J］. PLOS ONE，2015（12）：1-22.

[286] Luo Shouxi, Yu Hongfang, Li Lemin. Consistency is not easy: How to use two-phase update for wildcard rules? [J]. IEEE Communication Letters, 2015(3): 347-350.

参考文献

[1] 陈伟著. 李乐民传. 北京：人民出版社、航空工业出版社，2015.

[2] 电子科大党委宣传部. 通信人生——中国工程院院士李乐民传略. 成都：电子科技大学出版社，2011.

[3] 金国藩主编. 20世纪中国知名科学家学术成就概览·信息科学技术卷（第一分册）. 北京：科学出版社，2014.

[4] （清）汪曰桢. 南浔镇志（卷一），影印版.

[5] 王国平著. 东吴大学简史. 苏州：苏州大学出版社，2009.

[6] 电子科技大学校志编委会编. 电子科技大学志（1956—2015）（上下卷）. 成都：电子科技大学出版社，2016.

[7] 中国通信学会编著. 中国通信学科史. 北京：中国科学技术出版社，2010.

[8] 中国研究生院院长联席会编. 我看研究生教育30年——纪念中国恢复研究生招生培养30年征文选. 北京：北京大学出版社，2009.

[9] 李乐民，叶佳祥编著. 数字传输设备中的均衡器. 北京：人民邮电出版社，1980.

[10] 李乐民等编著. 数字通信传输系统. 北京：人民邮电出版社，1986.

[11] 孙海荣，李乐民著. ATM技术——概念、原理和应用. 成都：电子科技大学出版社，1995.

[12] 李乐民，吴诗其，冯钢编著. 数字通信系统中的网络优化问题》，北京：国防工业出版社，1996.

[13] 李中印主编. 建言中国. 香港：国际文化出版社，2009.

后 记

老科学家用一生的奋斗，推动了中国科技事业的发展进步。李乐民院士在中国乃至世界通信事业发展中，尤其是在通信技术从"模拟"向"数字"转换的关键阶段，作出了重要的历史性贡献。今天，我们回望他们"来时的路"，也是着眼于未来，希望给读者留下更多的精神食粮，以启来者。

在开展采集工程的这段时间里，我们虽然经历了艰辛，但也收获丰硕。每次从李乐民院士的家里走出来，详细翻看他在研究报告打印稿上一笔一画、工工整整地写下的修改或备注，我们的心里便油然生出一股对这位可亲可敬的老科学家的肃然敬意和感激之情。

我们感谢他耐心地接受采集小组的7次直接访谈，每次访谈都持续数个小时，访谈前后他还热情接待我们二十多次的登门拜访和求教；我们感谢他给自己的学生、同事、女儿一个个地发邮件、打电话，帮我们联系采访；我们感谢他慷慨地捐赠珍藏了几十年的所有学生的学位论文和他自己的所有获奖证书以及重要证件；我们感谢他逐字逐句地校对一篇篇访谈整理稿件以及研究报告的每一个章节，他对每一句话、每一个字的认真核对和推敲，让我们对学生们口口相传的"李爷爷不会放过一个标点符号"有了更加真切的感受和理解。

我们也十分感念李乐民院士的夫人彭水贞老师。她和李乐民院士伉俪情深、琴瑟相和，对李乐民院士的事业和生活给予了大力支持。在我们采集实物的过程中，她深明大义、鼎力支持，和我们一起翻箱倒柜地搜寻一切相关的实物。她还接受我们的口述采访，回顾了与李乐民院士从相识、相知、相爱到相濡以沫的整个过程，并努力为我们提供了重要的采访线索。

现在呈现给读者的研究报告，凝结了我们采访过的李乐民院士、彭水贞老师，以及朱慧天、王通、顾镕芬、李慧民、张宗祁、唐明光、廖昌明、廖品霖、吴诗其、陈福深、冯钢、徐世中、胡剑浩、曾大章、虞红芳、王晟、罗洪斌、张宏科、樊丰等李乐民院士的邻居、同学、同事、学生的共同回忆。我们十分感谢他们在百忙之中接受我们的采访，回顾了他们和李乐民院士交往的点点滴滴，并想办法为我们搜寻当年与李乐民院士一起工作、生活或学习的照片以及相关实物。而且，在研究报告的审订过程中，他们都对相关内容进行了细致的校对，排除了许多错漏之处，让研究报告中尽量逼近"历史真实"。

另外，四川省人大的同志也为我们撰写研究报告提供了重要帮助，让我们得以查阅到了一些重要的档案线索，并通过他们的协助和联络，取得了全国人大和中央档案馆的支持，最终获得了9件由李乐民院士领衔提出的人大提案的目录以及部分资料。这些信息为我们撰写李乐民院士连任五届全国人大代的相关章节构建出了一个相对完整的、清晰的脉络。

采集小组在课题负责人杨敏的指导和带领下，合理分工，按照采集工程的精神，分为视频组、实物组、档案资料组、年表与资料长编组、研究报告组，分工明确，合作有序，把采集工作当成系统工程全面推进。

同时，也十分感谢电子科技大学档案馆、图书馆的同志，他们为我们搜集、整理李乐民院士的相关学术档案和成果提供了大力帮助。他们所做的负责的、耐心的、细致的工作，让我们能够穿越时空，了解、还原李乐民院士当年在极其艰苦的条件下攻克一个又一个重大科技项目的情况，也为我们全面整理李乐民院士的科研成果提供了可能。

目前的研究报告全面采用了采集工程的各项成果，但依然难以尽述李乐民院士的一生。或许，李乐民院士一生的经历带给读者的启发，才是这本书给世界的最好馈赠，让我们庆幸的是，这种启发并不会完全受到这份研究报告的限制，而是取决于读者自己。期望以后我们能够做得更好，并请各位读者不吝指正！

老科学家学术成长资料采集工程丛书
已出版（110种）

《卷舒开合任天真：何泽慧传》　　　《此生情怀寄树草：张宏达传》
《从红壤到黄土：朱显谟传》　　　　《梦里麦田是金黄：庄巧生传》
《山水人生：陈梦熊传》　　　　　　《大音希声：应崇福传》
《做一辈子研究生：林为干传》　　　《寻找地层深处的光：田在艺传》
《剑指苍穹：陈士橹传》　　　　　　《举重若重：徐光宪传》

《情系山河：张光斗传》　　　　　　《魂牵心系原子梦：钱三强传》
《金霉素·牛棚·生物固氮：沈善炯传》《往事皆烟：朱尊权传》
《胸怀大气：陶诗言传》　　　　　　《智者乐水：林秉南传》
《本然化成：谢毓元传》　　　　　　《远望情怀：许学彦传》
《一个共产党员的数学人生：谷超豪传》《没有盲区的天空：王越传》

《含章可贞：秦含章传》　　　　　　《行有则　知无涯：罗沛霖传》
《精业济群：彭司勋传》　　　　　　《为了孩子的明天：张金哲传》
《肝胆相照：吴孟超传》　　　　　　《梦想成真：张树政传》
《新青胜蓝惟所盼：陆婉珍传》　　　《情系梁菽：卢良恕传》
《核动力道路上的垦荒牛：彭士禄传》《笺草释木六十年：王文采传》

《探赜索隐　止于至善：蔡启瑞传》　《妙手生花：张涤生传》
《碧空丹心：李敏华传》　　　　　　《硅芯筑梦：王守武传》
《仁术宏愿：盛志勇传》　　　　　　《云卷云舒：黄士松传》
《踏遍青山矿业新：裴荣富传》　　　《让核技术接地气：陈子元传》
《求索军事医学之路：程天民传》　　《论文写在大地上：徐锦堂传》

《一心向学：陈清如传》　　　　　　《铃记：张兴铃传》
《许身为国最难忘：陈能宽传》　　　《寻找沃土：赵其国传》

《钢锁苍龙　霸贯九州：方秦汉传》
《一丝一世界：郁铭芳传》
《宏才大略　科学人生：严东生传》

《虚怀若谷：黄维垣传》
《乐在图书山水间：常印佛传》
《碧水丹心：刘建康传》

《我的气象生涯：陈学溶百岁自述》
《赤子丹心　中华之光：王大珩传》
《根深方叶茂：唐有祺传》
《大爱化作田间行：余松烈传》
《格致桃李半公卿：沈克琦传》
《躬行出真知：王守觉传》
《草原之子：李博传》

《我的教育人生：申泮文百岁自述》
《阡陌舞者：曾德超传》
《妙手握奇珠：张丽珠传》
《追求卓越：郭慕孙传》
《走向奥维耶多：谢学锦传》
《绚丽多彩的光谱人生：黄本立传》

《此生只为麦穗忙：刘大钧传》
《航空报国　杏坛追梦：范绪箕传》
《聚变情怀终不改：李正武传》
《真善合美：蒋锡夔传》
《治水殆与禹同功：文伏波传》
《用生命谱写蓝色梦想：张炳炎传》
《远古生命的守望者：李星学传》

《探究河口　巡研海岸：陈吉余传》
《胰岛素探秘者：张友尚传》
《一个人与一个系科：于同隐传》
《究脑穷源探细胞：陈宜张传》
《星剑光芒射斗牛：赵伊君传》
《蓝天事业的垦荒人：屠基达传》

《善度事理的世纪师者：袁文伯传》
《"齿"生无悔：王翰章传》
《慢病毒疫苗的开拓者：沈荣显传》
《殚思求火种　深情寄木铎：黄祖洽传》
《合成之美：戴立信传》
《誓言无声铸重器：黄旭华传》
《水运人生：刘济舟传》
《在断了A弦的琴上奏出多复变
　　最强音：陆启铿传》

《化作春泥：吴浩青传》
《低温王国拓荒人：洪朝生传》
《苍穹大业赤子心：梁思礼传》
《仁者医心：陈灏珠传》
《神乎其经：池志强传》
《种质资源总是情：董玉琛传》
《当油气遇见光明：翟光明传》
《微纳世界中国芯：李志坚传》
《至纯至强之光：高伯龙传》

《弄潮儿向涛头立：张乾二传》　　《材料人生：涂铭旌传》
《一爆惊世建荣功：王方定传》　　《寻梦衣被天下：梅自强传》
《轮轨丹心：沈志云传》　　　　　《海潮逐浪　镜水周回：童秉纲
《继承与创新：五二三任务与青蒿素研发》　　口述人生》

《淡泊致远　求真务实：郑维敏传》　《采数学之美为吾美：周毓麟传》
《情系化学　返璞归真：徐晓白传》　《神经药理学王国的"夸父"：
《经纬乾坤：叶叔华传》　　　　　　　　金国章传》
《山石磊落自成岩：王德滋传》　　　《情系生物膜：杨福愉传》
《但求深精新：陆熙炎传》　　　　　《敬事而信：熊远著传》
《聚焦星空：潘君骅传》